Whitney Goodman

TOXIC POSITIVITY

··

Wie wir uns von dem Druck befreien,
immer glücklich sein zu müssen

Aus dem amerikanischen Englisch
von Franka Reinhart

Die amerikanische Originalausgabe erschien 2022 unter dem Titel
»Toxic Positivity: Keeping It Real in a World Obsessed with Being Happy«
bei TarcherPerigee

Besuchen Sie uns im Internet:
www.knaur-balance.de

Aus Verantwortung für die Umwelt hat sich die Verlagsgruppe
Droemer Knaur zu einer nachhaltigen Buchproduktion verpflichtet.
Der bewusste Umgang mit unseren Ressourcen, der Schutz unseres Klimas und
der Natur gehören zu unseren obersten Unternehmenszielen.
Gemeinsam mit unseren Partnern und Lieferanten setzen wir uns für
eine klimaneutrale Buchproduktion ein, die den Erwerb von Klimazertifikaten
zur Kompensation des CO_2-Ausstoßes einschließt.
Weitere Informationen finden Sie unter: www.klimaneutralerverlag.de

Deutsche Erstausgabe 2023
© 2022 Whitney Goodman
© 2023 der deutschsprachigen Ausgabe Knaur Balance
Ein Imprint der Verlagsgruppe
Droemer Knaur GmbH & Co. KG, München
Alle Rechte vorbehalten. Das Werk darf – auch teilweise – nur mit
Genehmigung des Verlags wiedergegeben werden.
Redaktion: Werner Wahls
Covergestaltung: Kristin Pang
Satz und Layout: Adobe InDesign im Verlag
Druck und Bindung: CPI books GmbH, Leck
ISBN 978-3-426-67625-7

2   4   5   3   1

Für meinen Mann.
Wir gehören zusammen –
in guten wie in schlechten Zeiten

Inhalt

....

Du hast mehr verdient als nur ein bisschen positive Energie

Vermutlich hat dich das vorliegende Buch aus einem dieser Gründe angesprochen:

1. Du hast selbst schon toxisch positive Situationen erlebt und bist genervt davon.

2. Du weißt zwar nicht, was toxischer Optimismus sein soll, findest das Thema aber interessant.

3. Du kannst dir *partout* nicht vorstellen, wie eine positive Einstellung toxisch sein kann, willst aber unbedingt erfahren, was für himmelschreiendes Zeug ich in diesem Buch verbreite.

Was auch immer du für Gründe hast, ich freue mich, dass du dabei bist.

Wie viele aufstrebende Psychotherapeuten konnte ich zu Beginn meines Berufslebens noch nicht so recht ermessen, worauf ich mich da einlasse. Ich wusste nur, dass ich gern anderen Menschen helfen wollte und neugierig war auf ihre persönlichen Geschichten. Erst später (auch im Laufe meiner eigenen

Therapie) fand ich heraus, dass mein Berufswunsch vor allem eine Motivation hatte: Ich wollte alles über Beziehungen und die menschliche Psyche lernen, um die mir nahestehenden Menschen von ihren Problemen zu befreien und selbst nie wieder seelischen Schmerz zu erleben. Liebe Berufskolleginnen und angehende Therapeuten – ihr wisst, wovon ich rede.

Als ich in meinem Beruf zu arbeiten begann, war ich also reichlich blauäugig und voller Illusionen. Und obendrein verschlossen und verhärtet. Ich erwartete von meinen Patientinnen und Patienten, dass sie sich öffneten, ohne selbst dazu bereit zu sein. Als Anfängerin wollte ich Menschen kurieren, stellte jedoch bald fest, dass es überhaupt nicht um Kurieren ging. Vielmehr brauchten die Betroffenen schlichtweg jemanden, der ihnen zuhört und sie unterstützt. Zunächst nahm ich an, es ginge in erster Linie darum, mein umfassendes Wissen zu vermitteln, doch in Wirklichkeit bin ich vor allem eines: Zuhörerin. Ich dachte, irgendwann würde ich mich selbst und die Welt besser verstehen, aber es werden ständig mehr Fragen. Ich wollte die Menschen um mich herum verändern, musste jedoch einsehen, dass ich einzig und allein mich selbst ändern kann. Auch wenn meine Vorstellungen von diesem Beruf etwas abwegig waren, bin ich heute wirklich sehr zufrieden mit meiner Wahl.

Ich arbeite gern als Therapeutin, auch wenn ich mich im Kollegenkreis oft ein wenig als Außenseiterin fühle, da Meditation, Teetrinken und Yoga so gar nicht mein Ding sind. Ich rede viel zu laut, trage nie Cardigans und verabscheue Motivationssprüche an der Wand. Ich habe ja versucht, sanfter zu werden und mich auf die ganzen Affirmationen und Interventionen einzulassen, in denen es darum geht, »Kontakt mit dem inneren Kind« aufzunehmen und ihm »liebevoll zu begegnen«. Doch das funktioniert bei mir einfach nicht. Genauso wenig, wie mir die meisten Psychologie-Ratgeber und Selbsthilfe-bücher etwas bringen. Sie kommen mir allesamt viel zu sehr mit Samthandschuhen daher. Ich will, dass jemand klipp und klar sagt, was Sache ist. Als frischgebackene Therapeutin geriet ich zunächst in eine mittelschwere Identitätskrise. Erst seit ich regelmäßig auf Instagram unter @sitwithwhit meine Gedanken zu posten begann, erkannte ich, dass die Art, wie ich gern arbeiten wollte, durchaus ihre Berechtigung hat.

Am 1. Februar 2019 scrollte ich durch Pinterest und stieß dabei auf unzählige »aufbauende« und »inspirierende« Motivationssprüche, die tausendfach geteilt wurden. Die leuchtenden Farben und drolligen Schriftarten, mit denen sie daherkamen, ärgerten mich. Ich fühlte mich nicht ernst genommen und fragte mich zudem besorgt, was sie bei Menschen in labiler psychischer Verfassung womöglich auslösten. Deshalb erstellte ich kurzerhand eine Pinnwand, auf der ich nun schon seit Jahren solche Glückssprüche und -zitate sammle, die mich ärgern. (Diese Pinnwand diente übrigens als Inspiration für das Cover der US-Ausgabe dieses Buches.) Am selben Tag teilte ich auf Instagram eine meiner ersten Grafiken mit einer Auswahl der auf Pinterest zusammengetragenen Zitate, versah sie mit dem Label »toxic positivity« und listete Alternativen dazu auf, die meiner Ansicht nach viel tröstlicher und hilfreicher waren. Das war mein erster Post, der viral ging, und meine bis dahin überschaubare Fangemeinde vervielfachte sich auf einen Schlag. Ich war verblüfft, wie viele Leute mir zustimmten und wie der Ausdruck *toxic positivity* ganz offensichtlich einen Nerv traf. Gleichzeitig schlugen mir im Netz erstmals massive Kritik und Widerstand von Leuten entgegen, die anderer Meinung waren. In den vergangenen Jahren veröffentlichte ich weitere Beiträge über toxische Positivität in Bezug auf Trauer, Rassismus und weitere wichtige Themen, die bis heute zu meinen populärsten und zugleich kontroversesten Posts gehören. Auch wenn ich schnell erkannte, dass ich hier auf etwas Wichtiges gestoßen war, hätte ich niemals gedacht, wie viel Zustimmung ich damit ernten würde.

Derart toxischer Optimismus war mir schon sehr lange aufgestoßen, ohne dass ich einen Namen dafür hatte. Ich erlebte es früher in meiner eigenen Familie, in sozialen Netzwerken, beim Gottesdienst, in der Schule und schließlich auch als Therapeutin bei meinen Patienten. Ich stellte fest, dass wir alle dazu beitragen, obwohl wir uns hinter vorgehaltener Hand darüber beschweren. Mir ging es genauso, weil ich das Gefühl hatte, mich ebenso verhalten zu müssen, um nicht als »zu negativ« zu gelten. So machte sich diese Haltung in meinem Leben breit, sowohl beruflich als auch privat. Doch nachdem sie mir bewusst geworden war, konnte ich sie nicht mehr ignorieren.

Obwohl ich das Phänomen erst jetzt wirklich wahrnahm, existiert es doch schon seit Jahrhunderten. Wissenschaftlerinnen und Journalistinnen wie Sara Ahmed, Audre Lorde, Barbara Ehrenreich, Gabriele Oettingen und bell hooks setzen sich seit Langem kritisch mit dem gnadenlosen Streben nach Glück und dessen destruktiven Auswirkungen in aller Welt auseinander, insbesondere in Bezug auf marginalisierte Gruppen. Klug und eloquent erörtern sie ihre Erkenntnisse, die für mich ein wichtiger Schlüssel waren, um zu verstehen, wie verbreitet toxische Positivität mittlerweile ist. Obwohl zahlreiche Untersuchungen klar belegen, dass zwanghafter Optimismus in vielen Situationen wirkungslos ist, hält die Ratgeberwelt weiterhin um jeden Preis daran fest. Mein Anliegen ist es, diese Einsichten aus dem akademischen Elfenbeinturm herauszuholen und einer breiteren Öffentlichkeit bekannt zu machen.

Zu diesem Buch inspiriert haben mich vor allem meine

Patientinnen und Patienten sowie meine persönlichen Erfahrungen. Sie sind der Grund, warum es entstanden ist. Als Psychotherapeutin habe ich das Privileg, tagtäglich in einem Raum ohne jegliche Ablenkung zu sitzen und Menschen intensiv kennenzulernen. Durch diese besondere Arbeit durfte ich enorm viel über das Leben, die Welt und das Wesen des Menschen lernen. In gewisser Weise verändert mich jeder einzelne Patient. Ich bin unendlich dankbar für alles menschliche Ringen und Durchhalten, das ich in diesem Zusammenhang erlebt habe und nach wie vor erlebe. Durch die Erfahrungsberichte aus meiner Praxis, in Verbindung mit wissenschaftlichen Erkenntnissen über positives Denken, Emotionen, Beziehungen und Motivation, möchte ich aufzeigen, wie positives Denken toxisch werden kann und was sich dagegen tun lässt. Dabei habe ich viele Details verändert, um die Anonymität meiner Patientinnen und Patienten zu wahren. Zu erfahren, dass es vielen Menschen ganz ähnlich geht wie euch, kann hoffentlich dazu beitragen, dass ihr euch nicht mehr ganz so allein fühlt.

Ohne es zu ahnen, habe ich bereits jahrelang auf Instagram und in meiner Praxis an diesem Buch geschrieben. Es richtet sich an Menschen, die herausfinden wollen, wie sie sich und andere stärken können, und die keine Lust mehr haben, die Dauerglücklichen zu spielen – bei der Arbeit, zu Hause, im Freundeskreis und in den sozialen Netzwerken. Sie wollen sich nicht mehr stets und ständig positive Energie aufzwingen und sich einreden lassen, dass alles, was geschieht, einen Grund oder tieferen Sinn hat. Ich habe dieses Buch für alle Menschen geschrieben, die sich kein perfektes Leben herbeimanifestieren können; für all jene mit zu vielen Gedanken und Gefühlen – also für euch, genauso wie für mich.

Heutzutage sind Glück und eine positive Grundhaltung Ziel und Verpflichtung zugleich geworden. Bei jeder Gelegenheit bekommen wir gesagt, dass wir dankbar sein oder einfach positiver denken sollen. Sobald in unserem Leben etwas schiefgeht, liegt es an unserer »falschen Einstellung« oder daran, dass wir uns »nicht genügend bemüht« haben. Ich finde es immer wieder erstaunlich, in wie viele Bereiche unseres Lebens sich derart toxischer Positivismus schon eingeschlichen hat. Darüber hinaus dient er als Machtinstrument, um Sexismus, Rassismus, Homophobie, Transphobie, Ableismus, Klassismus und anderen Formen von Diskriminierung Vorschub zu leisten. Er lauert buchstäblich *überall.*

Ich habe mich ausführlich mit der Geschichte des positiven Denkens auseinandergesetzt und mit den wissenschaftlichen Erkenntnissen darüber, wie wir es besser machen und anders leben können. Besonders wichtig war mir dabei, dass mein Buch leicht lesbar und verständlich ist und großen praktischen Nutzen hat. Es ist in neun Kapitel unterteilt, von denen jedes eine Patientengeschichte beinhaltet und die Erfahrung der jeweiligen Person mit toxischem Optimismus beschreibt. Wenn ihr euch einen umfassenden Überblick über das Thema und seine Auswirkungen verschaffen möchtet, so empfehle ich euch, das Buch von vorn bis hinten durchzulesen. Wer jedoch eher an konkreten Tipps interessiert ist, kann auch gezielt die Kapitel auswählen, die sich auf die eigenen Erfahrungen und Fragen beziehen. Überall suggerieren uns Autoaufkleber à la *Good Vibes Only,* hübsch gestaltete Motivationssprüche auf Instagram, T-Shirts mit Aufdrucken wie *Das Leben ist schön* oder selbst ernannte Gurus, dass wir nur noch einen guten Gedanken vom Glück entfernt sind und einfach »die Dinge positiv sehen« müssen, um problematische Erfahrungen und Gefühle zu vermeiden. Dieses Buch löst beim Lesen möglicherweise nicht nur reine Freude und angenehme Vibes aus, sondern beleuchtet womöglich auch Gewohnheiten oder

Aussagen aus eurem persönlichen Alltag. Das mag zunächst unangenehm sein. Ich hoffe jedoch, dass es euch zum Nachdenken anregt, inwiefern ihr vielleicht Emotionen und Bedürfnisse unterdrückt, weil das Glücksstreben so stark im Vordergrund steht. Ich hoffe, die Lektüre führt euch vor Augen, wo ihr euch kleinmacht oder nicht anecken wollt, um die positive Energie nicht zu gefährden. Ich hoffe, ihr könnt anschließend eure Bedürfnisse leichter formulieren und Beziehungen eingehen, die nicht nur oberflächlich bleiben.

Wenn dieses Buch euch ermutigt, in eurem Leben sowohl dem Guten als auch dem Schlechten und Unangenehmen Raum zu geben, dann habe ich mein Ziel erreicht.

Einfach positiv denken!

Wenn es so einfach oder wirkungsvoll wäre, würden wir es wohl alle tun. Lass alle Facetten menschlichen Erlebens zu – die guten genauso wie die schlechten.

....

Kapitel 1

Was ist toxischer Optimismus?

Stell dir vor, du hast deinen Job verloren und bist nun total in Panik. Deine Gedanken drehen sich im Kreis, und du hast keine Ahnung, was du jetzt machen sollst.

Hilfe suchend vertraust du dich einer Freundin an. Sie lächelt daraufhin wissend, und es hat den Anschein, als hätte sie hilfreiche Antworten parat. Bekommst du nun den Zuspruch, den du gerade so dringend brauchst? Vielleicht weiß sie ja von einer tollen freien Stelle? Mit bedeutungsvollem Gestus setzt sie also an und sagt: »Immerhin hast du jetzt richtig viel Freizeit! Ach komm, es könnte viel schlimmer sein. Versuch, so viel wie möglich draus zu lernen.«

Zack. Auftritt: toxischer Optimismus.

Du erstarrst und fragst dich: Hat sie mir überhaupt zugehört? Soll ich jetzt ernsthaft auch noch dankbar für meine Kündigung sein?

Nun weißt du gar nicht mehr weiter. Dankbarkeit ist so ziemlich das Letzte, was du angesichts der Kündigung empfindest. Was um alles in der Welt sollst du also deiner Freundin antworten? Schon vor dem Gespräch warst du fix und fertig, doch nun fühlst du dich obendrein völlig unverstanden. Doch das überspielst du und bedankst dich nur höflich.

Jetzt bist du also nicht nur arbeitslos, sondern fühlst dich auch noch von deiner Freundin im Stich gelassen. Du schämst dich dafür, nicht einfach positiv denken zu können.

Sie will doch nur helfen

Sehr wahrscheinlich handelt diese Freundin in bester Absicht. Was sie gesagt hat, ist ja nicht völlig falsch. Es stimmt durchaus, dass du mehr freie Zeit haben wirst, dass alles noch viel schlimmer sein könnte (trifft immer zu) und du aus dieser Erfahrung etwas lernen kannst.

Das Problem ist nur, dass du längst noch nicht so weit bist. Im Augenblick bist du vor allem besorgt und verunsichert. Du hast Angst. Körperlich und gedanklich befindest du dich im Krisenmodus, daran kann keine noch so wohlmeinende Phrase etwas ändern. Was du jetzt dringend brauchst, ist Rückhalt und genügend Freiraum, um deine Gefühle zu sortieren.

Toxisch positiv sind daher solche Ratschläge, die wir theoretisch vielleicht beherzigen wollen, die uns jedoch im Moment überfordern. Sie bewirken, dass wir uns nicht gehört, verurteilt und missverstanden fühlen.

Kommt dir das bekannt vor?

Aber ist Optimismus denn nicht immer erstrebenswert?

Wahrscheinlich habt ihr so etwas schon hundertfach erlebt und fragt euch nun, wie Optimismus oder eine positive Einstellung überhaupt *toxisch* sein können. Das ist ja schon ein ziemlich starkes Wort. Ist es wirklich so schlimm?

Offen gestanden ist das Positivdenken derart tief in unserer Kultur verankert, dass es beängstigend sein kann, es zu hinterfragen. Wenn ich über dieses Thema recherchiere und schreibe, begleitet mich ständig die Befürchtung, in meinen öffentlichen Äußerungen als »zu negativ« rüberzukommen. Sobald ich mich gegen eine Denkweise ausspreche, wo nur *good vibes* zugelassen sind, gibt es immer auch wütende, entsetzte und verunsicherte Reaktionen, und ich werde mit Kommentaren und Nachrichten geflutet wie: »Was soll denn an einer positiven Einstellung toxisch sein?! Sie haben ja wohl den Verstand verloren.«

Solchen Unmut kann ich nachvollziehen. Er ist ein Beleg dafür, wie stark wir uns einer Kultur des Positivdenkens verschrieben haben. Überall heißt es, es sei der Schlüssel zum Glück, und Ärztinnen, Therapeuten und Führungspersonen verordnen es uns regelmäßig. Insofern ist die Skepsis vollkommen verständlich, wenn plötzlich jemand daherkommt und das blanke Gegenteil behauptet. Doch hinter verschlossenen Türen höre ich von Patientinnen und Patienten, im Freundeskreis und in der Familie seit Jahren, wie sehr sie den permanenten Druck verabscheuen, immer alles positiv umzudeuten. Viele fühlen sich abgekoppelt von ihrem sozialen Umfeld, das ihnen permanent signalisiert: »Alles wird gut« oder »Sieh es doch mal positiv«. Sie wissen nur allzu genau, dass das so nicht funktioniert, und suchen verzweifelt nach einem Ausweg.

Bevor wir jedoch tiefer in das Thema einsteigen, möchte ich unbedingt eines klarstellen: *Gegen eine positive Grundeinstellung ist prinzipiell nichts einzuwenden.*

Richtig eingesetzt, ist sie etwas Wunderbares. Experten sind sich einig, dass sich positive Gefühle wie Dankbarkeit, Zufriedenheit, Optimismus und Selbstbewusstsein lebensverlängernd und gesundheitsfördernd auswirken können. Auch wenn diese Euphorie oftmals überzogen ist, hat positives Denken durchaus einiges für sich. Menschen, die angeben, mehr positive Gefühle zu empfinden, haben tendenziell ein lebendigeres Sozialleben, sind aktiver und pflegen einen gesünderen Lebensstil. Wir sind uns wohl alle einig, dass positives Empfinden gesund ist, solange es echt und authentisch bleibt.

Doch irgendwie sind wir zu der Auffassung gelangt, dass man als »positiver Mensch« zu einer Art Roboter mutieren muss, der buchstäblich *allem* etwas Gutes abzugewinnen hat. Wir zwingen uns das positive Denken auf, weil es die Gesellschaft von uns verlangt und alles andere als schlimmes Versagen gilt. Eine negative Haltung wird als feindlich abgelehnt, und wir geißeln unsere Mitmenschen und uns selbst, sollten wir ihr erliegen. Wenn wir nicht positiv denken, strengen wir uns angeblich einfach nicht genug an und werden fortan gemieden.

Gesunder Optimismus lässt sowohl die Realität als auch Hoffnung zu. Toxisches Positivdenken verleugnet dagegen bestimmte Emotionen und zwingt uns, diese zu unterdrücken. Wenn wir toxisch positiv eingestellt sind, reden wir uns und anderen Menschen ein, dass diese Emotionen falsch sind und keinen Raum bekommen dürfen. Wenn wir uns nur ein bisschen mehr bemühen, können wir sie vollständig ausmerzen, so die verbreitete Auffassung.

> **Gesunder Optimismus lässt sowohl die Realität als auch Hoffnung zu.**

Aber viele Leute haben es schlicht satt, dass ihnen in schwierigen Situationen aufgezwungen wird, positiv zu denken. Dennoch fällt es nach wie vor schwer, dies öffentlich zu hinterfragen und anzuprangern.

Wagen wir es trotzdem.

Scham getarnt als Optimismus

Du hast also deine Stelle verloren und anschließend von deiner Freundin gesagt bekommen, alles sei halb so wild. Sobald das Wort »Immerhin« über ihre Lippen kam, war das Gespräch schon beendet, denn von da an gab es keinerlei Raum mehr für deine Emotionen oder eine Form von Verarbeitung. Stattdessen wurdest du zu gnadenlosem Optimismus gedrängt – egal, ob du dazu bereit warst oder nicht. Also bist du verstummt und hast krampfhaft überlegt, wie um Himmels willen du dankbarer werden und positiver denken könntest, damit du andere Leute nicht mit deinen Problemen, Sorgen oder Schamgefühlen behelligst.

Diese scheinbar banale Interaktion bewirkt folglich, dass du anfängst, deine mit dieser Situation verbundenen Gefühle zu unterdrücken und so zu tun, als wäre nichts passiert. Dabei fühlst du dich mies, denn du schließlich bist du immer noch arbeitslos und niedergeschlagen. Doch sobald eine Emotion in dir aufsteigt, verdrängst du diese und trägst tapfer Zuversicht zur Schau. Doch die ist nicht real. Du schläfst immer schlechter und gehst weniger unter Leute, weil du ihnen dann etwas vorspielen müsstest. Außerdem traust du dich nicht mehr, jemanden um Rat zu fragen. Statt dich also mit dem Erlebten auseinanderzusetzen, postest du Motivationssprüche auf Instagram und hoffst, dass deine Stimmung sich aufhellt.

Und so geraten wir in die Schamspirale des toxischen Optimismus. Wir verurteilen uns für ein Gefühl, reden uns ein, dass wir es nicht empfinden dürfen, und ärgern uns dann, wenn ein paar platte Sprüche à la »einfach lächeln« uns keine immerwährende Zuversicht bescheren. Diese Spirale ist endlos und zermürbend, und ich möchte euch helfen, ihr zu entfliehen.

Toxischer Optimismus bedeutet, die Augen zu verschließen

Als Psychotherapeutin höre ich tagtäglich Menschen zu, die mir ihre Emotionen und Erfahrungen anvertrauen. Diese Arbeit ermöglicht mir Einblicke in das menschliche Erleben, die sich anders kaum gewinnen lassen. In den meisten Sitzungen geht es viel um das Wörtchen *sollte*. Viele Patienten meinen, dass sie eigentlich glücklicher sein *sollten* oder etwas an ihrem Verhalten sie daran hindert, glücklich zu sein; so geraten sie natürlich schnell in die oben erwähnte Schamspirale. In solchen Fällen ermutige ich dazu, sich dieses *sollte* genauer anzuschauen. Wo kommt es her? Trifft es zu? Basiert es auf Fakten? Lässt sich die Situation aus einem anderen, differenzierteren Blickwinkel betrachten? Doch bei manchen Menschen sorgt ihr bedingungsloses Positivdenken dafür, dass problematische Emotionen gänzlich verleugnet werden. So auch bei Dave.

Dave sitzt mir auf einem kleinen Sofa gegenüber und strahlt mich an. Er berichtet, wie gut es ihm gehe und was für eine wundervolle Familie er habe. Er betont, dass er wirklich glücklich sei und nichts weiter tun müsse, als sich ein bisschen mehr Mühe zu geben. In einem anderen Kontext wäre dieses Gespräch vollkommen normal und durchaus vielversprechend, doch mein Gespräch mit Dave findet in einer stationären psychiatrischen Einrichtung statt, in die er bis auf Weiteres eingewiesen wurde. Er ist hier, weil er zu viel trinkt und sein Umfeld der Ansicht ist, dass sein Alkoholkonsum aus dem Ruder läuft. Dave dagegen meint, dass er nur deshalb trinkt, weil er ein so fröhlicher und geselliger Typ ist. Er sieht überhaupt kein Problem darin und hält die anderen für ziemliche Spaßbremsen. *Trinken fröhliche und gesellige Leute denn nicht alle gern?*

Dave lächelt ständig. Zu beobachten, wie munter er durch

die Klinik tänzelt, während andere Patienten deutlich ernster, bedrückter und belasteter wirken, erscheint merkwürdig und gelegentlich auch verstörend. Er setzt sein positives Denken gern als Bewältigungsstrategie ein und ist stolz darauf, immer glücklich und zufrieden aufzutreten. Doch indem er so viel trinkt, Emotionen nicht empfinden kann und kaum enge Beziehungen pflegt, zeichnet sich für mich ein vollkommen anderes Bild. Fakt ist, dass seine positive Einstellung ein gravierendes Problem für unsere Sitzungen und seine Suchttherapie darstellt.

Aufgrund seiner Grundhaltung nach dem Motto »Alles super!« fällt es Dave enorm schwer, seinen Emotionen Ausdruck zu verleihen. Das ist gar nicht so ungewöhnlich, wie es auf den ersten Blick vielleicht scheint. Er hat keinen Zugang zu Gefühlen, die nicht durchweg positiv sind, und verschließt sich vor allem, was zu belastend erscheint. Für mich ist deutlich erkennbar, dass Dave durch sein Trinken versucht, diese Gefühle in den Griff zu bekommen, doch er selbst will diesen Zusammenhang nicht erkennen. Aus diesem Grund gelingt es uns nicht, Themen aus seiner Vergangenheit zu bearbeiten oder den künftigen Umgang mit seinen psychischen Problemen zu besprechen. Er ist meilenweit davon entfernt anzuerkennen, dass sein Trinkverhalten ungesund ist. Vielmehr ist er fest davon überzeugt, dass sich alles Schwierige von selbst klärt und man mit einer positiven Einstellung alles lösen kann. Daves Positivdenken ist zu seinem Schutzschild geworden. Solange er den nicht ablegt, sind Veränderungen nahezu unmöglich.

Ein besonders erfülltes Leben haben unter meinen Patientinnen und Patienten vor allem diejenigen, die auch schwierige Emotionen aushalten können und sie nicht nur versuchen wegzulächeln. Tapfer halten sie ihre Schamgefühle aus, die mit dem »Durcharbeiten« heikler Themen einhergehen. Wenn wir uns darüber im Klaren sind, dass wir uns unseren Emotionen

Wann wird Optimismus toxisch?

Toxisch geht es zu, wenn:

- jemand im Gespräch Unterstützung, Bestätigung oder Mitgefühl sucht und stattdessen nur hohle Phrasen zu hören bekommt,
- Menschen vorgeworfen wird, selbst nicht genug zu tun oder sich nicht ausreichend zu bemühen oder belastende Emotionen abgewertet werden,
- wir uns selbst Vorwürfe machen, weil wir nicht glücklich genug sind oder nicht positiv genug denken,
- wir unsere Realität verleugnen,
- Menschen mit berechtigten Sorgen oder Fragen manipuliert, verunsichert oder zum Schweigen gebracht werden,
- anderen vermittelt wird, dass sie an allem Schlechten in ihrem Leben selbst schuld sind.

aussetzen müssen, statt vor ihnen zu fliehen, fällt es uns leichter, echten Optimismus zu entwickeln. Wir wissen dann, dass wir dem gewachsen sind, was uns begegnet.

Toxischer Optimismus ist im Kern sowohl *gut gemeint* als auch *abwertend.* Häufig wenden wir ihn an, um:

- ein Gespräch zu beenden,

- dem Gegenüber zu erklären, was an seinen/ihren Gefühlen nicht stimmt,

- Menschen zu überzeugen, dass sie permanent glücklich sein können (wenn sie sich nur genügend darum bemühen),

- permanent positiv und unbeschwert aufzutreten,

- unsere gegenwärtige Situation zu verleugnen oder ihr auszuweichen,

- keine Verantwortung zu übernehmen,

- zu erreichen, dass es anderen besser geht.

Authentisch sein ist wichtig

Ich bin davon überzeugt, dass wir oftmals eigentlich helfen wollen, wenn wir Plattitüden äußern. Meist liegt es uns fern, mit solchen positiven Phrasen jemanden zu verletzen. Unter anderem deshalb kann uns toxischer Optimismus so triggern. Denn unweigerlich fragen wir uns: *Wie kann mein Verhalten toxisch sein, wenn ich doch nur helfen will?*

In krisenhaften oder schmerzlichen Momenten ist es wichtig, aufrichtig und authentisch zu sein. So können wir anderen zur Seite stehen, bewusst zuhören und verstehen. Das gelingt uns zwar nicht immer und bei jedem Menschen, doch wenn es darauf ankommt, sind wir dazu imstande. Durch authentisches Auftreten – ohne toxisch positive Phrasen – bestätigen wir unserem Gegenüber, dass sein Erleben real ist, und zeigen uns empathisch, statt das Geschehen zu leugnen oder schönzureden. Selbst wenn wir nicht vollständig einverstanden damit sind, wie der oder die Betreffende die Situation interpretiert oder damit umgeht, versuchen wir, da zu sein und authentisch zu bleiben. Wir hören der Person in Ruhe zu und ermöglichen es ihr, sich ganz zu öffnen (selbstverständlich so, dass unsere eigenen Grenzen gewahrt bleiben).

Denken wir zurück an die Freundin, die dich trösten wollte, nachdem du deinen Job verloren hattest. Mit ihren toxisch positiven Sprüchen wie: »Immerhin hast du jetzt richtig viel Freizeit! Ach komm, es könnte viel schlimmer sein. Versuch, so viel wie möglich draus zu lernen.« Natürlich wollte sie dir nicht wehtun. Solche krampfhaft positiven Sprüche kommen uns ja nicht spontan in den Sinn, sondern sie sind seit Langem tief in uns verwurzelt. Wir haben es verinnerlicht, diese hohlen Phrasen immer wieder anzubringen, und sind es von Kindheit an gewohnt, sie von anderen zu hören. Wir sind davon überzeugt, dass dieses Positivdenken tatsächlich funktioniert (sogar wenn wir finden, dass es uns selbst kein bisschen nützt). Es ist beinahe so, als hätten wir Angst, es zu hinterfragen, weil uns so oft gesagt wurde, dass es hilft. Deine Freundin ist also weder toxisch noch ein schlechter Mensch, sondern wiederholt lediglich, was sie in Ratgebern und den sozialen Netzwerken gelesen hat oder von Freunden und Verwandten zu hören bekam.

Der Haken ist nur, dass Sprache eine Wirkung hat – unabhängig von der jeweiligen Absicht. Sie beeinflusst, wie wir uns selbst und die Welt wahrnehmen. Die von uns gewählten Worte verändern unser Gehirn und wirken sich tiefgreifend auf unsere Beziehungen aus. Wenn wir wirksam kommunizieren und Mitmenschen hilfreich zur Seite stehen wollen, müssen wir zunächst ein Verständnis für deren Lebenswelt entwickeln. Wenn wir toxisch positiv agieren, äußern wir uns vor allem so, wie wir es jahrelang gelernt haben, statt einem Menschen in schwieriger Lage wirklich zuzuhören, sich ihm verbunden zu fühlen und zu erfahren, was ihn belastet.

Der gängige Positivsprech ist meist undifferenziert und wenig mitfühlend oder interessiert. Häufig sind es Pauschalaussagen, die darüber belehren, *wie man sich fühlen soll* und dass *dieses momentane Gefühl falsch ist.* Diese beiden Aspekte zeigen sofort, warum krampfhafte Positivität nur selten hilfreich ist. Wer jemandem wirklich beistehen möchte, will dabei gewiss kein schlechtes Gewissen bei seinem Gegenüber auslösen. Hohle Phrasen können besonders dann toxisch wirken, wenn eine Person sich öffnet und verletzlich zeigt, Emotionen preisgibt oder zu erklären versucht, welche Nöte oder Schmerzen sie quälen.

Die Wirkung von Positivdenken oder positiver Sprache hängt daher entscheidend vom Zeitpunkt, vom Gegenüber und vom jeweiligen Thema ab.

Der richtige Zeitpunkt

Häufig verfallen wir viel zu schnell ins überzogen Positive, weil wir jemandem aufrichtig wünschen, dass es ihm wieder besser geht. Wenn wir das Richtige sagen, so hoffen wir, wird dies seinen Schmerz lindern. Diese Hoffnung hegen wir auch ganz eigennützig, um ein schwieriges Thema zu wechseln und nicht zu lange mit dem Leid anderer konfrontiert zu werden. Denn zugegebenermaßen ist es nicht leicht, die Gegenwart eines weinenden, verzweifelten oder leidenden Menschen auszuhalten. Wir möchten dann rasch für Linderung sorgen.

Wenn man es dabei überstürzt, kann dies jedoch auf allen Seiten zu Enttäuschung führen. Zum einen, weil die Person, die wir trösten wollen, sich unverstanden fühlt und beschämt ist, und zum anderen, weil wir nichts erreicht haben und die emotionale Verbundenheit leidet.

Daher ist der Zeitpunkt entscheidend. Bevor wir jemandem ans Herz legen, etwas positiv zu sehen, sollten wir zuvor Folgendes bedenken:

- Zeit heilt keineswegs alle Wunden. Menschen verarbeiten Erfahrungen in unterschiedlichem Tempo und bestimmen selbst, wie ihr Heilungsprozess verläuft.

- Jeder Mensch reagiert auf Belastungen anders. Sofern die damit verbundenen Gefühle deines Gegenübers nicht gefährlich oder lebensbedrohlich für dich oder schutzbedürftige Personen (wie Kinder oder Senioren) werden, sind sie vollkommen okay. Du musst nichts dagegen unternehmen.

- Oft müssen Betroffene die Tragweite einer schwierigen Situation zunächst erkennen und annehmen, ehe sie sich damit auseinandersetzen können.

- Nicht immer sind Lichtblicke oder positive Aspekte erkennbar. Manche Ereignisse sind wirklich schwer zu verkraften, das müssen wir akzeptieren.

- Zusehen zu müssen, wie jemand Schmerzhaftes erlebt, ist schwer. Geh daher auch mit dir selbst behutsam um.

Versuche, in folgenden Momenten nichts krampfhaft Positives zu äußern:

- Wenn jemand weint oder offensichtlich eine schwierige Emotion durchlebt.

- Unmittelbar nach dem Eintreten eines problematischen Ereignisses (z.B. bei einer Kündigung).

- Bei einer Beerdigung und wenn jemand im Sterben liegt.

- Wenn sich jemand von dir wünscht, dass du einfach nur zuhörst.

- Wenn jemand explizit sagt, dass er/sie keine Ratschläge von dir möchte.

- Während ein schlimmes Ereignis unmittelbar geschieht.

- Wenn du nicht vollständig überblickst, was gerade passiert.

Das Gegenüber

Ungeachtet unserer Absicht haben wir keinen Einfluss darauf, wie unsere Worte wirken. Diejenigen, denen wir damit zur Seite stehen wollen, bestimmen, ob unsere Motivationssprüche für sie hilfreich sind oder nicht. Deshalb ist es so wichtig zu bedenken, wer unser Gegenüber ist.

Wenn ich meine Community im Netz auffordere, von ihren Erfahrungen mit toxischem Optimismus zu berichten, haben viele Antworten mit Religion oder Gott zu tun. Zahllose Beispiele à la »Nun ist er/sie bei Gott« oder »Das gehörte alles zu Gottes Plan« landen dann in meinem Posteingang. Das ist ein eindrucksvoller Beleg dafür, warum es so wichtig ist, uns unser Gegenüber zu vergegenwärtigen. Glaube, Religion und Gott können für manche Menschen enorm stärkend sein, für andere dagegen überhaupt nicht. Wenn wir jemandem mit unseren eigenen Werten oder unserer Religion versuchen Trost zu spenden, ignorieren wir dessen Bedürfnisse. Stattdessen gehen wir kurzerhand davon aus, dass etwas, was *uns* Kraft gibt, andere in gleichem Maße stärkt.

Dies trifft ebenfalls auf Personen zu, die unter Depressionen leiden. Die meisten Betroffenen wünschen sich von Herzen, glücklich zu sein. Zugleich wissen sie genau, wie schwer das für sie zu erreichen ist. Wenn wir also einen depressiven Menschen auffordern, doch »einfach glücklich« zu sein, werden wir unserem Gegenüber nicht gerecht. Wir bagatellisieren seinen täglichen Kampf und lassen ihn trivial erscheinen. Wenn »einfach glücklich sein« so leicht wäre, hätten es dann nicht längst alle Menschen geschafft? Wäre es so leicht, gäbe es wohl weltweit nicht so viele Depressionserkrankungen.

Die Person, der du zur Seite stehst, entscheidet darüber, welche Art von Unterstützung ihr hilfreich erscheint, und du entscheidest, ob du diese leisten kannst und willst. Wir müssen berücksichtigen, was wir über die momentane Situation und Problematik einer Person wissen, und sollten sensibel damit umgehen.

Hier sind einige Punkte, die es dabei zu bedenken gilt:

- Hat die betreffende Person mir mitgeteilt, wie sie unterstützt werden möchte?

- Habe ich nachgefragt, wie ich sie unterstützen kann?

- Reagiert die Person üblicherweise darauf, wenn ich aufmunternde Motivationssprüche äußere? Bedankt sie sich dafür oder signalisiert, dass sie hilfreich sind? Scheint es ihr danach besser zu gehen?

- Bricht das Gespräch ab, wenn ich solche aufmunternden Sprüche anbringe oder die betreffende Person auffordere, positiver zu denken?

Es ist wichtig, das jeweilige Gegenüber im Blick zu haben und herauszufinden, welche Hilfe angebracht ist. Im Zweifelsfall einfach nachfragen! Nur so kann man anderen Menschen wirkungsvoll zur Seite stehen.

Schwierige Themen

Manche Themen sind sehr belastend und für viele Menschen schwer zu ertragen. Meine Recherchen und die Arbeit in meiner Praxis zeigen, dass toxisches Positivdenken und banale Motivationssprüche wenig hilfreich – und geradezu schädlich – insbesondere in Bezug auf folgende Themen und Situationen sind:

- Unfruchtbarkeit und glücklose Schwangerschaft

- Trauer und Verlust

- Krankheit und Behinderung

- Liebesbeziehungen, Trennungen oder Scheidung

- Familie und familiäre Entfremdung

- Berufliche Probleme oder Jobverlust

- Körperliches Erscheinungsbild

- Nach traumatischen Ereignissen

- Schwangerschaft und Elternrolle

- Rassismus, Sexismus, Transphobie, Homophobie, Ableismus, Diskriminierung aufgrund von Größe oder Gewicht, Klassismus oder andere Vorurteile

- Psychische Beschwerden

Das alles sind schwierige Themen mit sehr persönlichen und vielschichtigen Facetten. Gespräche darüber haben eine ganz andere Dimension als alltägliches Geplänkel über Warteschlangen oder schmerzende Füße. Derart schwerwiegende Erfahrungen erschüttern uns bis ins Innerste und machen uns verletzlich. Deshalb müssen wir damit besonders sensibel umgehen, sowohl uns selbst als auch anderen gegenüber. Sie emotional gut zu verarbeiten ist enorm wichtig und sollte unbedingt angeregt werden. Falls du den Impuls verspürst, eine beschönigende Phrase zu äußern, wenn du von derartigen Problemen erfährst oder selbst damit konfrontiert bist, halte inne. Spüre einen Moment deinen tiefer liegenden Emotionen nach und versuche dann, zugewandt und bestärkend zu reagieren.

Zu viel des Positiven tut uns nicht gut

Das Positivdenken wirkt oft wie ein Pflaster auf einer Schusswunde. Statt zu helfen, führt es dazu, dass Emotionen unterdrückt werden, was sich nachteilig auf Körper, Seele, Beziehungen und die gesamte Gesellschaft auswirkt.[1] Es ist eindeutig erwiesen, dass das Unterdrücken von Emotionen wirkungslos und kräftezehrend ist und eine Fehlanpassung darstellt. Die Folge sind getrübte Stimmung, negative Gefühle gegenüber sozialen Interaktionen, dauerhaft negative Emotionen bis hin zu verminderten positiven Emotionen. Das Unterdrücken von Emotionen hat zudem schwerwiegende Folgen für die körperliche Gesundheit. Unabhängig davon, welcher Art die unterdrückten Gefühle sind, ob positiv oder negativ – der Vorgang des Unterdrückens löst im Körper physischen Stress aus. So beeinflusst er nachweislich den Blutdruck und das Gedächtnis und erhöht das Risiko für Diabetes und Herzerkrankungen.

Im weiteren Sinn wirkt sich daher eine Kultur, die nur positive Energie und »gute Vibes« gelten lässt, toxisch auf unsere Beziehungen und die Gesellschaft als Ganzes aus. Wenn wir beharrlich bestimmte Emotionen als »schlecht« ablehnen, versagen wir uns die menschliche Nähe, die entsteht, wenn wir uns öffnen und verletzlich zeigen. Bedauerlicherweise wird zwanghaftes Positivdenken häufig als Waffe eingesetzt, um das Erleben bestimmter gesellschaftlicher Gruppen zu bagatellisieren. Wenn wir auf Diskriminierung mit »Können wir uns nicht einfach alle lieb haben?« antworten, entwerten wir die ganz realen Erfahrungen, denen marginalisierte Personen tagtäglich ausgesetzt sind. In solchen Situationen bewirkt toxische Positivität, dass die Verantwortung dafür ausschließlich den Einzelpersonen aufgebürdet wird, statt Systeme und Institutionen in den Blick zu nehmen.

Typische Beispiele für toxisch positives Verhalten

Ich habe schon Tausende von Nachrichten bekommen, in denen Leute mir schreiben, welche entwertenden Äußerungen sie zu hören bekommen, wenn es ihnen nicht gut geht. Da wir inzwischen wissen, wie entscheidend der Zeitpunkt, das

Gegenüber und das Thema sind, wollen wir uns nun ein paar toxisch positive Klassiker anschauen und klären, warum sie in vielfältigen Situationen alles andere als hilfreich sind. Weiter hinten im Buch erörtern wir dann, was ihr stattdessen sagen oder tun könnt.

»Das Leben mutet dir nie mehr zu, als du bewältigen kannst.«

Schlimmes passiert Menschen nicht deshalb, weil sie es ertragen können. Manche Leute sind in solchen Momenten schlichtweg nicht stark genug, um es zu verkraften, und das ist vollkommen okay. Wenn wir so etwas sagen, unterstellen wir dabei, dass in jeder Herausforderung immer auch eine Lektion steckt und Betroffene sich ihr unbedingt stellen müssen, weil sie aus guten Gründen gerade ihnen geschieht.

»Alles wird gut.«

Wenn jemand gerade panisch oder schockiert ist, wirkt es weder tröstlich noch überzeugend, wenn wir betonen, dass alles gut wird. Denn diese Aussage beruht höchst selten auf Fakten (Woher wissen wir das so genau? Was bedeutet »gut« überhaupt? Ist das nicht subjektiv?) und bringt somit das Gespräch schnell zum Erliegen.

»Nicht weinen!«

Das sagen wir vor allem, weil wir emotional angegriffene Menschen nur schwer aushalten können. Doch Weinen ist völlig normal, tut gut und ist selbstverständlich erlaubt. Indem wir jemanden auffordern, nicht zu weinen, signalisieren wir, dass Tränen etwas Schlechtes sind, und tragen somit dazu bei, dass unser Gegenüber seine Emotionen unterdrückt.

»Lächle doch mal!«
Es ist schmerzhaft, wenn man zum Lächeln aufgefordert wird, obwohl man innerlich gerade aufgewühlt ist. Jemandem in solchen Momenten Glücksgefühle aufzuzwingen, ist übergriffig.

»Du kannst für so vieles dankbar sein.«
Es schließt sich keineswegs aus, niedergeschlagen und trotzdem dankbar zu sein. Jemanden mit einer solchen Aussage zum Schweigen zu bringen, ist respektlos.

»Zeit heilt alle Wunden.«
Das stimmt so nicht. Wenn jemand etwas Belastendes erlebt hat und noch darunter leidet und dann diese Aussage zu hören bekommt, kann das sehr unsensibel und beschämend sein. Jeder Mensch kann nur selbst entscheiden, wann etwas überwunden ist, und manchmal kommen wir auch nie »darüber hinweg«.

»Kopf hoch und positiv denken!«
Wäre es so einfach, dann würden wir es wohl alle tun. Damit werden komplexe und komplizierte emotionale Vorgänge bagatellisiert, insbesondere gravierende psychische Probleme.

»Immerhin ist es nicht _____.«
Alles, was mit *immerhin* oder *wenigstens* eingeleitet wird, hat etwas Herabsetzendes an sich. Es ist alles andere als hilfreich, Leidvolles miteinander zu vergleichen. (Immerhin bist du nicht tot, sei froh. Klingt das tröstlich? Wohl kaum.)

»Es liegt nur an deiner Einstellung.«
Das ist eine unzulässige Vereinfachung unserer Realität. Zahlreiche Studien belegen, dass persönlicher Erfolg von einer Reihe miteinander verknüpfter Faktoren abhängt. Die indi-

viduelle Einstellung ist zwar ein wichtiger Aspekt, jedoch *keinesfalls* der einzige.

»Sei dankbar für das, was du daraus lernen konntest.«

Diese Äußerung ist besonders schmerzhaft nach traumatischen Erlebnissen. Leider bekommen sie meiner Beobachtung nach häufig Personen zu hören, die von Missbrauch betroffen sind. Ja, letztendlich lernen wir durchaus aus unseren schmerzhaften Erfahrungen, doch das bedeutet nicht, dass wir für diese Lektionen dankbar sein sollen. Der Preis ist oftmals viel zu hoch.

»Es könnte viel schlimmer sein.«

Stimmt. Genauso gut könnte es aber auch besser sein. Dieser Satz banalisiert das jeweilige Erleben und gibt Betroffenen zudem zu verstehen, ihr Schmerz sei nicht gerechtfertigt, weil »das Schlimmste« nicht eingetreten ist.

»Meide alles Negative.«

Ein Leben ohne negative Einflüsse verhindert, dass wir dazulernen und uns weiterentwickeln. Wenn wir alles Negative – Menschen oder Erfahrungen – aus unserem Leben verbannen, werden wir einsam und verkümmern emotional.

»Gib niemals auf.«

In manchen Situationen ist es enorm mutig oder sogar notwendig, aufzugeben. Das bedeutet nicht zwangsläufig, dass die betreffende Person schwach oder überfordert ist. Häufig beweisen gerade diejenigen besondere Stärke, die wissen, wann sie die Notbremse ziehen müssen.

»Nichts geschieht ohne Grund.«

Diese Aussage ist besonders verletzend nach einem traumatischen Erlebnis oder Verlust. Manche Dinge passieren völlig grundlos oder der Sinn ist nicht erkennbar. Wenn jemand, der Gewalt erlitten, ein Kind verloren hat oder schwer erkrankt ist, gesagt bekommt, dass es dafür gewiss einen »Grund« gibt, kann dies stark verunsichernd und respektlos wirken.

All diese Aussagen verhindern die Chance auf einen tieferen Austausch über das Erlebte und schaffen keinerlei Raum, um sich mitzuteilen oder emotionale Verbundenheit herzustellen. Sie sind zwar nett gemeint – jedoch ohne jede Substanz.

Warum ist Positivdenken so attraktiv und verlockend?

An einem Nachmittag betritt Tory meine Praxis. Sie ist sorgsam gekleidet, und ich erkenne auf den ersten Blick, dass sie viel Zeit für ihr Äußeres verwendet. Nervös sitzt sie auf meinem Sofa und berichtet dann ausführlich über ihren langjährigen Hang zur Selbstoptimierung. Wir reden über Einkehrseminare, Nahrungsergänzung, Heiler, Ernährungsberatung, Lebenscoaching, ihre diversen früheren Therapien und welche Ratgeberliteratur sie an den Wochenenden regelrecht verschlingt. Sie erzählt mir, dass sie jeden Morgen erst einmal aufschreibt, wofür sie dankbar ist, und diese Liste mit einem positiven Motivationsspruch abschließt. Ich erfahre, dass an ihrem Spiegel diverse aufmunternde Klebezettel hängen, die ihr versichern: »Du bist toll!« oder »Du schaffst das!« Dann senkt sie den Blick und gibt zu, dass das alles offenbar nicht hilft. Es fällt ihr schwer, darüber zu sprechen, und sie hat unverkennbar starke Schuldgefühle deswegen. Sie *erwartet,* dass diese Maßnahmen funktionieren, und wenn dies nicht der Fall ist, empfindet sie es als Scheitern. Sie ist davon überzeugt, dass sie etwas falsch macht.

Torys Therapieziel lautet »glücklich sein«, wobei ich mich frage, ob eine von uns beiden weiß, wie das genau aussehen soll. Jede Woche berichtet sie mir von einer neuen Sache, die sie gerade ausprobiert, weil das bestimmt *die* Lösung ist, um endlich glücklich zu werden. Selbstoptimierung in Dauerschleife, aus der auszubrechen sie offenbar nicht schafft.

Wir stellen gemeinsam fest, dass sie tatsächlich permanent glücklich sein will. Nichts soll sie quälen, sie möchte immer positiv auftreten und geliebt werden. Negativ eingestellte Menschen findet Tory anstrengend und unsympathisch. Positiv denkende Personen sind dagegen für sie die Besten, und so wäre sie auch selbst gern. Vom permanenten Streben nach Glück ist sie jedoch erschöpft und seit geraumer Zeit auch ratlos, wie es endlich gelingen kann. Sie hat alles versucht, wozu die Selbsthilfegurus und Motivationstrainer raten. Ich kann ihren Frust nachvollziehen und versuche das Thema daher offen anzusprechen: »Was würde passieren, wenn Sie nicht dauerhaft glücklich wären? Könnten Sie sich damit abfinden?« Tory sieht mich daraufhin verständnislos an und weiß offenkundig überhaupt nicht, was sie darauf antworten soll.

Ihr Problem besteht unter anderem in mangelnder Selbstannahme. Sie kann nicht akzeptieren, dass sie bereits sämtliche Voraussetzungen in sich trägt, um vollkommen zu sein. Stattdessen hat sie mit einer Realität zu kämpfen, in der ihr ständig suggeriert wird, dass ihr etwas Entscheidendes fehlt, nur um sie für ein neues Produkt zu interessieren oder zu Veränderungen zu motivieren. Tory lässt sich bereitwillig jene Lüge verkaufen, dass am Ende ihrer Selbstoptimierungsreise eine wundervolle Glücksoase auf sie wartet. Es gelingt ihr nicht, den Drang zu stetiger Verbesserung zu stoppen, weil sie daraus das Gefühl bezieht, alles unter Kontrolle zu haben. Sie verschließt die Augen davor, welche Rolle die Zurückweisungen eines gefühlskalten Partners in ihrem Leben spielen oder wie stressig ihr Job in Wirklichkeit ist, denn schließlich verlangt sie sich ab, ihre Gedanken und Emotionen unter allen Umständen im Griff zu haben. Solange Tory nicht lernt, ihren Blick nach innen zu richten und sich damit auseinanderzusetzen, welchen äußeren Einflüssen sie ausgesetzt ist, wird sie weiterhin an den falschen Stellen nach Kontrolle streben und sich Vorwürfe machen, wenn sie nicht gelingt.

Positivdenken und die Illusion von Hoffnung und Kontrolle

Torys Erfahrungen gehen mir nahe, weil ich früher genauso war wie sie. Den unbedingten Wunsch nach Entlastung kenne ich nur allzu gut. Es geht um die permanente Jagd nach der idealen Glücksformel – ein schönerer Körper, ein größerer Freundeskreis, ein größeres Haus. Die Liste lässt sich endlos fortsetzen. So anstrengend diese Suche ist, sie hat auch etwas Reizvolles an sich. Sie eröffnet so viele Möglichkeiten, verspricht Kontrolle und kommt unserem Wunsch, geliebt zu werden, entgegen. Es scheint geradezu absurd, dass diese Art von Selbsthilfe und das Streben nach einer positiven Grundeinstellung schädlich sein könnten. Wir müssen uns nur ein bisschen mehr anstrengen, dann gelingt es uns auch, davon sind wir fest überzeugt.

Positivdenken ist vor allem aus folgenden Gründen so attraktiv:

- Es vermittelt uns ein Gefühl von Kontrolle über unser Leben.

- Es befreit uns von der Verantwortung für das Leben anderer Menschen.

- Für Fehlschläge können wir immer eine konkrete Ursache verantwortlich machen – nämlich unsere Gedanken.

Die gängigen Ratgeber zum Thema Positivdenken bieten uns eine einfache Formel an: Verändere deine Gedanken und damit dein Leben. Sie ist deshalb so wirkungsvoll, weil sie auf unsere größte Angst abzielt – die Unsicherheit. Wenn wir Bescheid wissen, fühlen wir uns sicher, und Sicherheit ist essenziell. Seit Anbeginn der Zeit sucht der Mensch nach Antworten auf Fragen wie »Warum geschieht Schlimmes?« und »Wie kann ich alles erreichen, was ich will?«. Vermutlich werden wir niemals aufhören, diese Fragen zu stellen.

Menschen, die das Gesetz der Anziehung oder andere Formen des positiven Denkens und Manifestierens praktizieren, behaupten gern, den Stein der Weisen gefunden zu haben. Sie wissen genau, was wir tun müssen, und kennen den richtigen Weg, damit wir das bekommen, was wir uns wünschen. Ohne Wenn und Aber. Und wenn das nicht gelingt, liegt es nur daran, dass wir etwas falsch gemacht oder uns nicht genug Mühe gegeben haben. Denn dies sind die einzigen Faktoren in ihrer Gleichung. Das heißt also, mit der richtigen Einstellung und genügend positiver Energie haben wir die volle Kontrolle über unser Leben. Jeder ist für sich selbst verantwortlich, und wir wissen jederzeit, was oder wer schuld daran ist, wenn wir scheitern. Mithilfe dieses Konstrukts lässt sich das gesamte Universum erklären, einschließlich Krankheiten, Diskriminierung, Krieg, Naturkatastrophen, Jobverlust, Tod und vieles mehr.

Klingt fantastisch, oder? Für mich klingt es ehrlich gesagt zu schön, um wahr zu sein.

Früh übt sich

Die meisten Eltern oder Bezugspersonen wünschen sich, dass ihr Kind »einfach nur glücklich« ist, und wer könnte etwas dagegen einwenden? Schließlich zeugt ein »glückliches Kind« davon, dass man als Erziehungsberechtigter seine Sache gut gemacht hat. Dieses Ziel erscheint klar umrissen und einfach. Doch es sorgt dafür, dass wir von Geburt an unter dem Druck stehen, stets glücklich und positiv eingestellt sein zu müssen.

Eine neuere Studie trägt den Titel »Happier Babies Have an Edge«[2] (dt. etwa: Glückliche Babys sind im Vorteil). Beim Lesen dieser Überschrift wird mir etwas flau im Magen. Oje, nun müssen sogar schon Babys glücklich sein, wenn aus ihnen etwas werden soll! Aber das passt natürlich ins Bild. Denken wir nur daran, wie wir über Babys reden. Viele Erwachsene sagen zum Beispiel: »Sie war so ein zufriedenes Baby!« oder »Meine Güte, was hat er als Baby geschrien«. Schon Säuglinge werden also positiv oder negativ bewertet, als pflegeleicht oder anstrengend. Und selbstverständlich wünschen sich alle glückliche Babys! Schließlich sind sie erheblich unkomplizierter und verlangen uns viel weniger ab als Schreikinder mit Koliken. Glücklichen Kindern werden auch tendenziell mehr Lob und positive Aufmerksamkeit zuteil, da ihre Eltern ausgeruhter und zufriedener sind. Das individuelle Temperament steht also schon seit frühester Kindheit unter Beobachtung und wird Teil der eigenen Lebensgeschichte. Vermutlich spricht deine Familie noch heute darüber, wie du als Kind warst.

In der erwähnten Studie wurde festgestellt, dass eine glückliche frühe Lebensphase einen hohen IQ in der Kindheit sowie Bildungserfolg im Erwachsenenalter verspricht. Die Forschenden werteten aus, wie oft Kinder positive und negative Emotionen empfanden und welche Rolle dies für ihr Aufwachsen spielte. Positive Emotionen wie Freude oder Liebe bewirken bekanntermaßen, dass Menschen kreativer und freundlicher werden und Probleme besser lösen können. Also, je mehr positive Emotionen Kinder erleben, desto mehr Zeit verbringen sie mit Spielen, Lernen und sozialer Interaktion. Dies wirkt sich ganz unmittelbar auf ihre Entwicklung aus. Kinder, die in stärkerem Maß negative Emotionen wie Traurigkeit oder Wut erleben, haben dagegen geringere Lernchancen, weil sie zu sehr damit beschäftigt sind, Belastendes zu überwinden oder zu vermeiden. Das ist alles durchaus nachvollziehbar, wobei die Studienautoren jedoch darauf hinweisen, dass die Untersuchungsgruppe ausschließlich Probanden mit geringem Risikopotenzial umfasste. Kinder, die unter nachteiligeren Bedingungen aufwachsen, erleben zumeist weniger positive und mehr negative Emotionen, die aufgrund der gegebenen Umstände ihr Glücksempfinden beeinträchtigen können. Anderen Studien zufolge stehen widrige Lebensumstände im Zusammenhang mit geringerem IQ, schwächeren Lernerfolgen und vermindertem Glücksempfinden. Man könnte somit argumentieren, dass sich nicht das Glücklichsein förderlich auf die Entwicklung von Kindern auswirkt, sondern vielmehr führt das Aufwachsen in einer liebevollen, zugewandten Umgebung mit wenig Nachteilen dazu, dass diese Kinder glücklicher sind – was wiederum ihre Chancen auf eine gelingende Entwicklung und mehr Lebensglück steigert.

In der frühen Kindheit schreibt sich das individuelle emotionale Erleben buchstäblich ins Gehirn ein. Diese entscheidende Entwicklungsphase ist von enormer Tragweite. In einer Langzeitstudie, die über dreißig Jahre hinweg unter dem Namen *Australian Temperament Project* durchgeführt wurde, untersuchten australische Psychologen, wie sich Temperamente entwickeln und warum manche Säuglinge glücklicher sind als andere.[3] Dabei stellten sie fest, dass das individuelle Temperament relativ stabil bleibt und nur sehr wenige Kinder diesbezüglich gravierende Veränderungen durchmachen. Dennoch *kann* das Temperament durch positive Erfahrungen, wie eine enge Bindung an Bezugspersonen und das Aufwachsen in einem stabilen Umfeld, modifiziert werden. Manche Babys sind von Geburt an besonders glücklich, und andere entwickeln durch förderliche Umgebungen und Erfahrungen eine größere Zufriedenheit. Doch von klein auf wissen Kinder bereits, dass Glücklichsein und positives Verhalten definitiv belohnt werden.

Bereits Kleinkinder entwickeln sehr früh ein Gespür dafür, inwiefern Bezugspersonen die eigene Stimmung regulieren können und wie sich die jeweilige Stimmung möglicherweise auf deren Verhalten auswirkt. Sie bekommen ein gutes Gespür für die emotionale Verfassung in ihrem Zuhause, ihrer Bezugspersonen und anderer Menschen um sie herum. Diese Fähigkeit ist überlebenswichtig, denn sie lernen, was ihre Bezugspersonen offenbar verstimmt und ob deren geäußerte Stimmung im Einklang mit ihrem Verhalten steht. Da die seelische Gesundheit kleiner Kinder unmittelbar von den emotionalen und sozialen Bedingungen der Umgebung abhängt, in der sie aufwachsen, haben diese Bezugspersonen darauf enormen Einfluss. In vielen häuslichen Umgebungen, wo bestimmte

Emotionen abgelehnt oder verurteilt werden, wird positives Denken oftmals zur üblichen und erwünschten emotionalen Reaktion.

Wenn du selbst in einem Umfeld aufgewachsen bist, wo Emotionen nicht offen ausgedrückt werden durften, hast du möglicherweise Folgendes erlebt:

- Bezugspersonen versicherten stets, alles sei »prima«, selbst wenn es nicht zutraf.

- Du wurdest von Bezugspersonen aufgefordert, nicht zu weinen, wenn dich etwas mitnahm, sondern dich »zusammenzureißen« oder dich »nicht so anzustellen«.

- Es wurde als »zu negativ« gewertet, wenn du Sorgen geäußert oder dich über etwas beklagt hast.

- Deine Bezugspersonen zeigten selten belastende Emotionen beziehungsweise leugneten oder verbargen diese, falls es doch einmal vorkam.

- Die Äußerungen von Bezugspersonen über deren Emotionen stimmten nicht mit ihrem Verhalten überein (z.B. wenn sie weinten, versicherten sie zugleich, alles sei in Ordnung).

- Bezugspersonen sprachen mit dir nicht offen über Emotionen.

- Emotionen wurden in »gute« und »schlechte« eingeteilt.

- Es war schwer für dich, die Emotionen deiner Bezugspersonen zu deuten.

- Du hast viel Zeit und Kraft darauf verwendet, die Emotionen im familiären Umfeld zu durchschauen.

- Es wurde dir nicht beigebracht, deine Emotionen sinnvoll zu benennen.

In unserer Kindheit haben wir vielleicht zu hören bekommen, dass Optimisten die besseren Menschen sind und »Nörgler« oder »Miesepeter« von niemandem gemocht werden. Wir verinnerlichen solche Aussagen so sehr, dass sie fortan als Glaubenssätze unser Verhalten prägen. Wenn Erwachsene vorleben, dass eine positive Einstellung immer zu bevorzugen ist, lernen Kinder, dass man immer an allem nur das Beste sehen muss, selbst wenn es gerade richtig schlecht läuft. Und zwar um jeden Preis. Infolgedessen haben viele von uns nicht gelernt, auf ihre Gefühle zu hören, und nie begriffen, warum das so wichtig ist.

Diese Haltung wird im Laufe unseres Lebens immer weiter verstärkt, besonders in der Schule. Wenn man ein Schulgebäude betritt, sieht man an den Wänden oft Plakate mit allerlei Motivationssprüchen, die zu Lächeln und guter Laune aufrufen. Schulen und Lehrer beharren darauf, dass Lernen Spaß machen soll, und erwarten dies von den Schülern. Bildungseinrichtungen investieren viel Geld, um die Kinder »bei Laune« zu halten und ihre Stimmung zu verbessern, weisen aber seit Langem Defizite in Bezug auf psychologische Betreuung oder aktuelle Lernmaterialien auf.

Später geht es dann auch am Arbeitsplatz gnadenlos positiv zu. Zur modernen Unternehmenskultur gehören Partys, Auszeichnungen und Meetings, die ausschließlich auf die Zufriedenheit der Belegschaft abzielen. Von Beschäftigten wird erwartet, konstant gut gelaunt und dankbar zu sein, ihre Arbeit zu lieben und den Rest bitte schön zu Hause zu lassen. Wer konstruktive Kritik übt oder auf Probleme hinweist, wird häufig als »zu negativ« abgestempelt. Eine positive Grundhaltung gilt als unerlässlich im Hinblick auf Gehaltserhöhungen oder Beförderungen.

Eine solche Einstellung wird von der Gesellschaft generell geschätzt und belohnt. Halten wir uns nur vor Augen, wer medial in der Regel bejubelt wird. Was wir dort präsentiert bekommen, ist Folgendes:

- Leute, die aus dem Nichts etwas Tolles geschaffen haben.

- Voyeuristisch-inspirierende Berichte über Menschen, die mit Krankheit oder Behinderung leben und scheinbar über alles hinweglächeln.

- Vorbildhafte Vertreter von Minderheiten, die negativen Vorstellungen von Rassismus, Sexismus, Klassismus und anderen Formen von Diskriminierung entgegentreten.

Zwanghaftes Positivdenken lauert überall. Probleme werden nur noch als »Chancen« bezeichnet. Was uns triggert, soll uns etwas »lehren«. Trauer heißt nun »Liebe ohne Heimat«. Schwächen deuten wir um zu »Stärken mit Entwicklungspotenzial«. Wir haben uns einreden lassen, eine positive Einstellung sei der Schlüssel zu Glück, Wohlbefinden und einem langen Leben. Wir hatten die besten Absichten, doch unterwegs sind wir irgendwo falsch abgebogen.

Lässt sich wirklich alles manifestieren?

Das Manifestieren gehört zu den wichtigsten Werkzeugen von Positiv-Enthusiasten. Gemäß dem Gesetz der Anziehung geht es beim Manifestieren darum, eine Idee durch Gedanken, Gefühle und Überzeugungen in physische Realität umzusetzen.[4] Dies lässt sich durch Meditation, Visualisierung oder unser Bewusstsein beziehungsweise Unterbewusstsein erreichen. Verfechter des Manifestierens sind der Auffassung, dass Menschen, die immer nur negative Emotionen empfinden, in erster Linie Negatives anziehen. Das bedeutet also, dass jeder das anzieht, was für ihn bestimmt ist. Wer Positives denkt und visualisiert, was er sich wünscht, wird es auch bekommen. Deshalb ist man dazu angehalten, sich auf Wünschenswertes zu konzentrieren, störende toxische Personen zu meiden und im Übrigen geduldig zu sein. Während man auf das Manifestierte wartet, kann man ganz normal seinem Alltag nachgehen und muss sonst nichts weiter tun.

Klingt ganz simpel, oder?

Diese Empfehlung steht allerdings im krassen Widerspruch zu dem, was wir aus der psychologischen Forschung über Motivation und Zielerreichung wissen. Mögliche Hindernisse werden außer Acht gelassen, die individuellen Fähigkeiten nicht berücksichtigt, und ein Handlungsplan fehlt völlig. Außerdem wird suggeriert, dass Schlechtes nur jenen widerfährt, die Schlechtes wollen, sich ausmalen und manifestieren. Angeblich schwingen diese Menschen mit »niedriger Frequenz« und bringen damit schlechte Energie in die Welt. Dies ist jedoch nachweislich falsch, denn tagtäglich kommt es vor, dass auch gute Menschen Schlechtes erleben.

Wenn wir unsere persönlichen Grenzen, systemische Einflüsse und unerwartete Hürden ausblenden und keinen geeigneten Handlungsplan entwickeln, wird es daher problematisch. Es ist allzu verlockend, dem schlichten Denkmuster des Manifestierens zu folgen und zu schlussfolgern, dass jeder selbst schuld ist, wenn es nicht funktioniert. Hat es nicht geklappt mit dem neuen Auto? Bestimmt warst du zu negativ eingestellt. Gleich noch einmal versuchen!

Dennoch hat das Manifestieren durchaus etwas für sich und ist nicht durchweg toxisch oder von Nachteil. Um das zu bekommen, was wir uns wünschen, müssen wir in der Tat eine Vorstellung davon haben, worin es besteht, und an dieser festhalten. Dies erfordert ein subtiles Zusammenspiel persönlicher und äußerer Faktoren. Wir können bestimmte Umstände, die uns am Erreichen von Zielen hindern, einkalkulieren und zugleich Menschen ermutigen und anregen, das Heft in die Hand zu nehmen und ihr Leben so zu gestalten, wie sie es sich erträumen. Alternativ zur traditionellen Manifestierung wende ich gern die WOOP-Strategie [Wish (Wunsch), Outcome (Ergebnis), Obstacle (Hindernis), Plan] von Gabriele Oettingen an, die hilfreich ist, um eigene Ziele zu formulieren, zu erreichen und auszuwerten.[5] Dazu stellt man sich zunächst folgende Fragen:

1. Worin besteht dein Wunsch?

2. Wie sieht das ideale Ergebnis aus?

3. Welche Hindernisse können auftreten?

4. Welchen Plan hast du, um dies zu erreichen?

Die WOOP-Strategie lässt sich für nahezu alles anwenden. Sie hilft dabei, grundlegende Ziele zu bestimmen und dafür das Richtige zu tun.

Dabei ist es wichtig, selbst auferlegte oder mutmaßliche Schranken zu erkennen, um daran zu arbeiten, sie zu überwinden. Das Erkennen solcher Schranken im eigenen Leben hat keineswegs etwas mit Aufgeben zu tun. Vielmehr geht es darum, einen individuell geeigneten Weg einzuschlagen.

Aber ich will nicht negativ denken

Viele Leute denken, dass ich eine negative Grundeinstellung propagieren will, wenn sie den Ausdruck *toxic positivity* hören. Das ist natürlich unsinnig, und darum geht es auch gar nicht. Wichtig ist vielmehr die Balance. Denn es gehört zum Menschsein, Raum für das Positive, das Negative und alle Zwischentöne zu schaffen.

Häufig werden wir regelrecht bombardiert mit der Aufforderung, stets und ständig glücklich zu sein. Wenn wir diesen Zwang verinnerlichen, setzen wir uns selbst und andere unter permanenten Druck. Wenn es uns nicht gelingt, das richtige Mindset zu entwickeln, so befürchten wir, dass wir auf der völlig falschen Spur sind, anderen schaden oder dass mit uns etwas nicht stimmt.

In den folgenden Kapiteln erfahrt ihr, welche Kraft Mitgefühl, Verletzbarkeit und Neugier entfalten können und wie sie uns dazu verhelfen können, dass wir uns gesehen, unterstützt, eingebunden und gehört fühlen. Wenn diese Bedürfnisse erfüllt sind, ist alles möglich.

Reflexion

Nimm dir einen Moment Zeit, um über dein Leben nachzudenken und diese Fragen zu beantworten:

- Wann hast du gelernt, dass es wichtig ist, positiv zu denken?

- Wurdest du von deinen Eltern dazu ermutigt, andere Emotionen zu empfinden und auszudrücken? Haben sie selbst eine breite Palette von Emotionen, wie etwa Freude, Wut, Traurigkeit oder Enttäuschung geäußert?

- Befürchtest du, als »zu negativ« zu gelten?

- Was macht einen Menschen deiner Meinung nach wirklich glücklich?

MAN BEKOMMT GENAU DAS ZURÜCK, WAS MAN AUSSTRAHLT.

Die Welt kann grausam und voller Zufälle sein. Leider kommt es vor, dass wir Unmengen von positiver Energie ausstrahlen und trotzdem mit Problemen konfrontiert sind. Es ist wichtig, nach einem Leben im Einklang mit den eigenen Werten zu streben. Tu dein Bestes dafür und bedenke dabei immer, dass du Schlechtes nicht deshalb erlebst, weil du es selbst angezogen hast.

....

Kapitel 2

Warum wir nicht immer positiv denken können

Einige wichtige Bereiche unseres Lebens sind stark durch toxischen Optimismus geprägt. Ob Krebspatientin, Arbeitsloser oder jemand, der Trost in Religion sucht – uns allen wird eingeredet, dass positive Gedanken der Schlüssel zum Glück sind. Der Druck, positiv in die Welt zu blicken, ist heutzutage allgegenwärtig: im Geschäftsleben oder im Gesundheitswesen genauso wie in Religion oder Wissenschaft. Warum dieses vermeintliche Wundermittel nicht wirkt, hat einen Grund, und der liegt nicht bei uns selbst.

Nicht arbeitslos, sondern stressbefreit!

Alissa arbeitet in einer renommierten Anwaltskanzlei. Ich begleite sie schon, seit sie als Absolventin dort anfing. Von frühmorgens bis spätabends hockt sie an ihrem Schreibtisch und arbeitet umfangreiche Schriftsätze durch. Alissa ist unglücklich, gestresst, überarbeitet und schafft es partout nicht, aus dem Hamsterrad auszusteigen. Sie betont, wie glücklich sie sich schätzen kann, diesen Job zu haben (in dem sie meiner Ansicht nach ausgesprochen schlecht behandelt wird). Sie berichtet von sexueller Belästigung, mangelnder Unterstützung und spätabends eingehenden Anrufen und Mails.

Monat für Monat wird Alissa mit Arbeit regelrecht zugeschüttet, und da sie ihren Job gut macht, bekommt sie immer noch mehr aufgebürdet. Neben der Aufgabenflut muss sie gelegentlich an verpflichtenden Belegschaftsversammlungen teilnehmen, bei denen ihre Vorgesetzten lächelnde Gesichter und Begeisterung erwarten. Gelegentlich werden im Büro auch Spiele organisiert oder lustige Hüte getragen, um die positive Stimmung zu steigern. Außerdem ist die Chefetage immer sichtlich genervt, wenn die Moral der Beschäftigten nicht ihren Erwartungen entspricht. Aus privaten Gesprächen weiß Alissa, dass alle um sie herum total ausgebrannt und überfordert sind, doch niemand gibt es offen zu. Es wird totgeschwiegen, weil die Bezahlung stimmt, die Büroräume attraktiv sind und auf der alljährlichen Weihnachtsfeier die ach so tolle Unternehmenskultur vehement bejubelt wird. Sich zu beklagen würde bedeuten, dass man »überfordert ist« oder das, was man hat, »nicht zu schätzen weiß«.

Aus unseren wöchentlichen Gesprächen schließe ich, dass Alissa es in dieser Umgebung nicht mehr lange aushält. Sie wirkt ausgelaugt und schaut aus dem Fenster, während sie berichtet, wie zutiefst erschöpft sie ist. Ihr ist bewusst, wie fatal die Lage ist, kann sich jedoch nicht daraus befreien. Über mehrere Wochen hinweg setzen wir uns mit dem Thema Grenzen auseinander, und sie fasst den Entschluss, ihren Arbeitgeber auf die Probleme anzusprechen. Mutig berichtet sie also dem Chef von ihren Schlafstörungen und teilt ihm mit, dass sie dieses Pensum nicht länger bewältigen kann. Sie erklärt, dass ihr die Arbeit sehr wichtig ist und sie unbedingt eine Lösung finden möchte. In unserer nächsten Sitzung erzählt sie dann unter Tränen, wie ihr Chef nur grinsend geantwortet habe, sie solle dankbar für ihren Job sein, um den sich andere Leute reißen würden. Das tut mir zwar außerordentlich leid für sie, doch gleichzeitig überrascht es mich nicht.

Obwohl Alissa viel Mut aufgebracht hat, ändert sich bei der Arbeit nichts, und in unseren Sitzungen reden wir wieder über ihre Erschöpfung, spätabendliche Mails und mangelnde Grenzen. Sie entschließt sich dazu, die »Zähne zusammenzubeißen« und die Stelle zu behalten, denn wer kündigt schon freiwillig, wenn es so viele Arbeitslose gibt, und wer beschwert sich, wenn es eigentlich »gar nicht so schlimm« ist?

Haben positiv Denkende immer Erfolg?

Die meisten Karrierecoaches und Arbeitgeber sind davon überzeugt, dass die Grundvoraussetzung für Erfolg eine positive Einstellung ist. Wenn man nach »Wie wird man erfolgreich« googelt, erhält man im Handumdrehen Tausende von Beiträgen über positives Denken und persönliches Vorankommen. Die populärsten Ratgeber zum Thema Reichwerden, wie etwa *So denken Millionäre* von T. Harv Eker, setzen allesamt auf die Kraft des eigenen Mindsets. Der Autor legt nahe, dass die finanzielle Zukunft eines Menschen nichts mit Bildung, Intelligenz, Fähigkeiten, Timing, Arbeitsstil, Kontakten, Glück, Entscheidungen für Beruf, Branche oder Investitionen zu tun hat, sondern einzig und allein durch die innere Haltung und unbewusste Überzeugungen bestimmt wird.[1] Wer reich sein will, muss also positiv denken. Angesichts der vielen kursierenden Erfolgskonzepte mit ihren schlichten Regeln ist es ein Wunder, dass es nicht deutlich mehr Millionäre gibt!

Die moderne Arbeitswelt ist zu einem Bereich geworden, wo positives Denken gefordert ist. Fernseher, Videospiele, knallbunte Sofas und Snacks sind in Büros heute an der Tages-ordnung. Die Geschäftsräume von Google in Tel Aviv verfügen sogar über einen künstlichen Strand samt Rutsche, und in London gibt es Strandhäuschen und Besprechungsräume in Form eines gigantischen Würfels.[2] Unternehmen werden ge-staltet wie Spielplätze, wo man bitte schön Spaß haben soll. Es wird *erwartet,* dass Mitarbeiter und Mitarbeiterinnen jeden Moment dort genießen. So sehr, dass sie am liebsten nie wieder von dort wegwollen!

Vermutlich habt ihr auch schon zu hören bekommen, dass ihr die richtige Einstellung braucht, um eine Stelle zu bekom-men oder eine Beförderung anzustreben. Und statt uns nach einer Kündigung über den Verlust von Job, Geld und Chancen zu beklagen, sollen wir nun auch noch die Arbeitslosigkeit genießen – endlich stressbefreit! Ganze Konferenzen, Bücher, Podcasts und Artikel zielen darauf ab, Arbeitslosen zu vermit-teln, welche grandiosen und inspirierenden Aussichten so ein Jobverlust mit sich bringt. Dabei werden äußere Faktoren wie Arbeitsmarkt, Wirtschaft und finanzielle Möglichkeiten häufig außer Acht gelassen. Arbeitslosigkeit wird als geringfügige Hürde angesehen, die es mit einem Lächeln zu überwinden gilt. Und obendrein soll man sich glücklich schätzen, diese Chance bekommen zu haben!

Negative Äußerungen kommen im beruflichen Umfeld selten gut an, und im Ruf eines Miesepeters möchte wohl niemand gern stehen. Arbeitgeber erwarten Optimismus und fordern ihn regelrecht ein, aber kann das überhaupt funktio-nieren?

Negatives bewusst in die Arbeit einbringen

Es ist nicht einfach, ein Team zu leiten. Die meisten Arbeitgeber und Teammanager sehen es natürlich gern, wenn ihre Mitarbeiter gut miteinander auskommen und freudig ihre Aufgaben erledigen. Beschwerden und negative Äußerungen machen ihnen das Leben dagegen deutlich schwerer. Doch was sie hier als erstrebenswert ansehen, ist in Wirklichkeit klassisches Gruppendenken, das Irving L. Janis als psychologisches Streben nach »Konsens um jeden Preis« beschreibt.³ Das ist die ideale Definition für toxische Positivität am Arbeitsplatz. Gruppendenken bewirkt, dass Einwände und das Abwägen von Alternativen unerwünscht sind. Niemand wagt es, sie anzusprechen, um die Atmosphäre nicht zu verderben, denn schließlich will ja jeder als Teamplayer zur Gruppe dazugehören. Wenn Gruppendenken auftritt, wirken scheinbar alle zufrieden (was sie gar nicht sind), und durch geeignete Strategien lassen sich Spannungen noch eine Zeit lang vermeiden. Auf Dauer wird es allerdings schwierig. Gruppendenken und der Druck, eine positive Fassade aufrechtzuerhalten, beeinträchtigen die Stimmung der Belegschaft, ersticken Kreativität und sorgen für Stillstand im Unternehmen.

Im Arbeitsleben sind negative Impulse unabdingbar. Sie zu unterdrücken ist gefährlich, insbesondere in kreativen Branchen. Untersuchungen zufolge hemmt toxisches Positivdenken die Kreativität und verdeckt entscheidende Schwachstellen, die problematisch für das Unternehmen oder die Kundschaft werden können.⁴ Peter M. Senge, Autor des Buches *Die fünfte Disziplin. Kunst und Praxis der lernenden Organisation*, definiert »kreative Spannung« als die Fähigkeit, die Lücke zwischen einer Vision und dem zu lösenden Problem zu benennen. Indem man den Focus auf das Negative, also das Problem, richtet, ist man in der Lage, Visionen für mögliche Lösungen zu entwickeln.[5] Um Lösungen zu finden, muss man sich allerdings zuvor mit dem Problem auseinandersetzen. Dazu sind in der Regel Beschwerden, Klagen, Kritik und das offene Ansprechen von Fehlern nötig. Die meisten Verfechter des Positivdenkens oder Manifestierens würden zwar die Hände über dem Kopf zusammenschlagen, aber auf genau diese Weise lösen wir die entscheidenden Probleme dieser Welt. Ohne negative Impulse in kreativen Teammeetings gäbe es kein neues iPhone-Modell oder bequeme Tennisschuhe. Wer eine Kultur fördert, in der konstruktiver Dissens nicht erlaubt oder unerwünscht ist, wird nie zu guten Lösungen kommen.

Positivdenken verhindert auch eine empathische Haltung gegenüber der Kundschaft.[6] Wer vorschnell ins Positive verfällt, übergeht deren Kritikpunkte. Habt ihr schon einmal im Restaurant das Falsche serviert bekommen? Natürlich erwartet ihr dann, dass man das Versehen korrigiert, aber gleichzeitig wünscht ihr euch sicher auch, dass man euch Verständnis entgegenbringt und sich betroffen zeigt. Würde man euch einfach nur kommentarlos einen neuen Teller hinstellen, wärt ihr dann zufrieden? Ich ganz sicher nicht. Echte Empathie erfordert, dass wir zuhören, Verständnis zeigen und das Geschehene nachempfinden, um eine geeignete Lösung zu finden. Dazu ist es nötig, gegenüber dem Gast aufrichtiges Bedauern darüber zu äußern, dass das falsche Gericht serviert wurde, den Ärger über das Versehen zur Kenntnis zu nehmen, sich auf eine Lösung zu einigen, diese Lösung umzusetzen und dann nachzufragen, ob sie zur Zufriedenheit beitragen konnte. All das ist nur möglich, wenn wir das Negative zur Kenntnis nehmen und uns damit auseinandersetzen.

Viele Beschäftigte berichten, dass sie zugunsten einer »positiven Unternehmenskultur« regelrecht davon abgehalten werden, Probleme offen anzusprechen, obwohl jeder Arbeitnehmer dazu das Recht hat.[7] Trotzdem kommt es immer wieder vor, dass Beschwerden über sexuelle Belästigung, mangelnde Diversität, Diskriminierung und andere Benachteiligungen oder gravierende Probleme nicht gehört werden, um die »positive Kultur« oder das »Wir-Gefühl« nicht zu beeinträchtigen. Damit war Alissa in ihrem Berufsleben immer wieder konfrontiert. Von allen Beschäftigten wurde Dankbarkeit erwartet, dass es nicht noch schlimmer war, und nichts änderte sich. Nachdem sie sich ihrem Vorgesetzten anvertraut hatte, der ihre Bedenken jedoch ignorierte, wusste sie genau, dass sie es nie wieder riskieren konnte, sich zu beschweren.

Vielleicht habt ihr ebenfalls schon Ähnliches erlebt. Von vielen Seiten höre ich immer wieder, dass auf Kritik lediglich mit Maßnahmen wie Pizzapartys, geselligen Teamevents oder aber schierem *Gaslighting* reagiert wird, wie es Alissa erlebte. Aus diesem Grund geraten so viele Unternehmen in eine Sackgasse. Es wird befürchtet, dass zu viel »negative Energie« das Arbeitsklima beeinträchtigt. Doch nur indem man auch Negatives zur Kenntnis nimmt, kann sich eine Firma weiterentwickeln. Es ist die einzige Möglichkeit, um Wandel und Fortschritt zu ermöglichen.

> *Gaslighting* bezeichnet das gezielte Manipulieren und Beeinflussen der Wahrnehmung anderer Menschen über einen längeren Zeitraum hinweg. Betroffene werden dadurch stark verunsichert und zweifeln massiv an ihren Erfahrungen und ihrem Realitätssinn.

Toxisches Positivdenken im Arbeitsumfeld vermeiden

Durch einige grundlegende Maßnahmen lässt sich ein gesundes Arbeitsklima dauerhaft fördern, wodurch Kreativität freigesetzt, Wachstum ermöglicht und das Wohlbefinden der Mitarbeiter verbessert wird.

Einer der wichtigsten Faktoren für eine konstruktive Arbeitskultur ist die aktive Einbindung des Personals. Werden Beschäftigte bewusst eingebunden, vermittelt ihnen dies Wertschätzung und Sicherheit, und sie fühlen sich respektiert und unterstützt. Einer Gallup-Umfrage zufolge ließen sich aufgrund der Mitarbeitereinbindung deutlichere Vorhersagen über deren Wohlbefinden treffen als anhand anderer Vorteile.[8] Das Wohlbefinden am Arbeitsplatz ist den Beschäftigten wichtiger als materielle Leistungen. Insofern kann man seinem Team auf relativ einfache Weise zu mehr Einbindung verhelfen[9]:

- Ehrliches Interesse für das Leben der Beschäftigten zeigen, indem man ihnen Fragen stellt und zeigt, dass sie nicht nur als Arbeitskräfte im Unternehmen wichtig sind.

- Empathie, wenn sich jemand in einer schwierigen Situation befindet. Durch bildgebende Verfahren wurde Folgendes festgestellt: Wenn Beschäftigte an eine/n unsympathische/n Vorgesetzte/n denken, zeigt ihr Gehirn erhöhte Aktivität in Arealen, die mit Vermeidung und negativen Emotionen verbunden sind. Das Gegenteil war der Fall, wenn sie an eine/n empathische/n Vorgesetzte/n dachten.[10]

- Betonen, wie wichtig und sinnvoll diese Arbeit ist. Menschen fühlen sich wohler und sind leistungsfähiger, wenn sie sich als Teil einer Mission empfinden.

- Beschäftigten Respekt, Dankbarkeit, Vertrauen und Integrität entgegenbringen.

- Beschäftigte ermutigen, Probleme anzusprechen, und ihnen versichern, dass den Vorgesetzten ihr Wohl am Herzen liegt.

Untersuchungen von Amy Edmondson an der Harvard University zufolge führt es zu besseren Lern- und Arbeitsleistungen, wenn Führungskräfte integrativ und auf Augenhöhe agieren und Arbeitskräfte dazu anhalten, Belange offen anzusprechen oder um Hilfe zu bitten.[11]

- Tatkräftig mithelfen. Jonathan Haidt von der New York University zufolge zeigen sich Beschäftigte loyaler und engagierter gegenüber ihrem Arbeitgeber, wenn Führungskräfte sich fair verhalten und selbst großen Einsatz zeigen.[12]

- Zwischen notorischem Negativdenken und der Suche nach Lösungen unterscheiden. Wenn jemand bei der Arbeit auf Probleme hinweist oder neue Ideen einbringt, ist dies etwas vollkommen anderes als eine Beschwerde über die Kaffeeauswahl.

Ein gesundes Arbeitsklima zu schaffen ist recht einfach und kostet nicht viel. Man braucht dazu weder ausgefallene Möbel, eine Tischtennisplatte noch eine mobile Bar im Büro. Wichtig ist lediglich ein fairer und menschlicher Umgang mit den Beschäftigten. Man muss zuhören und für eine Atmosphäre sorgen, die eine offene Kommunikation zulässt. Der Erfolg wird für sich sprechen.

Sie haben Krebs, bitte lächeln

Bekanntschaft mit toxischem Optimismus machte ich zum ersten Mal im Gesundheitswesen. In meiner Verwandtschaft gibt es eine Person, die mit einer Behinderung und einer chronischen Erkrankung lebt und seit vielen Jahren regelmäßig in

Behandlung ist. Im praktischen Teil meines Studiums habe ich mit Kindern und Erwachsenen gearbeitet, die mit einer Krebsdiagnose konfrontiert waren. In meiner Praxis begleite ich Erwachsene, die an chronischen Krankheiten leiden. Anfangs durchschaute ich das Geschehen nicht gleich. Ich erinnere mich nur, dass ich vieles reichlich bizarr fand – zum Beispiel die rosa Schleifen, die Banner mit der Aufschrift »Gute Besserung!« oder der krampfhafte Optimismus in sämtlichen Selbsthilfegruppen. Ehrlich gesagt irritierte es mich seit jeher, doch wie alle anderen habe ich die Zähne zusammengebissen und trotzdem mitgemacht. Meine naive Vorstellung war, dass es eben zum Genesungsprozess dazugehört. Doch irgendwann war ich derart genervt davon, dass ich intensiv über Positivität und deren Wirksamkeit zu recherchieren begann.

Wie sich herausstellte, war ich keineswegs die Einzige, die ihre Zweifel daran hatte.

Was ich im Gesundheitswesen an toxischem Optimismus durch ärztliches und pflegerisches Personal sowie im Zusammenhang mit chronischen Erkrankungen erlebt habe, könnte allein schon dieses Buch füllen. Besonders im Gedächtnis geblieben ist mir jedoch die Geschichte von Alex.

Alex war dreizehn Jahre alt und litt an einer aggressiven Krebserkrankung. Kurz nach seiner Diagnose begann ich mit Alex und seiner Mutter zu arbeiten. Sie war alleinerziehend und überaus fürsorglich, was ihren Sohn und seine Gesundheit betraf. Die Ärzte gaben Alex nicht mehr lange zu leben. Wenn jemand eine derart vernichtende Prognose erhält, ist das enorm tragisch. Betrifft sie obendrein ein Kind, ist tragisch gar kein Ausdruck. Alex' Mutter war jedoch eine unverbesserliche Optimistin. Sie weigerte sich, das Wort *Krebs* auszusprechen, und umschrieb ihn stattdessen immer nur mit »er«. Sobald Alex versuchte, über seine Situation zu reden, bemühte sich seine

Mutter krampfhaft um Zuversicht. Sie forderte ihn auf, positiv zu denken, war überzeugt davon, dass er die Krankheit besiegen würde, und wechselte schließlich das Thema und sprach über etwas Unverfängliches wie eine Fernsehsendung oder das Wetter. Kaum ging es um seine Untersuchungsergebnisse, beendete sie jeden Satz mit: »Aber wir sind zuversichtlich, dass wir es schaffen!« Dabei sah sie Alex mit einem gequälten Lächeln an, das sich nach Vergewisserung sehnte. Offenkundig war ihr Schmerz so unermesslich, dass sie sich nicht anders zu helfen wusste, als ihn zu leugnen.

Als sich im Laufe der Monate Alex' Prognosen immer weiter verschlechterten, steigerte sich seine Mutter noch mehr in ihren Optimismus hinein. So hatte Alex schließlich keine Chance mehr, mit ihr über seinen Zustand zu sprechen, was die Beziehung der beiden stark belastete. Angestrengt bemühte er sich, bei Behandlungen und Klinikaufenthalten tapfer zu wirken. Doch der Druck dieser unbeschwerten Fassade setzte ihm immer mehr zu, wie er mir in unseren Sitzungen gestand. Wir wandten uns daher seiner Trauer und seinen Ängsten zu. Es wäre hilfreich gewesen, hätte seine Mutter ihm in diesen Momenten zur Seite stehen können. Dabei tat sie ihr Bestes, um die Erkenntnis zu verkraften, wohl ihr Kind zu verlieren – und zwar so, wie sie es ihr Leben lang gelernt hatte: Indem sie positiv dachte, unerschütterlich an einen anderen Ausgang glaubte und aus ihren Gedanken alles Negative herausfilterte. Alex fühlte sich unterdessen verängstigt und alleingelassen.

Schließlich starb Alex – einer von vielen Krebspatienten, die so gern weitergelebt hätten, aber keine Chance dazu hatten. Daran trug er keinerlei Schuld, und kein Positivdenken oder Manifestieren der Welt hätte etwas ändern können. Seine Mutter war völlig verzweifelt, wie es alle Eltern in einer solchen Situation wären. Offen gestanden glaube ich allerdings, dass ihr bedingungsloser Optimismus sie daran hinderte, gemeinsam mit Alex den Trauerprozess durchzustehen und ihn in seiner letzten Lebensphase bewusst zu begleiten. Sie versteifte sich so auf ihren Glauben, dass alles wieder gut wird, und setzte auf einen anderen Ausgang, dass sie den Menschen aus dem Blick verlor, um den es dabei ging – ihren Sohn. Das machte ihm den Abschied zuletzt umso schwerer. Er hatte große Angst und wollte nicht, dass sie dachte, er hätte die Hoffnung aufgegeben. Das alles zusammen mit ihm auszuhalten hätte zwar nichts an ihrem traumatischen Verlust geändert, jedoch vermutlich den Schock gemildert, der letztendlich mit ihrer Erkenntnis verbunden war, dass all ihre positiven Gedanken rein gar nichts mit der Realität zu tun hatten. Gegen diesen Schmerz kann positives Denken nicht das Geringste ausrichten.

Das Wundermittel

Ein neuer Diskurs in Gesundheitskreisen suggeriert, dass man sich nur richtig ernähren, genug Sport treiben, positiv denken, meditieren und reichlich Wasser trinken muss, um niemals krank zu werden. Gesundsein wird allgemein als ein Zustand frei von Krankheit verstanden, wobei alles mit der richtigen inneren Haltung beginnt. Diese Art von Wohlbefinden ist somit offenbar nur privilegierten und körperlich leistungsfähigen Menschen vorbehalten und bürdet die Verantwortung dafür vollständig jedem Einzelnen auf. Diesem Denken zufolge wird Wohlbefinden vor allem jenen zuteil, die etwas dafür tun und es somit verdient haben. Dies löste ein gesteigertes Interesse für die Fragestellung aus, inwiefern negative Gedanken oder emotionaler Schmerz krank machen.

Unbestritten ist, dass eine enge Verbindung zwischen Körper und seelischer Verfassung besteht. Ein hoher Stresspegel führt nachweislich zu einer verringerten Immunantwort und macht anfälliger für Krankheiten.[13] Positive Emotionen und Gedanken spielen eine wichtige Rolle für einen gesunden Blutdruck und wirken allgemein vorbeugend gegen Herz-Kreislauf-Erkrankungen. Ein höheres Maß an positiven Emotionen beeinflusst die Genesung und Überlebenschancen physisch erkrankter Patienten zudem vorteilhaft. Es besteht kein Zweifel daran, dass es für glückliche Menschen leichter ist, gesund zu bleiben oder sich von Krankheiten zu erholen. Darüber hinaus wissen wir, dass eine positive Einstellung dazu beiträgt, mit den Herausforderungen des Krankseins besser zurechtzukommen. Doch zu behaupten, Positivdenken könne Krankheiten heilen, ist völlig übertrieben oder entbehrt oftmals jeglicher Grundlage. Positives Denken ist lediglich ein Aspekt, wenn es darum geht, Krankheiten zu bewältigen, jedoch keinesfalls ein Heilmittel. Und genauso wenig ist negatives Denken die Ursache aller Krankheiten.

Toxischer Optimismus ist im Gesundheitswesen sehr verbreitet. Er beeinflusst, welche Behandlung Patienten anstreben, wie medizinisches Personal Patienten behandelt und wie wir uns generell über Krankheiten äußern. Übermäßig positiv eingestellte Menschen verzichten womöglich darauf, sich zu versichern, weil sie fest davon überzeugt sind, dass alles gut geht. Personen, die auf das Gesetz der Anziehung bauen, vermeiden es vielleicht, ärztlichen Rat oder Behandlungen dort in Anspruch zu nehmen, wo Prognosen ehrlich und somit potenziell negativer übermittelt werden, was zu schlechteren Resultaten und möglicherweise sogar zum Tod führen kann.[14] Wer »zu viel Negatives« meidet, ist vielleicht versucht, Freunden und Verwandten aus dem Weg zu gehen, die von Krankheit betroffen sind, weil sie befürchten, es könnte sie belasten oder gar selbst krank machen. Toxische Positivität birgt im gesundheitlichen Kontext große Risiken und bewirkt, dass Menschen sich isoliert und missverstanden fühlen.

Dabei gibt es hier drei wesentliche Bereiche, in denen wir sie erleben: bei Behandelnden, bei den Patienten und Patientinnen selbst und in den allgemeinen Äußerungen zum Thema Kranksein. Die meisten medizinischen Fachkräfte meinen es dabei nur gut. Dennoch kann toxische Positivität seitens Behandelnder unerwünschte oder gar schädliche Auswirkungen haben. So wie bei meinem Patienten Alex. Das typische Muster ist hier Folgendes: Ein neuer Arzt wird mit dem Fall betraut, und aus dem tiefen Wunsch heraus, Gutes zu bewirken, verspricht er Dinge, die sehr wahrscheinlich nicht eintreffen werden. Die Aussicht, derjenige zu sein, der für Heilung sorgt, motiviert ihn enorm. Er begutachtet, untersucht und wertet aus. Die Hoffnung auf einen Durchbruch steigert die Motivation, doch manchmal gelingt dieser eben nicht. Die positiven Erwartungen zerschlagen sich, und der Patient steht vor einem Scherbenhaufen. Viele meiner Patientinnen und Patienten mit chronischen Beschwerden berichten, dass sie besonders motivierten Ärzten bewusst keinen Glauben schenken, um sich die unausweichliche Enttäuschung zu ersparen. Denn erneute Rückschläge wären für sie schlichtweg nicht zu verkraften.

Positivität wird bei einer Vielzahl von Diagnosen gewissermaßen ärztlich verordnet – oftmals in Form von Aussagen wie »Denken Sie einfach positiv, dann stehen Sie das auch durch« oder »Machen Sie sich keine Sorgen« vor einer Operation. Solche gut gemeinten Ratschläge sollen Betroffenen Mut machen, haben aber letztendlich nur zur Folge, dass diese sich zurückgewiesen und missverstanden fühlen. Von ärztlicher Seite werden toxischer Optimismus und Verleugnung auch oftmals deshalb propagiert, weil es schlichtweg bequemer ist.

Denn positiv gestimmte und zuversichtliche Patienten bedeuten allgemein weniger Aufwand als verzagte oder klagende. Dies kann jedoch dazu führen, dass Betroffene sich vor der Realität verschließen und sich stattdessen an alternative Fakten klammern. Viele Wissenschaftler weisen darauf hin, dass toxische Positivität im Gesundheitswesen ethisch fragwürdig und geradezu gefährlich ist. Dann dadurch wird unbegründete Zuversicht verbreitet, mangelnde Empathie gezeigt, und sie kann dazu führen, dass Menschen uninformiert Entscheidungen hinsichtlich ihrer Gesundheit treffen.

Auch unter chronisch Kranken ist toxisches Positivdenken mittlerweile weitverbreitet. Nicht selten wirft man sich gegenseitig vor, sich nicht genug anzustrengen, und versucht krampfhaft, immer stark und positiv zu wirken. Die sozialen Medien sind voll von Berichten über Menschen, die ihre Erkrankung durch eine positive Einstellung besiegt haben. Sobald jemand eine solche »Therapie« hinterfragt oder ablehnt, wird dies als Negativität gebrandmarkt. In meiner Praxis fällt mir auf, dass Menschen mit nach außen hin unsichtbaren Krankheiten oder Einschränkungen oftmals befürchten, zu positiv zu wirken, weil ihnen dann niemand glaubt, dass sie ernsthaft krank sind. Zugleich wollen sie aber auch nicht allzu negativ erscheinen, weil sie dann als schwach oder zu wenig kämpferisch gelten. Irgendetwas ist somit immer falsch.

Unser ganzer Diskurs zu diesem Thema ist toxisch positiv aufgeladen. Wer von einer Krankheit wie Krebs betroffen ist, muss dagegen »kämpfen«. Wer ein solches Leiden »besiegt« hat, wird als Held gefeiert. Und wenn jemand den »Kampf« gegen eine Erkrankung »verloren« hat, wird nicht selten gemutmaßt, dass die Anstrengungen wohl nicht genügten. Personen, die im Rollstuhl sitzen oder anderweitig beeinträchtigt sind, müssen andere unbedingt inspirieren und motivieren.

Auf Wohltätigkeitsveranstaltungen und Demonstrationen mit Luftballons, Fähnchen und Tombola geht es um Krankheiten häufig nur in Schwarz oder Weiß – Menschen sind krank und anschließend nicht mehr. Symptome, exorbitante Behandlungskosten oder Isolation und Einsamkeit werden dabei kaum thematisiert. Krankheiten sind etwas, was es mit einem Lächeln auszumerzen gilt.

Die Wirklichkeit sieht so aus, dass in den USA rund 133 Millionen Menschen mit unheilbaren oder fortbestehenden chronischen Erkrankungen leben[15] und schätzungsweise 61 Millionen Personen eine Behinderung haben.[16] Gängige Definitionen von Gesundheit und Wohlbefinden sind für diese Menschen unerreichbar, weil eine »Besserung« bei ihnen womöglich niemals eintreten wird. Sind sie deshalb zu negativ eingestellt? Oder strengen sich nicht genug an? Haben sie ihren Zustand womöglich manifestiert? Ganz sicher nicht.

Wohlbefinden > positives Denken

Hinsichtlich der Wirksamkeit von positivem Denken als Heilmittel gegen Krankheiten ist die Studienlage ziemlich mager. Unbestritten ist jedoch, dass ein Zusammenhang zwischen Optimismus und Gesundheitsergebnissen besteht. Untersuchungen zufolge steht Optimismus in Verbindung mit einer geringeren Sterblichkeitsrate, einem besseren Gesundheitszustand, schnellerer Genesung bei einigen Krankheiten sowie einer verbesserten Immunantwort.[17] Dennoch können wir nicht einfach daraus ableiten, dass Glück ein Garant für eine stabile Gesundheit ist, da bisher wissenschaftlich nicht geklärt werden konnte, welcher Kausalzusammenhang hier besteht.[18] Es ist auch denkbar, dass eine glücklichere Person einfach nur ein besseres Immunsystem besitzt, deshalb nur selten krank wird und somit mehr Anlass hat, um glücklich zu sein. Oder aber eine kranke Person erlebt möglicherweise den Umgang mit der Krankheit als belastend und empfindet daher weniger positive Gefühle. Wir wissen schlichtweg nicht, ob die Abwesenheit von Krankheit Menschen glücklicher macht oder ob glückliche Menschen seltener krank werden.

Stress hat einen negativen Einfluss auf die Gesundheit, was jedoch keineswegs bedeutet, dass dauerhaft positive Gedanken, Optimismus und Selbstvergewisserung zwangsläufig zu stabiler Gesundheit führen. Gewiss kommen uns Menschen in den Sinn, die außerordentlich positiv eingestellt waren und trotzdem erkrankt oder sogar gestorben sind. Zudem kennen Sie wahrscheinlich auch eher pessimistische Personen, die jegliches Gemüse ablehnen und trotzdem topfit sind. Stressbewältigung und Glücksstreben sind keine Garanten für Gesundheit, da hier eine Vielzahl von Faktoren eine Rolle spielen, die sich nicht auf eine einfache Formel reduzieren lassen.

Positives Denken ist durchaus eine Strategie, die dazu beitragen kann, unangenehme, unerwünschte, destruktive Einstellungen oder Zustände zu überwinden. Es ist eine Möglichkeit, das Wohlbefinden zu steigern. Doch bevor diese Strategie wirkt, müssen viele andere Voraussetzungen erfüllt sein.

Wenn wir das Gesundheitswesen von toxischer Positivität befreien wollen, müssen wir unseren alleinigen Fokus auf das Positive überwinden und uns stattdessen auf eine weiter gefasste Definition von *Wohlbefinden* einlassen. Wohlbefinden ist ein Indikator dafür, wann Menschen von sich sagen, dass es ihnen gut geht.[19] Wohlbefinden steht im Zusammenhang mit dem subjektiven Gesundheitsempfinden, gesunden Gewohnheiten, langer Lebensdauer, sozialer Verbundenheit, Produktivität, besserer Immunfunktion, schnellerer Genesung sowie einem geringeren Krankheits- und Verletzungsrisiko. Aus Studien zum Thema Wohlbefinden geht hervor, dass Gesundheit keineswegs nur die Abwesenheit von Krankheit ist, sondern weitaus mehr umfasst.

Wohlbefinden erzielen wir, wenn bestimmte Voraussetzungen erfüllt sind und genügend Kapazitäten und Ressourcen bestehen, um in unserem Leben Sinn zu finden, unsere Bedürfnisse zu befriedigen und mit unserem Umfeld zurechtzukommen. Angenehme Lebensumstände, Wohnung und Arbeit sind wesentliche Faktoren für Wohlbefinden.

Gesundheit beginnt und endet keineswegs im Kopf.

Statt auf positives Denken als Heilmittel gegen Krankheit zu setzen, würden wir stärker von auskömmlicher Bezahlung, Wohnraum, Sicherheit, tragfähigen Beziehungen, Ernährungssicherheit und gesundheitlicher Versorgung profitieren. Danach können wir uns darum kümmern, unsere Einstellung zu optimieren. Gesundheit beginnt und endet keineswegs im Kopf. Vielmehr ist sie eng verknüpft mit unserem Gemeinwesen und blüht erst dann richtig auf, wenn Menschen sich ermächtigt und imstande fühlen, ihre ganz eigene Vorstellung von Gesundheit zu erreichen.

»Good Vibes Only« – der Gott der positiven Energie

Religion und toxische Positivität haben eine lange gemeinsame Geschichte. Früher bekam man in den meisten religiösen Gemeinschaften vermittelt, dass man als Sünder geboren wurde und gerettet werden musste. Schnell wurde mit dem Fegefeuer gedroht und damit ganz reale Angst verbreitet. Heutzutage erlebt dagegen der Gott der positiven Energie seinen stetigen Aufstieg. Dieser Gott will, dass seine Anhänger reich und glücklich sind – mit dem Leitspruch »Good Vibes Only«. Er propagiert, dass Liebe alles heilen kann und durch seine positive Energie alles möglich ist. In dieser Kirche gelten Zweifel und Ängste als Zeichen von mangelndem Glauben, denn alles Unerwünschte lässt sich ja durch Beten vertreiben, selbst psychische Erkrankungen. Und ganz wichtig: Der Gott der positiven Energie ist davon überzeugt, dass nichts ohne Grund geschieht.[20]

Liz besaß noch keinerlei Therapieerfahrung. Sie studierte am örtlichen College und entschloss sich, eine Therapie in Angriff zu nehmen, da sie seit Jahren unter Schlafstörungen sowie grübelnden, kreisenden Gedanken litt und sich in Lehrveranstaltungen kaum konzentrieren konnte. An einem Dienstagnachmittag saß Liz schließlich in meiner Praxis und spielte nervös mit ihrem Schlüsselbund. »Ich bin total aufgeregt. Wenn meine Eltern wüssten, dass ich hier bin, würden sie mich umbringen.« Ich versuchte, sie etwas zu entlasten, und stellte ihr ein paar einleitende Fragen. »Warum glauben Sie, dass Ihre Eltern über Ihren Besuch hier wütend wären?«, fragte ich daher. Liz überlegte. »Sie denken, dass ich übertreibe und nur meinen Glauben an die Kirche verloren habe. Sie wollen, dass ich öfter bete und mich mehr in unserer Gemeinde engagiere. Mom sagt immer: ›Gott mutet dir nie mehr zu, als du bewältigen kannst, Liz.‹ … Aber ich bin total am Ende. Ich schaffe das nicht.«

Liz hatte Gewissensbisse, weil der Glaube ihr nicht weiterhalf. Sie verstand nicht, warum es ihr so schlecht ging. Mir kam der Verdacht, dass es da noch etwas gab, was ihren Glauben beeinträchtigte und wovon sie mir bisher nichts gesagt hatte. Über mehrere Wochen hinweg sprachen wir über Gott und ihr Verhältnis zur Religion. Wir redeten über ihre Kirche, das Lesen in der Bibel und den Glauben. Liz erzählte viel Positives von ihrem Glauben, der ihr in schweren Zeiten Hoffnung gab, und betonte, wie sehr die Gemeinde ein Zuhause für sie war. Eines Tages vertraute mir Liz an, dass sie möglicherweise lesbisch sein könnte. »Ich weiß natürlich, dass das falsch ist. Vielleicht strenge ich mich ja nicht genug an. Aber das Gefühl geht einfach nicht weg.«

Was Liz belastete, bezeichnen wir als generalisierte Angststörung, die sie daran hinderte, ihre Identität zu erkunden. Alle Kriterien trafen auf sie zu, und ihre Symptome beeinträchtigten massiv eine Reihe von Lebensbereichen. Gebet und Glaube halfen ihr zwar bei der Bewältigung, doch wir wussten beide, dass sie nichts grundlegend ändern konnten. Liz begann allmählich zu akzeptieren, dass Gebete nichts daran ändern konnten, falls sie lesbisch war. Zudem ließ sie mich wissen, dass sie daran auch nichts ändern wollte.

Wir setzten die Therapie fort, und schließlich fand sie den Mut, mit ihren Eltern darüber zu reden. Bei den anderen Themen war sie noch unsicher, wie sie es ihnen sagen sollte. Während der Therapie hielt Liz an ihrem Glauben fest, ging weiter in die Kirche und betete sogar verstärkt. Doch sie war auch offen für andere therapeutische Maßnahmen, etwa bei Bedarf Medikamente einzunehmen oder Bewältigungsstrategien aus einem Übungsbuch für Akzeptanz- und Commitmenttherapie anzuwenden. Ihre Gebete veränderten sich allmählich. Sie flehte nicht mehr zu Gott, anders zu sein oder geheilt zu werden. Vielmehr betete sie nun dafür, angenommen und geliebt zu werden und innere Stärke zu finden. Liz gelang es, ihren Glauben so in ihr Leben zu integrieren, wie es stimmig für sie war. Dabei stand im Vordergrund, sich genauso anzunehmen, wie sie war.

Gott will, dass du glücklich bist

Religion und Spiritualität beeinflussen seit jeher unsere Psyche und sind seit Langem Bestandteil unserer kulturellen Tradition. Früher war Religion eine omnipräsente Macht, die oft mit Sünde, Tod und Hölle drohte. Verschiedene Religionen verbreiteten Angst und soziale Stigmatisierung und stellten den Gläubigen ein besseres Leben in Aussicht, sofern sie sich an die Regeln hielten.[21] Solcherlei Glaubenslehren haben leider schlimme Auswirkungen auf ihre Anhänger, wie wir aus dem Verlauf der Geschichte wissen.

Inzwischen ist wissenschaftlich belegt, dass derart öffentliches Anprangern die Betroffenen stark belastet und zudem kontraproduktiv ist, wenn es darum geht, Gemeinschaft zu stiften. Irgendwann waren viele Menschen die traditionellen, von Angst geprägten Lehren religiöser Sekten leid, und moderne Geistliche erkannten, dass die alten Wege der Verkündigung nicht mehr ankamen. Daher mussten sie neue Wege finden, um Gläubige anzuziehen und für die Religion zu begeistern. Und so, meine Lieben, wurde der Gott der positiven Energie geboren.

Heute predigen viele populäre Geistliche positives Denken und versprechen Reichtum, Erfolg und Gesundheit.[22] Sie sind davon überzeugt, dass für alle genug da ist, und wenn wir nur unseren Glauben ein wenig mehr unter Beweis stellen, fällt uns praktisch alles in den Schoß. Diese Prediger verkünden ein und dieselbe Botschaft in verschiedenen Varianten, aber eins ist dabei immer klar: Negatives Denken ist vom Teufel. Der US-Fernsehprediger Robert Schuller warnte bis zu seinem Tod im Jahr 2015 vehement davor, jemals negative Emotionen auszusprechen. TV-Predigerin Joyce Meyer zufolge bestimmt unsere innere Einstellung, welches Leben uns zuteilwird. Eine dauerhaft positive Grundhaltung sei besonders wichtig, da Gott selbst positiv sei.[23] In solchen religiösen Gemeinschaften mit Positiv-Fokus ist die Überzeugung weitverbreitet, dass alles einen tieferen Sinn hat und zum Plan Gottes gehört. Wer nur fest genug glaubt, hat nichts zu befürchten, denn Gott will, dass wir gesund, glücklich und reich sind. Wer in einem dieser Bereiche Defizite hat, muss nur seine Gedanken entsprechend verändern.

Seit immer weniger Menschen auf traditionelle Weise religiös gebunden sind, werden moderne Formen von Spiritualität immer attraktiver. Laut einer Erhebung des Pew Research Center von 2019 ging in den USA die Zahl der Erwachsenen, die sich als Christen bezeichnen, in den vergangenen zehn Jahren um zwölf Prozent zurück. Unterdessen stieg die Zahl derer, die sich als Atheisten, Agnostiker oder gar nicht religiös bezeichnen, im selben Zeitraum um neun Prozent.[24] Die aktive Teilnahme an religiösen Veranstaltungen ist ebenfalls rückläufig. So geben in den USA 55 Prozent an, pro Jahr lediglich fünfmal oder seltener an einem Gottesdienst teilzunehmen. Viele dieser Menschen verlassen die traditionellen religiösen Institutionen und wenden sich anderen spirituellen Angeboten zu. Bedauerlicherweise wird die moderne Spiritualität zunehmend von Konsumkapitalismus und positivem Denken dominiert.

Toxisch positive Spiritualität wird häufig auch als »spiritual bypassing« bezeichnet, was so viel bedeutet wie spirituelles Vermeiden oder Umgehen. Geprägt wurde dieser Ausdruck durch den Psychotherapeuten und Autor John Welwood. Seiner Definition zufolge kommen dabei spirituelle Vorstellungen und Praktiken zum Einsatz, um persönlichen, emotionalen ›Baustellen‹ auszuweichen und ein unsicheres Selbstempfinden zu stärken oder Grundbedürfnisse, Gefühle und Entwicklungsaufgaben zu bagatellisieren. Welwood stellte fest, dass viele

Menschen Spiritualität dazu einsetzen, um schmerzhaften Emotionen und Erfahrungen auszuweichen oder diese zu vermeiden.[25] Dies setzt sich bis heute fort, wenn spirituelle Praktiken oder Gemeinschaften in aller Welt »grenzenloses« Glück versprechen, indem sich angeblich alles herbeimanifestieren lässt, was man sich schon immer wünscht. Etwaige innere oder systemische Grenzen bleiben dabei gänzlich außen vor.

Psyche und Religion gehören zusammen

Liz hatte heftig mit ihren psychischen Problemen und ihrer Identitätssuche zu kämpfen. Die Religion war für sie Trost und Belastung zugleich. Sie bedeutete sowohl Scham als auch Erlösung. Liz erschienen Therapie und Religion zunächst als nicht miteinander vereinbar. Es fiel ihr schwer, sich ein Leben vorzustellen, in dem sie zugleich ihrer Religion treu bleiben, ihre wahre Identität ausleben und die wissenschaftlich fundierte Hilfe in Anspruch nehmen konnte, die sie brauchte.

Untersuchungen zeigen, dass religiöse Bindung häufig eine präventive Wirkung gegenüber psychischen Störungen besitzt.[26] Dies heißt jedoch keineswegs, dass religiöse Menschen nicht erkranken und permanent glücklich sind, sondern bedeutet lediglich, dass Religion für labile Personen eine wichtige und wirkungsvolle Bewältigungsstrategie sein kann. Denn eine solche Gruppe bringt eine Reihe von Vorteilen mit sich: Wer einer religiösen Gemeinschaft angehört, profitiert zumeist vom dort vermittelten Gesundheitsverhalten und dem Zusammensein mit Gleichgesinnten. Glaube und religiöse Überzeugungen können darüber hinaus Hoffnung oder Zuversicht schenken, was sich besonders in schwierigen Lebensphasen als hilfreich erweist.

Geht es in einer religiösen Gruppe tolerant, vertrauensvoll und einfühlsam zu, kann es äußerst förderlich sein, ihr anzugehören. Wenn wir Religion von toxischer Positivität befreien wollen, müssen wir unser Augenmerk auf das richten, was wir uns genau von Religion versprechen – ein durch Hoffnung und Gemeinschaft geprägtes Netzwerk, das Orientierung für unser Leben bietet. Ein weiteres Umfeld, wo wir uns unzureichend oder ständig getrieben fühlen, unser Ich zu optimieren, um endlich glücklich zu sein, braucht dagegen niemand.

Wissenschaft und positives Denken

Auch Naturwissenschaft und Psychologie haben nicht unerheblich zum Aufstieg der toxischen Positivität beigetragen. Mit der Verbreitung von Darwins Evolutionstheorie ging das massive Bestreben einher, die Religion durch die Wissenschaft als oberste Autorität abzulösen. Es wurden zahlreiche »wissenschaftliche Studien« veröffentlicht, die bewiesen, dass bestimmte Arten aufgrund biologischer Unterschiede im Vorteil waren – zum Beispiel ein heiteres Gemüt und emotionale Selbstbeherrschung.[27] Experimente wurden durchgeführt, bei denen Probanden, die an Alkoholsucht und Tuberkulose litten, eine Behandlung versagt wurde. Diese dienten zur Prüfung ihrer Resilienz sowie als Beleg für natürliche Auslese und das Überleben der Tauglichsten.

Wenn wir auf diese »Wissenschaft« heute zurückblicken, sind wir natürlich entsetzt, aber es ist wichtig, sich zu vergegenwärtigen, dass diese Forscher zur damaligen Zeit angesehene Experten waren. Ihrer Meinung, ihren Erkenntnissen und Bewertungen vertraute man, und sie genossen hohes Ansehen in Wissenschaftskreisen. Besonders populär wurden solche Ansichten dadurch, dass sie die Aussicht auf Glück vermittelten. Forscher und Befürworter der Eugenik versprachen der Öffentlichkeit, dass man lediglich die Schwachen und Negativen eliminieren müsse, damit die Verbliebenen frei und unbeschwert ihrem Glücksstreben nachgehen konnten.[28] Diese Aussicht war für viele Menschen allzu verlockend.

Wissenschaft und Forschung gelten noch heute als besonders zuverlässige Informationsquellen, was sie oftmals in der Tat sind. Seit dem Zeitalter der Eugenik hat sich selbstverständlich vieles zum Positiven verändert. Trotzdem müssen wir einen Blick auf die Rolle der Wissenschaft werfen, wenn wir klären wollen, wie toxische Positivität die Jahrhunderte überdauert hat und nach wie vor als der erwiesene Schlüssel zum Glück gilt.

Wie sich dies auswirkt, konnte ich aus erster Hand bei Tory erleben. Sie gehört zu jenen Leuten, die buchstäblich alles ausprobiert haben und trotzdem das hehre Ziel allumfassenden Glücks nicht erreicht hat. Besonders interessant fand ich an Torys Jagd nach dauerhaftem Wohlbefinden, dass die meisten der von ihr angewandten Konzepte als wissenschaftlich fundiert beworben wurden. Dies verstärkte ihre Schamgefühle zusätzlich, wenn sich bei ihr nicht der gewünschte Erfolg einstellte. In unseren Sitzungen sprechen wir daher auch über das Thema Forschung und deren Grenzen, indem nicht jede nachweisliche Wirkung auf alle Menschen zutrifft, da entsprechende Untersuchungen nicht sämtliche Situationen und Personen berücksichtigen können (was für alle wissenschaftlichen Belege in diesem Buch ebenfalls gilt). Wir diskutieren, dass derartige Erkenntnisse auch falsch sein können und wir sie daher immer nur mit Bedacht und Umsicht in unser Leben integrieren sollten. Das müsst ihr beim Lesen dieses Buches und in Bezug auf andere erforschte Wellness-Konzepte immer im Hinterkopf behalten. Forschung ist unverzichtbar und in aller Regel enorm nützlich. Dennoch wissen wir aus der Geschichte, dass Wissenschaft auch bisweilen dazu benutzt wurde, problematische Aspekte der Sozialordnung aufrechtzuerhalten und sie zugunsten des Strebens nach »Glück« zu instrumentalisieren.

Reflexion

Nimm dir einen Moment Zeit und vergegenwärtige dir, welche Aussagen über Positivität du im Laufe der Zeit zu hören bekamst und wie diese dich beeinflusst haben.

- Welche Rolle spielt positives Denken an deinem Arbeitsplatz? Kommt es vor, dass es eingesetzt wird, um von größeren Problemen abzulenken? Was könnte dein berufliches Umfeld zu einem angenehmeren Ort machen?

- Wurdest du von medizinischem Fachpersonal schon einmal dazu angehalten, positiv zu denken? Wie hat dies bei dir oder deinen Angehörigen den Heilungsprozess beeinflusst?

- Welchen Bezug hast du zu Religion und Spiritualität? Gehört positives Denken untrennbar zu deinem Glauben? Inwiefern wurden diese Überzeugungen durch spirituelle oder religiöse Leitfiguren in deiner Gemeinde geprägt?

Daraus kannst du so viel lernen!

Man kann für eine Lektion durchaus dankbar sein und sich trotzdem wünschen, es wäre nicht so weit gekommen.

....

Kapitel 3

Wenn positives Denken nicht weiterhilft

In manchen Situationen kann Positivität ganz besonders toxisch sein. Nachfolgend habe ich elf Beispiele aufgelistet, in denen damit äußerste Vorsicht geboten ist. Dabei handelt es sich um Themen, mit denen wir besonders behutsam und sensibel umgehen sollten.

1. Unfruchtbarkeit und glücklose Schwangerschaft

Annie hat mehrere Fehlgeburten erlitten und muss nun damit fertigwerden, möglicherweise unfruchtbar zu sein. Erstmals wandte sie sich nach dem Studium an mich und nahm später nach ihrer ersten Fehlgeburt, zu der es in der siebten Schwangerschaftswoche kam, die Therapie wieder auf. Nach gängigen Maßstäben hat Annie ihr Leben im Griff. Sie beschwert sich, dass sie zwar »alles richtig macht«, aber dennoch bestraft wird. »Ich war auf dem College und habe es abgeschlossen. Ich bin noch nie mit dem Gesetz in Konflikt geraten. Ich nehme keine Drogen, und auf Alkohol verzichte ich seit meiner ersten Fehlgeburt. Ich gehe einer geregelten Arbeit nach, und mein Ehemann ist fürsorglich. Womit habe ich das also verdient?« Annie spielt damit auf eine verbreitete Vorstellung an, die mir in meiner Praxis häufig begegnet – der sogenannte Gerechte-Welt-Glaube. Dabei handelt es sich um eine kognitive Verzerrung beziehungsweise einen Trugschluss, indem davon ausgegangen wird, dass das Handeln einer Person adäquate, moralisch gerechte Folgen hat. Guten Menschen geschieht also Gutes und schlechten Menschen Schlechtes, so die Annahme. Eine solche Vorstellung vermittelt die Illusion von Kontrolle über das Leben und hilft uns dabei, unerklärliche Ereignisse zu rechtfertigen. Annie versucht zu begreifen, warum einem so anständigen Menschen etwas so Schlimmes zustoßen konnte.

Bei ihrer Suche nach Antworten trifft sie auf gut gemeinte, aber wenig hilfreiche Unterstützung aus ihrem Umfeld. Hier die typischsten Aufmunterungen, die ihr gegenüber geäußert wurden:

- »Das Baby, das für dich bestimmt ist, wird schon noch kommen.«

- »Gott mutet dir nur so viel zu, wie du bewältigen kannst.«

- Immerhin gibt es noch viele andere Wege, um eine Familie zu gründen.«

- »Denk positiv, dann klappt es auch mit dem Baby. Wenn du gestresst bist, funktioniert es nicht.«

Ihr ist natürlich klar, dass alle nur helfen wollten, doch solche aufmunternden Sprüche und Ermutigungen bewirken nur, dass sie sich erst recht allein und missverstanden fühlt und es nicht wagt, ihre wirklichen Gefühle zu äußern. Annie möchte ihren Mitmenschen sagen, dass ihrem Empfinden nach jedes dieser Babys für sie bestimmt war und ihr gegen ihren Willen wieder genommen wurde. Sie kann nicht begreifen, wie ein Gott sie so schwer prüfen kann oder sie dazu zwingt, so etwas zu erleben. Selbstverständlich weiß Annie, dass man auf ganz unterschiedliche Weise eine Familie gründen kann, und freut sich für alle, die sich dazu entschließen. Sie äußert sich nicht abwertend über Paare, die Kinder adoptiert oder eine Leihmutter gefunden haben, doch Annie möchte selbst schwanger werden. Sie würde so gern das erleben, was anderen Frauen in ihrem Umfeld vergönnt war. Diese Erfahrung wünscht sie sich von Herzen, und es ist ihr gutes Recht, diesen Verlust zu betrauern, wenn sie das Bedürfnis dazu hat. Ich weiß, wie sehr Annie sich bemüht, positiv zu denken, denn das habe ich in meiner Praxis erlebt. Tapfer versuchte sie, ihren ersten Fehlgeburten, den Arztterminen und jedem neuen Versuch, schwanger zu werden, etwas Positives abzugewinnen. Wenn die Ärzte ihr sagten, dass Stress und negative Gedanken eine Schwangerschaft verhinderten, gab sie sich alle erdenkliche Mühe, dies zu vermeiden. Nach jedem Verlust machte sie sich Vorwürfe, weil sie nicht positiv genug eingestellt war, und nahm sich fest vor, beim nächsten Mal ihren Stress besser in den Griff zu bekommen. Annie bemühte sich so sehr um Zuversicht, bis sie einfach nicht mehr konnte.

In der Therapie sprachen wir darüber, welche Reaktionen sich Annie von ihren Mitmenschen gewünscht hätte, als sie zahllose Arztbesuche und neue Behandlungen durchzustehen und Verluste zu bewältigen hatte. Folgendes hat sie dabei genannt:

- »Das ist sicher schmerzhaft/schwer.«

- »Möchtest du darüber reden? Ich bin da und höre dir zu.«

- »Ich bringe dir heute etwas zum Abendessen vorbei.«

- Eine kurze Nachricht vor oder nach einem wichtigen Termin, um sich zu erkundigen, wie es ihr geht.

- Es nicht persönlich zu nehmen, falls sie nicht gleich antwortet.

- »Was für ein tragischer Verlust, deine Trauer ist vollkommen verständlich.«

- »Ich weiß, wie sehr du es dir gewünscht hast. Ich bin da und unterstütze dich bei allem, was auf dich zukommt.«

2. Tod und Trauer

An einem Dienstagmorgen kommt Familie Fernandez in meine Praxis. Sie haben einen Akuttermin, nachdem ihr 23 Jahre alter Sohn am Wochenende bei einem tragischen Bootsunfall ums Leben kam. Jedes Familienmitglied trauert dabei auf seine ganz eigene und persönliche Weise. Die Schwester im Teenageralter rutscht nervös auf ihrem Stuhl umher, sagt kein Wort, und ihr Blick huscht unruhig durch den Raum. Die Mutter schaut schweigend zu Boden, während der Vater die Hände vors Gesicht schlägt und unaufhörlich schluchzt, sodass sein ganzer Körper bebt. Der jüngere Bruder versucht, seinen Vater zu trösten, indem er ganz nahe an ihn heranrückt und ihm über den Rücken streicht. So sitzen sie mir voller Schmerz gegenüber. Keine noch so umfassende Ausbildung oder Erfahrung macht solche Momente weniger herausfordernd.

Nach einigen Minuten lässt das Schluchzen des Vaters allmählich nach. Ich werte das als Signal, unsere Sitzung zu beginnen. Zunächst frage ich, wie es ihnen geht, und gebe jeder Person die Gelegenheit, sich mitzuteilen und von den anderen gehört zu werden. Alle stellen den Sinn des Lebens infrage, ringen verzweifelt nach Antworten und leiden entsetzlich. Als Nächstes sprechen wir darüber, wie sie ihren Schmerz bewältigen und welche Unterstützung sie aus ihrem Umfeld erhalten können. Die Schwester erklärt, dass sie bisher nicht besonders religiös waren und nur manchmal zu besonderen Feiertagen in ihren Tempel gehen. Nun fragen sie sich, ob sie den Tempel aufsuchen sollen. »Aber hilft das?«, will sie nun wissen. Mir ist bewusst, dass sie sich von mir eine Art Anleitung wünschen, wie sie trauern sollen, obwohl ich genau weiß, dass das unmöglich ist. Das ist meine größte Schwäche als Therapeutin. Ich muss mir immer wieder bewusst machen, dass genau darin meine Arbeit besteht – da zu sein, Raum zu bieten und Gefühle zuzulassen. Eine Anleitung dafür gibt es nicht.

Der Vater erwähnt, dass einige Mitglieder ihrer Gemeinde versucht hätten, ihm Mut zu machen. Dabei sagten sie unter anderem:

• »Das gehörte alles zu Gottes Plan.«

• »Nun ist er an einem besseren Ort.«

• »Er würde nicht wollen, dass ihr traurig seid.«

• »Du musst jetzt stark sein für deine Kinder.«

• »Daraus kannst du lernen, immer dankbar für das zu sein, was du hast.«

- »Alles, was geschieht, hat einen tieferen Sinn.«

Genau wie Annie ist ihm klar, dass sie nur helfen wollen, aber er kann nicht begreifen, dass es Teil von Gottes Plan sein soll, ihm sein Kind zu nehmen. Die Mutter kann nicht fassen, wie es für ihren Sohn irgendwo besser sein sollte als hier bei seiner Familie in Miami. Beide betonen, dass keine Lektion der Welt es wert sei, ihr Kind zu verlieren, und sie keinerlei Sinn darin erkennen. Wir sprechen an, wie wichtig es für die anderen Kinder ist, zu erleben, wie ihre Eltern schwierige Emotionen ansprechen und sie bewältigen. Ich helfe ihnen einzuordnen, was »stark sein« bedeutet, vor allem, wenn man mit einem derart schlimmen und tragischen Verlust konfrontiert ist. Schließlich stimmt die Familie überein, dass solche Worte zwar gut gemeint sind, bei ihnen jedoch das Gefühl erzeugen, irgendwie falsch zu trauern. Es gelang ihnen beim besten Willen nicht, dem unerwarteten Tod ihres Sohnes an einem sonnigen Samstagnachmittag etwas Positives abzugewinnen.

Die Kritik von Familie Fernandez an solchen Aussagen sind alles andere als die Ausnahme. Vielmehr höre ich Ähnliches von zahllosen Familien, die mit Tod und Trauer konfrontiert sind. Nachfolgend einige Vorschläge, was hilfreicher sein kann, wenn jemand einen Verlust betrauert:

- »Es tut mir leid, dass du diesen Verlust verkraften musst. Ich bin da und höre dir zu, wenn du darüber reden möchtest.«

- Eine kurze Textnachricht oder ein Anruf.

- Grenzen respektieren, wenn das Gegenüber nicht darüber reden möchte oder eine bestimmte Art von Hilfe ablehnt etc.

- Zuhören und bekräftigen, wie schmerzhaft diese Trauer ist.

- Sich über die Person erkundigen, die verstorben oder nicht mehr anwesend ist. Raum geben, um von ihr zu erzählen und Erinnerungen oder Geschichten mitzuteilen.

- »Ich weiß gar nicht, was ich sagen soll, aber ich bin für dich da.«

3. Krankheit und Behinderung

Aufmunternde Durchhalteparolen wie »Kopf hoch« oder »Denk einfach positiv« bekommen wahrscheinlich besonders häufig Menschen zu hören, die mit chronischen Erkrankungen, Behinderung und anderen gesundheitlichen Einschränkungen leben. Mit dieser Personengruppe arbeite ich schon seit Beginn meiner beruflichen Tätigkeit, doch die Geschichte von Michael ist mir dabei besonders im Gedächtnis geblieben. Michael ist ein Transgender-Mann mit einer Reihe von psychischen und physischen Diagnosen. Seit seinem zwölften Lebensjahr hat er mit rätselhaften Symptomen zu kämpfen. Somit war er immer wieder mit Zurückweisung und *Gaslighting* konfrontiert, sowohl im Gesundheitswesen als auch durch Verwandte, Gleichaltrige und im Freundeskreis.

Michaels Sitzungen fanden per Videocall statt, da dies für ihn praktikabler ist, wenn er einen Symptomschub erleidet. Bei dieser Sitzung liegt er im Bett, und ich erkenne, dass es heute für ihn einfach nicht anders geht. In unseren Gesprächen reden wir zumeist über seine jüngsten Arzttermine, die Isolation aufgrund seiner chronischen Erkrankung und sein Leben mit dem allmählichen körperlichen Verfall. Vor Kurzem bekam er in einer Online-Gruppe für alternative Heilmethoden eine gehörige Portion toxische Positivität zu spüren und ist sehr aufgebracht darüber. Da er genau weiß, wie sehr mir das zuwider ist, tauschen wir uns rege über das dort Gesagte aus und besprechen, warum es so respektlos und belastend ist. Michael setzt sich seit Langem intensiv mit seiner Identität als chronisch kranker Transmann auseinander und lässt sich von solchen Äußerungen normalerweise nicht so schnell aus der Ruhe bringen. Aber er weiß noch genau, wie problematisch sie für ihn zu Beginn seines Weges waren. Hier sind einige der schlimmsten Aussagen, die er erlebt hat:

- »Aber du kannst trotzdem so vieles schaffen!«

- »Du brauchst die richtige Einstellung, wenn du es überwinden willst!«

- »Ein Freund von mir litt auch daran, und jetzt geht es ihm viel besser. Du kannst das auch schaffen, da bin ich mir sicher!«

- »Puh, jetzt wird mir erst richtig bewusst, wie kostbar das Leben ist und dass wir dankbar für das sein sollten, was wir haben.«

- »Du bist so tapfer.«

- »Versuch's doch mal mit Yoga oder einer Saftkur. Das hat mir total geholfen!«

- »Du siehst super aus – überhaupt nicht krank!«

Michael und ich besprachen, dass es durchaus wertvoll ist, sich vor Augen zu halten, was man schaffen kann und dankbar dafür zu sein. Trotzdem sind solche Aussagen verletzend, weil sie nicht anerkennen, mit wie viel Schmerz und Entbehrung das Leben mit Krankheiten verbunden ist. Er wies auch darauf hin, wie heikel es ist, Betroffenen gegenüber zu äußern, dass es ihnen sicher bald besser gehen wird oder eine bestimmte Behandlung einem Freund prima geholfen hat. Das sehe ich genauso, denn ich erlebe es bei vielen meiner chronisch kranken Patientinnen und Patienten. Auch wenn medizinische Tipps oder Vorschläge fast immer gut gemeint sind, können sie riskant sein oder falsche Hoffnungen wecken. Gerade das zweite Beispiel, »Du brauchst die richtige Einstellung, wenn du es überwinden willst!«, ist besonders verbreitet, weshalb Michael und ich die Ironie dieser Äußerung nur mit viel Humor ertragen können. Genau wie Annie unterliegt diese Aussage dem Gerechte-Welt-Irrtum. Sie geht davon aus, dass positiv denkenden Menschen auch Positives zuteilwird, wie zum Beispiel garantierte Gesundheit. Wenn jemand aus eigener Erfahrung weiß, dass dies leider nicht für alle gilt, dann der fröhliche und gut gelaunte Michael, dessen Gesundheit sich zunehmend verschlechtert und ihm allmählich jegliche Freude raubt, weil das Leben gefühlt ohne ihn weitergeht.

Was Michael in dieser Online-Gruppe erlebt hat, ist für viele chronisch kranke und behinderte Menschen traurige Realität. Der übertriebene Fokus auf positives Denken kann zu Schuldzuweisungen und Vorwürfen gegenüber Betroffenen führen, beispielsweise im Gesundheitswesen. Es wird suggeriert, dass diejenigen, die sich anstrengen und die richtige Einstellung haben, durch gesundheitlichen Erfolg belohnt werden. Wer dagegen negativ gestimmt ist, geht leer aus. Doch wir alle wissen nur allzu genau, dass es so einfach leider nicht ist. Folgende Äußerungen würde Michael sich stattdessen von anderen wünschen:

- »Ich bin für dich da.«

- »Das glaube ich dir.«

- »Wenn dir das guttun würde, begleite ich dich zum nächsten Termin.«

- »Ich habe mich zu deiner Diagnose belesen und informiere mich gerade über _____.«

- »Hat sich an deinen Symptomen heute etwas verändert?«

- »Egal, was passiert, ich bin für dich da.«

- »Du kennst deinen Körper am besten.«

4. Beziehungsprobleme

Pedro ist ein Mann von 54 Jahren und nach zwanzig Jahren Ehe seit Kurzem offiziell geschieden. An guten Tagen war seine Beziehung aufregend und leidenschaftlich. An schlechteren Tagen würde ich sie allerdings als toxisch, verletzend und feindselig einstufen. Pedro fiel es enorm schwer, seine Partnerin zu verlassen, und stieß damit in seiner katholisch geprägten kubanischen Familie auf großen Widerstand. Kurzzeitig versuchten wir es mit Paartherapie, doch seine Partnerin zeigte in Bezug auf die verbalen Übergriffe keinerlei Einsicht oder Verständnis. Daraufhin teilte ich Pedro mit, dass eine Paartherapie angesichts des Zustands der Beziehung aussichtslos und möglicherweise sogar riskant sei. Er entschloss sich dann zu einer Einzeltherapie, und seine Partnerin zog sich erleichtert aus den Sitzungen zurück.

Pedro hatte tief verwurzelte Vorstellungen von Liebe, Ehe und Verbindlichkeit. Immer wenn er Freunden oder seiner Familie mitzuteilen versuchte, wie er sich in Bezug auf die Scheidung fühlte, wurden diese Überzeugungen weiter zementiert. Bevor er sich zur Scheidung entschloss, bekam er unter anderem Folgendes zu hören:

- »Wenn es die Richtige ist, werdet ihr euch niemals trennen oder verletzen.«

- »Wenigstens hast du jemanden an deiner Seite.«

- »Für die Liebe muss man Opfer bringen.«

- »Andere Beziehungen sind noch komplizierter. Sei dankbar für das, was sie dir schenkt!«

- »Du brauchst vor allem Liebe. Mit Liebe stehst du das durch.«

Wir sprachen darüber, wie sehr Pedro diese Aussagen verunsicherten. Sie bewirkten, dass er die verbalen Übergriffe, denen er in seiner Beziehung ausgesetzt war, bagatellisierte. Dadurch fiel es ihm enorm schwer, sich selbst und seinem eigenen Empfinden zu vertrauen. Darüber hinaus führte es dazu, dass er einer Partnerschaft verhaftet blieb, in der er zutiefst unglücklich war und ständig herabgesetzt wurde.

Nachdem die Scheidung vollzogen und Pedro wieder Single

war, setzte er die Therapie fort, um das Ende seiner Beziehung und die anschließende Trauer darüber zu bewältigen. Er erlebte, dass nach der Scheidung nun eine ganz andere Art von Druck auf ihn ausgeübt wurde. Nunmehr erwartete sein Umfeld, dass er zuversichtlich nach vorn blickte und das Beste aus seiner neuen Situation machte. Fortan bekam er Folgendes zu hören:

- »Nur wenn du dich selbst liebst, kannst du auch von einem anderen Menschen geliebt werden.«

- »Genieße das Singledasein. Was würde ich dafür geben, wieder meine Freiheit zu haben.«

- »Du hast es doch so gewollt.«

- »Beliebt sind vor allem fröhliche und positiv eingestellte Menschen. Mit der richtigen Einstellung findest du schon wieder jemanden.«

Er fühlte sich, als hätte er soeben ein Rennen absolviert und sollte nun lächelnd gleich noch eins anschließen. Pedro war es zuvor weder gelungen, seine übergriffige Beziehung zu ertragen, noch konnte er jetzt das Beste aus seinem neuen Singledasein machen, wie es allseits von ihm erwartet wurde. Stattdessen war er traurig, einsam und unsicher, wie es weitergehen sollte.

Dies illustriert, wie toxisch positives Verhalten auf Menschen wirkt, die unter Beziehungsproblemen leiden. Wir verlangen anderen ab, dass sie glücklich sind, allein oder miteinander – egal, unter welchen Umständen und was sie dabei erdulden müssen. Der Mythos von märchenhafter Liebe hält sich hartnäckig. Wir unterstellen, dass Singles gewiss nur deshalb allein sind, weil sie trübsinnig sind oder sich nicht genug Mühe gegeben haben. Beziehungen gehen nur deshalb auseinander, so meinen wir, weil man sich auseinandergelebt hat, es nicht richtig passte oder ein Partner sich zu wenig engagiert hat. Diese Ansichten tun Menschen vollkommen unrecht, die tatsächlich eine übergriffige Beziehung erleben, und suggerieren darüber hinaus, dass ein Leben als Single unbedingt zu vermeiden ist. Folgendes hätte sich Pedro stattdessen von seinen Mitmenschen gewünscht:

- »Das glaube ich dir.«

- »Es ist bestimmt schwer für dich, nach all den Jahren nun allein zu sein.«

- Dass jemand etwas mit ihm unternommen oder sich einfach gemeldet hätte.

- »Beziehungen sind kompliziert. Ich bin mir sicher, dass deine Entscheidung richtig für dich ist.«

- »Ich hab dich lieb.«

- »Dein Wert als Mensch hängt nicht von deinem Beziehungsstatus ab.«

5. Familie und Familienkonflikte

Maggie gehört zu jenen, die nur in Krisenfällen zur Therapie kommen. Sie ist schon seit Jahren meine Patientin, und immer, wenn in ihrer Familie etwas Gravierendes geschieht, sucht sie über mehrere Wochen hinweg meine Praxis auf. Nach einigen Sitzungen berichtet sie zumeist, dass sie sich nun wieder geerdet fühlt und ihre Werte wieder vor Augen hat. Dann pausiert sie mit der Therapie, und ich ermutige sie behutsam, diese fortzusetzen, damit wir das Thema tiefgreifender bearbeiten können. Dann warte ich darauf, dass sie sich in ein paar Monaten wieder meldet.

Eines Nachmittags schickt mir Maggie eine panisch klingende Nachricht, sie habe von ihrer Mutter eine »verstörende« Mail erhalten. Sie sei unsicher, wie sie darauf antworten solle, und bitte dringend um einen Termin. Ich plane sie daher für die darauffolgende Woche ein. Ihre Mutter ist seit jeher ein Dauerthema in Maggies Leben. Im Laufe der Jahre gewöhnte sie sich an den Alkoholkonsum, das Geschrei, die ständige Kritik und die Unberechenbarkeit und lernte damit umzugehen. Lange dachte sie, alle Mütter seien so, bis sie die Familie ihres Ehemanns kennenlernte. Maggie und ich setzen uns seitdem mit dem Thema Grenzen auseinander, ordnen problematisches Verhalten als solches ein und trainieren, die eigenen Bedürfnisse zu formulieren. Dabei hatte sie schon enorme Fortschritte gemacht. Doch ab und zu kam ihre Mutter wieder ins Spiel und setzte sich über eine Grenze hinweg oder warf Maggie etwas vor, wofür sie gar nichts konnte. Diesmal war es eine Mail, in der sie ihr vorwarf, egoistisch zu sein und Geld vom Konto der Mutter veruntreut zu haben. Obwohl Maggie so intensiv an ihren Grenzen arbeitet, ist es für sie jedes Mal sehr schmerzlich, solche Nachrichten von ihrer Mutter zu bekommen. Dann fühlt sie sich regelmäßig in ihre Kindheit zurückversetzt und braucht erst einmal etwas Abstand, bevor sie reagieren kann.

Immer wieder zog sie in Erwägung, den Kontakt zu ihrer Mutter komplett abzubrechen. Vor einigen Jahren gab es einen

Vorfall, nach dem sie das Gefühl hatte, einen Schlussstrich ziehen zu müssen. Das Problem dabei ist nur, dass sie von anderen Familienmitgliedern stets heftigen Gegenwind bekommt, sobald sie dies ernsthaft in Erwägung zieht oder Anstalten macht, es umzusetzen. Dann wird sie mit toxisch positiven Botschaften regelrecht bombardiert:

- »Familie geht über alles.«

- »So schlimm kann sie doch nicht sein.«

- »Den Kontakt zu meiner Mutter würde ich niemals abbrechen! Ich liebe sie doch.«

- »Blut ist dicker als Wasser.«

- »Du solltest deiner Mutter dankbar sein, was sie für dich getan hat. Sie hat ihr Bestes gegeben.«

Ständig wird sie von ihrem Umfeld dazu gedrängt, doch das Gute an ihrer Mutter zu sehen und etwas nachsichtiger zu sein. Teilweise streiten ihre Verwandten sogar ab, dass die Beziehung toxisch ist. Dadurch fühlt sie sich vollkommen allein, missverstanden und als hysterisch abgestempelt.

Was Maggie erlebt, kommt in vielen Familien vor. Wir möchten gern glauben, dass wir von Angehörigen immer gut behandelt und geliebt werden, doch das ist leider nicht der Fall. Werden Mitglieder zerstrittener Familien oder Opfer von übergriffigem Verhalten dazu gedrängt, Probleme nicht überzubewerten oder toxisches Verhalten »der Familie zuliebe« zu ertragen, macht man sie erneut zu Opfern und lässt sie allein. Maggie hätte vermutlich die Übergriffe, denen sie ausgesetzt war, bereits früher erkannt und sich rechtzeitig dagegen abgegrenzt, wäre sie von außen mehr unterstützt worden. Geholfen hätten ihr dabei Aussagen wie:

- »Das war bestimmt eine schwierige Entscheidung.«

- »Ich bin mir sicher, dass du tust, was für dich das Beste ist.«

- »Ich trage deine Entscheidung mit.«

- »Ich werde dich für diesen Entschluss nicht verurteilen.«

- »Ich bin für dich da, wenn du darüber reden willst.«

6. Berufliche Probleme oder Jobverlust

Alissa und ich sind heute zu einer weiteren Sitzung verabredet. Es ist Hochsommer, und die Sonne brennt schon morgens um halb neun durch die Fensterscheiben. Alissa kommt immer vor der Arbeit in meine Praxis, damit sie nicht in Versuchung gerät, den Termin abzusagen, falls der Tag schlecht läuft. Heute klingt Alissa jedoch anders als sonst. Sie erzählt, dass sie ihre Stelle kündigen möchte. Ich antworte nicht sofort, sondern lasse die Stille zu, die sich danach im Raum ausbreitet. Dann spricht Alissa weiter: »Ich ertrage das einfach nicht mehr.«

Vielleicht erinnert ihr euch, dass Alissa zuvor ihrem Vorgesetzten mitgeteilt hatte, dass sie schlecht schlafen konnte und vollkommen überlastet war. Doch ihr Chef hatte nur geantwortet, sie solle dankbar für ihren Job sein, denn andere Leute würden sich darum reißen. Solche toxisch positiven Antworten aus dem Kollegenkreis oder von Vorgesetzten sind typisch in

Alissas Arbeitsumfeld – egal, ob sie echte Probleme anspricht oder einfach nur Dampf ablassen will. Außerdem sind folgende Aussagen üblich:

- »Positiv denkende Menschen haben immer Erfolg.«

- »Du musst dir einfach mehr Mühe geben!«

- »Deine Einstellung bestimmt, wie erfolgreich du bist.«

- »Wer es ganz nach oben schaffen will, muss Opfer bringen.«

- »Das gehört halt zum Job. Du wusstest doch vorher, worauf du dich einlässt.«

Solche Sprüche passen hervorragend dazu, dass zwar Kurse zur Burn-out-Prävention obligatorisch sind, aber nichts getan wird, um einen Burn-out tatsächlich abzuwenden. Wenn spätabends noch Meetings angesetzt werden, gibt es Donuts, und wenn sie vor Weihnachten vierzehn Stunden am Tag arbeitet, bekommt sie eine Schachtel Pralinen. Man erwartet von ihr, dass sie immer gut gelaunt, positiv gestimmt und erfolgreich ist, verweigert ihr aber jegliche Unterstützung, die sie dazu bräuchte. Nicht einmal genügend Schlaf ist drin. Was Alissa und ihren Kolleginnen und Kollegen helfen würde, wäre Folgendes:

- »Ich nehme Ihre Kritik zur Kenntnis und wende mich ans Management, um für alle Beteiligten eine gute Lösung zu finden.«

- Angemessene Bezahlung und zumutbare Arbeitszeiten, sodass ein Ausgleich im Privatleben möglich ist.

- »In letzter Zeit war die Arbeit sehr herausfordernd. Vielen Dank an alle für Ihren Einsatz. Ich sorge dafür, dass es einen Freizeitausgleich gibt, sobald dieses Projekt abgeschlossen ist.«

- Weniger Partys und Seminare, mehr echte Unterstützung bei der Arbeit, bezahlten Zeitausgleich und zu bewältigende Terminpläne.

7. Äußere Erscheinung

Fast alle meiner weiblichen Patientinnen sprechen in der Therapie Probleme mit ihrem Aussehen oder ihrem Körper an. Zu ihnen gehört auch Leah. Seit sie denken kann, ist sie unzufrieden mit ihrem Körperbild. Leah lässt sich schnell für die neuesten Beauty- oder Diättrends begeistern und hat anschließend massiv mit Jo-Jo-Effekten zu kämpfen. Sie möchte ihr Äußeres um jeden Preis optimieren, und Schönheit ist ihr enorm wichtig. Ihre Diäten bestimmen alles und hindern sie daran, ein gesundes und sinnerfülltes Leben zu führen. Jeden Monat gibt es neue Einschränkungen, wo und was sie aktuell essen darf.

Leahs Art ist es, offen anzusprechen, wie unzufrieden sie mit ihrem Körper ist, um sich dadurch in ihrem Umfeld Bestätigung zu holen. Das erlebe ich bei vielen Frauen – und beobachte es auch bei mir selbst. »Oje, mein Hintern ist so fett geworden!« oder »Ich sehe heute total schrecklich aus. Ich muss unbedingt mehr Sport machen.« Wir machen uns also selbst schlecht, damit andere uns beschwichtigen. Das ist ein regelrechter Teufelskreis, der in der Regel nicht funktioniert. Wenn Leah sich gegenüber Freundinnen oder Angehörigen über ihr Gewicht oder ihr Äußeres beklagt, bekommt sie zumeist solche Kommentare zur Antwort:

- »Nein, du hast kein bisschen zugenommen! Du siehst toll aus!«

- »Falls du zugenommen hast, sieht man es dir überhaupt nicht an!«

- »Du siehst so schlank aus!«

- »Für deinen Körper würde ich wer weiß was geben! Schau dir doch mal meine/n (hier ungeliebten Körperteil einsetzen) an.«

Solche Gespräche und »Komplimente« bestätigen Leah immer wieder, wie erstrebenswert es ist, dünn zu sein. Ihre Freundinnen versichern ihr, dass ihr Körper perfekt ist und sie sich keine Gedanken machen soll. Ihre Äußerungen sind ohne Zweifel nett gemeint. Trotzdem sprechen Leah und ich darüber, dass sie Schlanksein als ultimatives Ziel zementieren und eine Gewichtszunahme unbedingt zu vermeiden ist.

In unseren Sitzungen reden wir oft über »Body Neutrality«. Sicher kennt ihr den Begriff »Body Positivity«, der sehr schnell toxisch werden kann. Hier verhält es sich jedoch anders. Während *Body Positivity* uns dazu drängt, unseren Körper zu lieben und uns an sämtlichen Wölbungen, Dellen oder Kurven zu erfreuen, lässt *Body Neutrality* uns einfach Frieden mit unserem Körper schließen, so wie er nun einmal ist. Dahinter steckt die Idee, nicht ständig über unseren Körper nachzudenken und ihn positiv oder negativ zu bewerten. Es geht darum, den Körper einfach Körper sein zu lassen, den man eben manchmal mehr und manchmal weniger mag. Obwohl im Netz so viel von *Body Positivity* die Rede ist, die nun durch *Body Neutrality* ergänzt wird, bleibt der Wunsch nach Schlanksein für viele Menschen ein massives Problem. Permanent werden wir mit Diäten konfrontiert, und eine milliardenschwere Branche suggeriert uns mit allen Mitteln, dass wir unbedingt gesund und dünn sein müssen. Dieses Thema macht Leah schwer zu schaffen, mir selbst ebenfalls, und vielleicht geht es euch genauso.

Statt nur ein bestimmtes Körperideal zu favorisieren, können wir alle lernen, gegenüber dem eigenen Körper (und dem anderer ebenfalls) etwas neutraler und gnädiger zu sein. Leah und ich sprachen in diesem Zusammenhang auch über Komplimente, die nichts mit Gewicht oder Aussehen zu tun haben, und wie man ein Gespräch »umlenken« kann, wenn das Gegenüber sich toxisch positiv äußert oder sich in Selbstvorwürfen ergeht. Hier sind einige Alternativen, auf die wir gemeinsam gekommen sind:

- Komplimente machen, die nichts mit körperlichen Aspekten oder Äußerlichkeiten zu tun haben, sondern sich etwa auf die Persönlichkeit oder bestimmte Leistungen beziehen.

- Wenn sich jemand negativ über den eigenen Körper äußert, ist es in Ordnung, das Gespräch zu beenden oder das Thema zu wechseln.

- Betonen, was unser Körper leisten kann (z. B. »Heute habe ich bei der Wanderung die gesamte Strecke geschafft«), statt sich darauf zu konzentrieren, wie viele Kalorien dabei verbrannt wurden oder wie gut das für die Figur ist (z. B. »Diese Wanderung war total anstrengend. Dafür habe ich mir heute Abend einen Cheeseburger verdient. Vielleicht schlage ich über die Stränge und genehmige mir wirklich einen.«).

- Wenn sich jemand über den eigenen Körper beklagt, nicht mit einem Kompliment reagieren, sondern behutsam das Thema wechseln oder nachfragen, warum die Person sich so fühlt. Es kann auch hilfreich sein zu antworten: »Ich bin auch manchmal unzufrieden mit meinem Körper, versuche aber, daran zu arbeiten.« Damit äußert man Verständnis für das Empfinden, ohne es kleinzureden oder mit einem Kompliment zu übergehen.

- Sucht ganz bewusst Gespräche über andere Themen als Essen, Kalorien, Diäten und den eigenen Körper. Nehmt wahr, wenn Freunde und Verwandte dies tun und wie sich das für euch anhört oder anfühlt.

8. Nach einem traumatischen Ereignis

An einem Sonntagabend bekam ich eine etwas kryptische Mail von James, in der er um nähere Informationen für eine Therapie bat. Aus seiner Nachricht ging deutlich hervor, dass er nicht als »krank« oder »bedürftig« angesehen werden wollte. Ich vereinbarte mit ihm einen telefonischen Beratungstermin und erfuhr dabei, wie sehr er in den letzten Jahren gelitten hatte. Als Teenager musste James erleben, wie ein Einbrecher in sein Zuhause eindrang, die Familie ausraubte und seinen jüngeren Bruder, der im Bett neben ihm schlief, verletzte. Seit diesem fünf Jahre zurückliegenden Vorfall litt er unter heftigen Flashbacks, Schlaflosigkeit und quälenden Gedanken. Das Erlebnis selbst bezeichnete er als »nicht allzu dramatisch« und müsste es eigentlich, wie er sagte, »längst überwunden haben«. Doch ganz offensichtlich beeinflusste es seinen Alltag und sein Sicherheitsempfinden nach wie vor stark.

Nach dem Einbruch versuchte James, mit Freunden und seinen Eltern darüber zu reden. Doch alle versicherten ihm nur in verschiedenen Varianten, dass er bald darüber hinwegkommen würde.

- »Toll, wie mutig du bist!«

- »Daraus konntest du so viel lernen.«

- »Immerhin bist du am Leben. Materielle Dinge lassen sich ersetzen.«

- »Nichts passiert ohne Grund. Du wirst damit schon fertigwerden.«

Genau wie Familie Fernandez, die ihren Sohn bei einem Bootsunfall verlor, grübelt James, warum das passieren musste und was er angeblich daraus lernen sollte – abgesehen davon, dass er seitdem permanent verunsichert war. Natürlich ist er froh, dass seine Familie und er noch am Leben sind, aber gleichzeitig belastet es ihn, dass sein Bruder angegriffen wurde und ihr Zuhause kein sicherer Ort mehr für ihn ist. James war damals ein Teenager. Er wollte nicht besonders mutig sein, sondern einfach nur ein unbeschwerter Jugendlicher.

Bei James wende ich ein Therapieverfahren mit der Bezeichnung *Eye Movement Desensitization and Reprocessing (EMDR)* an (dt. etwa Desensibilisierung und Aufarbeitung durch Augenbewegungen). Es trägt dazu bei, seine Flashbacks zu lindern und sich in seinem Körper wieder sicher zu fühlen. In jeder zweiten Sitzung arbeiten wir mit einem Lichtbalken, dem er mit den Augen folgt. Hinzu kommen auditive und taktile Stimulationen. James ruft sich das belastende Erlebnis sowie die damit verbundenen Einzelheiten ins Gedächtnis. Wir arbeiten daran, das traumatische Erleben des Einbruchs so in seine Erinnerung zu integrieren, dass es James weniger belastet. Nach jeder EMDR-Sitzung nehmen wir uns Zeit und erörtern, wie sehr seine Symptome ihn beeinträchtigen. James erwähnt häufig, wie sehr er sich nach dieser traumatischen Erfahrung Unterstützung von seiner Familie und aus seinem Freundeskreis gewünscht hätte. Folgendes hätte ihm geholfen:

- Dass seine Gefühle ernst genommen werden, ohne sie kleinzureden. »Ich verstehe, dass du Angst hattest. Das ist wirklich erschreckend.«

- Ihm in Ruhe zuzuhören, wie es ihm ging.

- Seine Grenzen zu respektieren – vor allem, wenn er nicht darüber reden oder manche Details nicht preisgeben wollte.

- Weniger Fokus auf die Frage, warum es geschehen ist und was er daraus gelernt haben könnte. Stattdessen mehr Augenmerk auf seine Gefühle und die Folgen für ihn.

- Obwohl das Ereignis längst vorbei war, ein Bewusstsein dafür, dass er noch unter den Folgen litt.

9. Schwangerschaft und Elternrolle

Schwanger sein und Eltern werden – das ist alles andere als einfach. Ich habe festgestellt, dass so gut wie niemand offen darüber spricht, welch enorme Herausforderung es darstellt, einen Menschen zur Welt zu bringen und großzuziehen. Während ich dieses Kapitel schreibe, bin ich im fünften Monat schwanger und habe erlebt, mit wie viel toxischem Optimismus Schwangere und junge Eltern konfrontiert werden. Sobald man eine Schwangerschaft bekannt gibt, folgen umgehend allerlei Meinungen, Warnungen und Aufforderungen, dankbar zu sein. Von überall bekommt man sie zu hören – von Verwandten, aus dem Freundeskreis, in den sozialen Netzwerken, durch die Werbung, um nur einiges zu nennen. Wie viele Schwangere beklagte auch ich mich gelegentlich über Übelkeit, Schmerzen und überdehnte Haut. Nachfolgend einige Klassiker unter den toxisch positiven Sprüchen:

- »Genieße jede Minute.«

- »Wart's nur ab. Bald wirst du dir diese Zeit zurückwünschen.«

- »Sei dankbar, dass du Kinder bekommen kannst.«

- »Jedes Kind ist ein Geschenk.«

- »Es gibt viele Leute, die liebend gern mit dir tauschen würden.«

- »Schwangerschaft ist immer eine magische Zeit.«

Wenn ich mir eigentlich Unterstützung oder Bestätigung wünsche und dann nur solche Bemerkungen zu hören bekomme, ist das verletzend. Natürlich ist mir klar, dass die Leute es nur gut meinen, aber trotzdem bekomme ich sofort ein schlechtes Gewissen. Ich sage dann lieber nichts mehr und quäle mich allein mit meinen Sorgen, weil ich es nicht mehr wage, um

Hilfe zu bitten, um nicht undankbar zu erscheinen oder zurückgewiesen zu werden. Solche Erfahrungen teilen viele Schwangere oder Mütter unter meinen Patientinnen. Es wird enormer Druck aufgebaut, dankbar für alle Facetten der Elternschaft zu sein, andernfalls gilt man als schlechte oder undankbare Eltern. An dieser Auffassung müssen wir etwas ändern.

Ich bin wirklich dankbar für jeden Tag meiner Schwangerschaft, dennoch gab es immer wieder Tage, die mir wirklich schwerfielen, weil ich stundenlang unter Erbrechen litt oder mitten in einer Therapiesitzung mit Übelkeit zu kämpfen hatte. Oder wenn meine Haut sich schmerzhaft dehnt und mein Mann mich berühren will, ich jedoch beim bloßen Gedanken daran losschreien könnte. In solchen Momenten fällt es mir durchaus schwer, dankbar zu sein. Und mein ungeborenes Kind als Geschenk anzusehen, wenn der Harndrang mich nachts mehrmals aus dem Bett treibt, obwohl ich kaum etwas getrunken habe, ist manchmal auch nicht ganz einfach. Trotzdem bin ich über alle Maßen dankbar für diese Schwangerschaft und dieses Baby. Folgendes würde ich mir von meinen Mitmenschen wünschen (einige Vorschläge stammen auch von meinen Patientinnen):

• Ich möchte mich beklagen dürfen, ohne dass man mir umgehend Dankbarkeit abverlangt. Dankbar bin ich trotzdem, versprochen.

• Dass manche Menschen nicht schwanger werden können, möchte ich nicht als Argument hören, um mich zurechtzuweisen. Ich weiß, dass ich mich glücklich schätzen kann. Aber das macht meine Beschwerden nicht kleiner.

- Nehmt meine Gefühle ernst und macht euch klar, dass sie mich in diesem Moment einfach überwältigen. »Oje, das ist bestimmt schmerzhaft«, ist zum Beispiel eine sehr hilfreiche Reaktion.

- Seid einfach da und helft. Bringt etwas zu essen vorbei, schickt eine Nachricht oder bietet an, euch um die Wäsche zu kümmern.

- Vergesst nicht, dass jede Schwangerschaft anders ist. Was für euch vielleicht magisch war, mag für andere absolut quälend sein.

10. Rassismus, Homophobie, Sexismus, Ableismus, Klassismus, Diskriminierung aufgrund von Größe oder Gewicht und andere Vorurteile

In den vergangenen Jahren haben sich das Internet und die sozialen Medien zu einem zunehmend spannungsreichen Terrain entwickelt. Nach dem Tod von George Floyd im Mai 2020 explodierte das Netz jedoch regelrecht. Energische Stimmen wurden laut und forderten mit (berechtigter Wut) Antworten und Gerechtigkeit. Während es laut und aufgebracht zuging, beobachtete ich etwas wirklich Interessantes: Toxischer Optimismus war buchstäblich allgegenwärtig. Vor allem weiße Personen oder Menschen, die solche Ungerechtigkeit noch nie selbst erlebt hatten, hämmerten aufgebracht ihre Meinung in die Tastatur oder brüllten über ihre winzigen Handydisplays in den dunklen Resonanzraum des Internets Kommentare wie:

- »Können wir uns nicht einfach alle lieb haben?!«

- »Lasst uns doch miteinander auskommen!«

- »Wir brauchen Frieden.«

- »Wir sind doch alle Menschen.«

- »Hautfarbe spielt für mich keine Rolle. Mir liegen alle Menschen gleich am Herzen.«

Ja, es wäre wundervoll, wenn wir uns alle lieb haben könnten. Dieses Ziel finde ich auch erstrebenswert. Wenn wir alle friedlich miteinander auskommen würden, wäre das großartig. Doch sind solche Reaktionen im Moment angemessen und hilfreich?

Ich behaupte nicht, Expertin für Antirassismus, Rassismus oder sonstige Aspekte von Diskriminierung zu sein, durfte jedoch einiges von tollen Lehrerinnen und Vorreitern auf diesem Gebiet lernen und werde dies auch weiterhin tun – in aller Unvollkommenheit. Und ich kenne mich ganz gut damit aus, wie wir reagieren sollten, wenn Menschen echte, konkrete und offensichtliche Fälle von Diskriminierung oder Vorurteilen erleben. Mir ist sehr bewusst, wie respektlos die oben angeführten Reaktionen sind, die Betroffenen kein bisschen weiterhelfen. Falls ihr so etwas selbst schon geäußert habt – keine Panik. Haltet kurz inne und atmet tief durch. Das heißt nicht, dass ihr schlechte Menschen seid. Wie so oft bei toxisch positiven Reaktionen stecken dahinter gute Absichten, die sich jedoch negativ auswirken und in manchen Fällen echten Schaden anrichten können. Es geht vor allem darum, sich klarzumachen, warum sie oft kontraproduktiv sind.

Das Hauptproblem an toxisch positiven Äußerungen besteht darin, dass sie respektlos sind und einen konstruktiven Diskurs verhindern. Letztendlich wird dabei vermittelt: »Nein, das von dir empfundene Gefühl ist falsch – du hast allen Grund, glücklich zu sein, und ich sage dir auch, warum.« Das ist das genaue Gegenteil von dem, was wir eigentlich tun wollen, wenn jemand leidet. Wenn wir mit Menschen über Rassismus oder andere Arten von Diskriminierung sprechen, die selbst davon betroffen sind oder mit dieser Identität leben, sollten wir ihnen Raum geben, ihr Erleben ernst nehmen und selbst aktiv werden, um etwas gegen die Rahmenbedingungen zu unternehmen, die solches begünstigen. Dies sollten wir insbesondere dann tun, wenn wir das Beschriebene nicht aus eigener Erfahrung, sondern nur vom Hörensagen kennen. In diesen Situationen sollte man den Expertinnen und Experten vertrauen. Nicht jede marginalisierte Gruppe erlebt das Gleiche. Jeder Mensch mit einer Behinderung, einem größeren Körperumfang oder nichtweißer Hautfarbe macht andere Erfahrungen, die sich nicht verallgemeinern lassen. Deshalb ist es so wichtig, auf platte Sprüche zu verzichten und vor allem zuzuhören.

Von ganz wunderbaren antirassistischen Pädagoginnen habe ich viel gelernt, was wir stattdessen tun und sagen können. Zu den zahlreichen Vorreiterinnen auf diesem Gebiet gehören unter anderem Erin Matthews, Rachel Cargle und Tarana J. Burke. Auch vielen anderen Aktivist*innen, die sich vielerorts gegen Sexismus, Homophobie, Ableismus, Diskriminierung aufgrund von Größe oder Gewicht sowie andere Vorurteile einsetzen, habe ich wertvolle Erkenntnisse zu verdanken. Die wichtigste lautet dabei, dass Lippenbekenntnisse niemandem weiterhelfen und beschönigende Sprüche erst recht nichts nützen. Stattdessen müssen wir lernen, aktiv zu werden.

Wenn ihr beim nächsten Mal versucht seid, toxisch positiv auf Äußerungen Betroffener zu einem der erwähnten Themen zu antworten, habe ich hier einige Vorschläge zusammengestellt, wie ihr stattdessen reagieren könnt:

- Den betroffenen Menschen zuhören und ihnen versichern: »Das glaube ich dir.«

- Selbst recherchieren. Sich mit Büchern, im Netz, durch Podcasts etc. informieren, wie es ist, einer dieser vielen marginalisierten Gruppen anzugehören.

- Im Freundeskreis, in der Familie und im beruflichen Umfeld das Gespräch über diese Themen suchen.

- Influencern im Netz folgen, die solchen Gruppen angehören.

- Unternehmen unterstützen, die von marginalisierten Personen geführt werden.

- Beschäftigte fair bezahlen und Stellen ausgewogen besetzen.

- Unternehmen bei Diskriminierung zur Verantwortung ziehen.

- Für politische Programme und Führungskräfte stimmen, die Vertreter*innen der genannten Gruppen unterstützen.

- Fehler zugeben und sich vornehmen, es beim nächsten Mal besser zu machen.

- Sich bewusst sein, dass dieser Prozess nie aufhört.

Diese Liste ist selbstverständlich nicht vollständig, denn es gibt noch wesentlich mehr zu tun, aber sie ist ein Anfang. In Kapitel 8 schauen wir uns genauer an, wie toxischer Optimismus nach wie vor ungerechte Systeme aufrechterhält.

11. Psychische Probleme

Liz litt unter Ängsten und bemühte sich, ihren Glauben und die Erkenntnis, dass sie eine Therapie brauchte, miteinander in Einklang zu bringen. Schließlich nahm sie allen Mut zusammen, um ihren Eltern von der Therapie zu erzählen. Bis sie sich dazu entschließen konnte, waren zahlreiche Sitzungen nötig. In einer davon sprachen wir darüber, wie sich der Glaube der Eltern auf ihre Angstproblematik auswirkte. Wer eine Psychotherapie in Anspruch nahm, besaß deren Ansicht nach zu wenig Gottvertrauen, weshalb sie dies rigoros ablehnten.

Immer wieder bekam Liz von ihren Eltern Aussagen wie diese zu hören:

- »Du bist doch nicht krank!«

- »Du hast alles, was du brauchst. Wovor solltest du Angst haben?«

- »Es gibt so vieles, worüber du froh und dankbar sein kannst. Darauf musst du dich konzentrieren.«

- »Denk einfach öfter an etwas Schönes, dann geht es dir auch wieder besser.«

- »Du musst einfach positiver denken.«

Solche Äußerungen sind typisch bei Menschen, die wenig über psychische Erkrankungen wissen und deren Komplexität nicht begreifen. Ihrer Vorstellung nach muss man seine Psyche einfach nur in den Griff bekommen und braucht dazu nichts weiter als eine optimistischere Einstellung und den richtigen Glauben. Für sie ist es nicht nachvollziehbar, dass es jemandem partout nicht gelingt, fröhlicher oder weniger ängstlich zu sein, sosehr er sich darum auch bemüht.

Psychische Erkrankungen sind in der Regel kompliziert und haben oft mehrere Ursachen. Als Therapeutin habe ich die Erfahrung gemacht, dass sich niemand mehr eine Besserung erhofft als der Betroffene selbst. Ich habe noch nie erlebt, dass dies bei jemandem nicht der Fall war. Mir ist bewusst, dass es von außen gelegentlich anders wirken kann, aber das täuscht definitiv. Die meisten Patientinnen und Patienten sind extrem verunsichert, wissen nicht, wo sie anfangen sollen, oder sehen keine Chance auf Veränderung.

Für das Umfeld ist es enorm belastend mitzuerleben, wenn jemand unter psychischen Problemen leidet. Wir versuchen dann mit allen Mitteln – auch toxisch positiven – zu helfen. Liz wusste genau, dass ihre Eltern es nur gut mit ihr meinten und ihr wirklich helfen wollten. Folgendes hätte ihr jedoch stattdessen geholfen:

- »Ich glaube dir und bin mir sicher, dass du dich lieber anders fühlen würdest.«

- »Ich erkenne, wie sehr du dich bemühst.«

- »Ich stehe dir bei und helfe dir.«

- Einfach für sie da zu sein, wenn es ihr wirklich schlecht ging.

- Sich über ihre Beschwerden zu informieren und Fragen zu stellen.

- Zu akzeptieren, dass auch Menschen, die eigentlich alles haben, psychisch erkranken können.

Reflexion

- Hast du selbst schon Situationen erlebt, in denen Positivdenken kontraproduktiv war?

- Hast du selbst schon Situationen erlebt, in denen Positivdenken hilfreich war?

- Falls du schon mit einer der elf beschriebenen Situationen konfrontiert warst, welche Art von Hilfe oder Unterstützung hättest du dir gewünscht?

- Inwiefern hat dir dieses Kapitel Alternativen aufgezeigt, um andere Menschen zu unterstützen?

Vielen Leute geht es viel schlechter. Sei dankbar für das, was du hast.

....

Es gibt immer Menschen, denen es schlechter oder besser geht als dir. Sich klarzumachen, dass alles noch viel schlimmer sein könnte, mag die eigene Situation zwar relativieren, ändert jedoch nichts am eigenen Empfinden. Es ist in Ordnung, sich über etwas zu beklagen, wofür man zugleich dankbar ist.

Kapitel 4

Schluss mit Schamgefühlen

Schon sehr früh habe ich gelernt, anderen etwas vorzuspielen. Damit meine ich allerdings nicht das Verkleiden als Prinzessin. Vielmehr ging es darum, immer auf der Hut zu sein und alles zu verbergen, was nicht schön oder perfekt war – zum Beispiel neue Kleidung zu kaufen, wenn man traurig ist, um die Traurigkeit zu verdrängen. Jede negative Emotion wurde durch eine Neuanschaffung, ein Event oder eine Reise überlagert und kompensiert. Ich bekam beigebracht, dass man schon triftige Gründe haben muss, um traurig zu sein. Mir wurde deutlich vermittelt, dass Traurigkeit nicht akzeptabel war, wenn man keine materiellen Sorgen hatte, schließlich ging es anderen Leuten viel schlechter. Daher hieß es leugnen, leugnen, leugnen.

Außerdem begriff ich, dass es offenbar »gute« und »schlechte« Gefühle gab. Es spielte keine Rolle, wie es einem gerade ging – man hatte sich angemessen zu kleiden, ein Lächeln aufzusetzen und durchzuziehen, was gerade anstand. War man verletzt worden und versuchte dies anzusprechen, galt man als »zu negativ«. Solange man von allen für happy gehalten wurde, hatte man es auch zu sein. Mir wurde klar, dass es nicht darum ging, tatsächlich glücklich zu sein, sondern lediglich so zu wirken.

In diese Falle geraten nicht wenige Menschen. In den sozialen Netzwerken versuchen wir, uns als glücklich zu verkaufen, und vermeiden es, unsere wahren Gefühle preiszugeben. Wenn wir gefragt werden, wie es uns geht, lügen wir und sagen: »Super!«, und zwingen uns zu lächeln. Wir tun so, als ob, weil wir meinen, dass es von uns so erwartet wird, und wagen es nicht, damit aufzuhören, weil wir Angst vor den Konsequenzen haben. Ziehen sich andere Menschen dann von uns zurück? Oder können sie damit umgehen, wenn sie erfahren, wie es uns wirklich geht? Lieber gar nicht erst riskieren.

Rückblickend habe ich in meinem Leben sehr oft nach außen hin vorgetäuscht, rundum glücklich, selbstbewusst oder mit meinem Körper im Reinen zu sein. Das war so selbstverständlich, dass ich gar nicht mehr darüber nachdachte. Vielleicht bin ich deshalb so desillusioniert angesichts der Flut von makellosen Fotos auf Instagram und fühle mich so unwohl in Gegenwart von dauerglücklichen Leuten. Es fühlt sich immer ein wenig so an, als hätte ich sie durchschaut. Eine Zeit lang dachte ich ernsthaft, anders könnte man gar nicht leben. Da ich finanziell keine Not litt, redete ich mir ein, dass ich nicht das Recht hätte, traurig zu sein. Mein Körper entsprach »normalen« Maßstäben, weshalb ich ihn nicht hassen durfte. Und da ich eine gute Schulbildung besaß, gab es keinen Grund, unzufrieden zu sein. »Ich kann für so vieles dankbar sein, anderen Leuten geht es viel schlechter, deshalb sollte ich mich glücklich schätzen.« Diese Litanei lief in Endlosschleife in meinem Kopf. Jede einzelne belastende Emotion wurde durch einen regelrechten Berg erzwungener Dankbarkeit gedeckt, bis ich buchstäblich

Unter Depressionen oder Angstzuständen zu leiden, ist schlimm. Aber noch viel schlimmer ist es, wenn man diese nach außen hin verleugnet.

keine Luft mehr bekam. Unter Depressionen oder Angstzuständen zu leiden, ist schlimm. Aber noch viel schlimmer ist es, wenn man diese nach außen hin verleugnet.

Mit Mitte zwanzig war ich total erschöpft von der permanenten Heuchelei. Es fiel mir zunehmend schwer, den schönen Schein zu wahren, und ich ging dazu über, meine Gefühle offen zu äußern, was manchen Leuten zu weit ging. Aufgesetzte Fröhlichkeit ertrug ich nicht mehr. Mir wurde klar, dass mein Erscheinungsbild in den sozialen Netzwerken im krassen Gegensatz zu meinen wahren Gefühlen stand. In meinem Bekanntenkreis fiel mir das ebenfalls auf. Eine Freundin, die gerade nach einer Trennung am Boden zerstört war, postete zehn Selfies mit strahlendem Lächeln und schrieb dazu. »Das Leben ist fantastisch!« Eine Mutter, die seit vier Wochen kein Wort mehr mit ihren Kindern gesprochen hatte, lud ein Foto mit dem Kommentar hoch: »Ich liebe meine Kinder so sehr!« Und wenn ich durch Instagram scrollte, starrten mich ausnahmslos lächelnde Gesichter an. Dabei störten mich vordergründig weder die vielen glücklichen Menschen noch der Umstand, dass sie sich gegenüber ihren Followern kaum verletzlich zeigten. Es ist nicht nötig, vor aller Welt sein Innerstes nach außen zu kehren. Woran ich mich stieß, war die krasse Diskrepanz zwischen ihrem wahren Leben und dem, was sie davon nach außen hin zeigten. Es gab einen enormen Druck, sich möglichst vorteilhaft darzustellen und alles andere zu verschweigen. Diese Erkenntnis führte dazu, dass ich Freundschaften beendete und mich von »Wachstumsschmerzen« befreite. Nach und nach lockerte sich der Würgegriff des toxischen Optimismus.

Naiverweise nahm ich an, damit eine Ausnahme zu sein, doch wir sind nur selten allein mit unserem Empfinden. In meiner Praxis berichteten immer mehr Patientinnen und

Patienten von ihren Erfahrungen mit toxisch positivem Verhalten: wohlmeinende Nachrichten von Freunden und Verwandten, gesellige Runden im Kollegenkreis nach kräftezehrenden Arbeitstagen und der permanente Druck, nach außen hin so zu tun, als sei alles in bester Ordnung. Ich frage mich öfter, wie sich diese Patienten wohl in den sozialen Netzwerken präsentieren (nachgeschaut habe ich nie – professionelle Distanz und so weiter). Doch gelegentlich ertappe ich mich bei der Überlegung, ob das, was sie in der Therapie preisgeben, womöglich im krassen Gegensatz dazu steht. Wie viel von dem, was sie auf diesen Kanälen posten, glauben sie wohl tatsächlich? Ob sie erwarten, dass andere es für bare Münze nehmen?

Zu Beginn meiner therapeutischen Ausbildung fiel mir auf, wie viel Wert auf positives Denken und positive Emotionen gelegt wurde. Problematische Emotionen wurden ausschließlich aus dem Blickwinkel psychischer Erkrankungen betrachtet, und es galt, diese negativen Emotionen positiv zu beeinflussen. Mein Anliegen war es anfangs, jegliches Leid komplett auszumerzen, statt zu lernen, damit umzugehen. Bei meinen ersten Patientinnen und Patienten verteilte ich daher toxisch positive Vibes wie Süßigkeiten. Sollte jemand von ihnen dieses Buch lesen, so bitte ich hiermit um Verzeihung. Ich dachte wirklich, das wäre hilfreich. Dabei hatten meine Patienten die Nase voll davon, im Freundeskreis ihre Gefühle zu verbergen, im Beruf ständig ein Lächeln aufzusetzen oder hübsche Bilder auf Instagram zu posten, nachdem sie sich zum Weinen im Bad eingeschlossen hatten. Allmählich wurde mir klar, dass wir diesen toxischen Optimismus zwar allesamt gründlich satthatten, es jedoch niemand wagte, das Thema offen anzusprechen. Dass ich damit nicht allein war, erleichterte mich offen gestanden ungemein.

Toxischer Optimismus
uns selbst gegenüber

Das ist es also, was toxische Positivität bewirkt. Sie sorgt dafür, dass wir unser Leben lang etwas vortäuschen, bis wir nicht mehr können. Sie suggeriert uns, dass unsere Traurigkeit nicht angemessen ist, solange es anderen Menschen schlechter geht als uns. Wenn wir Grund haben, für etwas dankbar zu sein, so ist Dankbarkeit die einzig zulässige Emotion. Sie verlangt uns ab, glücklich zu sein und alles andere schleunigst hinter uns zu lassen. Das alles führt dazu, dass wir uns hinter einer fröhlich-unbeschwerten Maske verstecken und uns dabei mutterseelenallein fühlen. Toxischer Optimismus verstärkt Schamgefühle und das Empfinden, nicht zu genügen und isoliert zu sein. Auch wenn er oft gut gemeint ist, tun wir uns damit keinen Gefallen.

Uns selbst gegenüber verhalten wir uns toxisch positiv, wenn wir uns einreden:

- »Darüber müsste ich längst hinweg sein.«

- »Ich sollte mich glücklich schätzen.«

- »Ich habe so viel Grund zur Dankbarkeit.«

- »Anderen geht es viel schlechter.«

- »So etwas sollte ich nicht empfinden. Mein Leben ist so bereichernd.«

- »Andere Leute wären froh, wenn sie meine Probleme hätten. So schlimm ist es doch gar nicht.«

Toxischer Optimismus schadet uns in vielerlei Hinsicht, unter anderem, indem:

- wir Emotionen nicht mit Neugier erkunden,

- uns Vorwürfe machen, zu negativ gestimmt zu sein,

- der Kontakt zu anderen Menschen leidet,

- wir Emotionen unterdrücken, wodurch deren Intensität zunimmt und sie schwerer zu bewältigen sind.

Toxisch positiv ist es, wenn wir uns einreden, ein bestimmtes Gefühl sei falsch, weshalb wir es verdrängen. Oder uns für jeglichen Kummer »triftige Gründe« abverlangen. Oder unsere Emotionen in gute und schlechte unterteilen und uns dafür schämen, falls Letztere überwiegen. Aus diesem Grund versuchen wir häufig, alle problematischen Emotionen zu unterdrücken und uns durch Einkaufen, Essen, Alkohol, Social Media und sonstige Strategien zu betäuben. Belastendes möchten wir am liebsten schleunigst hinter uns lassen oder es idealerweise gar nicht erst empfinden. Doch es hilft niemandem, wenn wir eine vollkommen normale und biologisch programmierte Reaktion auf einen Reiz verteufeln, denn das führt nur zu noch mehr Scham, Vertuschen und Verstecken.

Wenn wir mit uns selbst toxisch positiv umgehen, verhindert dies das neugierige Erkunden der betreffenden Emotion. Das solltet ihr euch bewusst machen. Wie reagiert ihr, wenn ihr traurig seid und euch dann jemand auffordert, doch lieber fröhlich zu sein – sprecht ihr dann weiter über eure Traurigkeit? Wohl eher nicht. Vermutlich verstummt ihr und beendet das Gespräch. Wir neigen dazu, eine Emotion zu verdrängen, wenn sie nicht unseren Vorstellungen entspricht. Das Problem ist nur, dass Emotionen keine reine Kopfsache sind. Man kann sie nicht einfach wegdenken oder ihre Existenz leugnen. Auch wenn Emotionen nicht immer der Wahrheit entsprechen und wir sie zuweilen falsch interpretieren, verspüren wir sie nicht ohne Grund. Indem wir sie uns vorenthalten, ändern wir nichts an ihrer Realität.

Immer wenn ich versucht habe, mein Empfinden positiv umzudeuten, überkamen mich Schuld- oder Schamgefühle oder sogar beides. Schuldgefühle suggerieren uns, dass wir etwas falsch gemacht haben, und Schamgefühle implizieren, dass wir schlechte Menschen sind. Wenn wir uns für ein Gefühl verurteilen oder es mit Positivdenken oder Dankbarkeit übertünchen wollen, bleiben wir beschämt und isoliert zurück und wagen es nicht, uns anderen anzuvertrauen. Wenn alle um uns herum glücklich sind, müssen wir es doch auch sein, so meinen wir. Und wenn wir negative Gefühle verspüren, kann mit uns ja wohl etwas nicht ganz stimmen.

Toxischer Optimismus verhindert zudem echte Verbundenheit. Wenn ich alle anderen Leute für glücklich halte (weil sie es mir so vermitteln), während es mir selbst nicht gut geht, werde ich es tunlichst vermeiden, dies anderen gegenüber preiszugeben. Denn ich rechne damit, von ihnen deswegen kritisiert oder verurteilt zu werden. Wenn wir uns isoliert fühlen oder den Eindruck haben, etwas als Einzige zu erleben, fällt es schwer, Verbundenheit zu empfinden. Toxisches Positivdenken verlangt uns ab, permanent glücklich zu sein und alles andere als Versagen einzustufen. Aber was, wenn unser Empfinden weitaus vielfältiger ist und wir uns damit unnötig alleingelassen fühlen? Wenn wir mit unseren Sorgen und Nöten gar nicht die Ausnahme sind, sondern es vielen Menschen ähnlich geht? Wenn ich vom Schmerz anderer weiß, fällt es mir viel leichter, von meinem eigenen Ringen zu erzählen und ebenso von meinen Erfolgen. Das würde viel Druck von uns nehmen und uns erlauben, ganz wir selbst zu sein.

Warum positive Affirmationen nichts nützen

Als ich siebzehn war, suchte ich einen Therapeuten auf. In der zweiten Sitzung forderte er mich auf, vor einen Spiegel zu treten und mir positive Affirmationen wie »Ich liebe mich selbst« oder »Ich bin wertvoll« zuzusprechen. Seine Praxis habe ich nie wieder betreten.

Ehrlich gesagt kamen mir solche positiven Affirmationen schon immer etwas aufgesetzt, wenig authentisch und verkrampft vor. Jahrelang habe ich mich damit abgemüht, weil sie überall so gefeiert wurden, aber mir ging es danach immer nur noch schlechter. Durch meine eigenen schlechten Erfahrungen fiel es mir schwer, meine Patientinnen und Patienten dazu aufzufordern.

Wenn man sich gerade in einem dunklen Loch befindet, können positive Affirmationen wie blanke Lügen wirken. Das gibt jedoch meiner Erfahrung nach niemand gern zu. Stattdessen wird uns nur immer wieder eingehämmert, dass positives Denken wirkt, und wir wiederholen daher stumpf, dass wir uns super finden und selbst innig lieben. Dabei blicken wir uns ratlos um und fragen uns: *Funktioniert das bei euch wirklich? Mache ich irgendwas falsch?*

Dabei streite ich keineswegs ab, dass Sprache große Wirkung entfalten kann. Sprache ist von großer Bedeutung und ein wichtiger Teil meiner therapeutischen Arbeit. Sobald ich etwas zu diesem Thema veröffentliche, kommentiert jemand, dass ich mich zur Bedeutung positiven Denkens und der entsprechenden Sprache belesen soll. In der Tat ist es wissenschaftlich erwiesen, dass positive Sprache sich in manchen Situationen positiv auswirkt und negative Sprache negative psychische und physische Auswirkungen auf uns haben kann. Doch ein Schwarz-Weiß gibt es dabei nicht. Positives Denken und positive Affirmationen sind nachweislich wirkungsvoller bei Versuchspersonen mit höherem Selbstwertgefühl. Bei Menschen mit geringerem Selbstwertgefühl ist positives Denken dagegen sogar kontraproduktiv.[1] Denn diese Personen empfinden solche Worte als unzutreffend, was deprimierend wirken kann. Übertriebener Optimismus kann Depressionen ebenfalls begünstigen, da Hyperoptimisten oftmals unzureichend auf Risiken oder schwierige Situationen vorbereitet sind.[2]

Positive Affirmationen in Dauerschleife = Glücklichsein? So einfach ist es eben nicht.

Es gibt eine Reihe von entscheidenden Gründen, warum positive Affirmationen bei euch vielleicht nicht wirken:

Wenn du deine positive Affirmation
für unzutreffend hältst, nützt sie nichts

Nehmen wir an, dein Ziel besteht darin, dich selbst zu lieben. Das wäre selbstverständlich wunderbar, aber diese Liebe wirst du gewiss nicht jeden Tag spüren. »Mich selbst zu lieben« ist daher kein sonderlich eindeutiges Ziel. Womöglich weißt du gar nicht so recht, was das überhaupt bedeutet. Vermutlich gibt es nach wir vor Dinge, die dir zusetzen, und Tage, an denen du dich weniger gut fühlst und dich beim Blick in den Spiegel negative Gedanken überkommen. Wenn du dich gerade nicht sonderlich gut leiden kannst oder respektierst, mag es unmöglich erscheinen, dich selbst zu lieben. Lautet dein Ziel, dich permanent zu lieben, fühlt es sich womöglich wie Versagen an, wenn du diese positive Affirmation an manchen Tagen nur schwer annehmen kannst.

Dann hasst du dich vielleicht und wiederholst dabei immer wieder, wie sehr du dich liebst, was für den Moment durchaus wirken kann. Doch schon bald ist es nur noch Schall und Rauch und fühlt sich verlogen an. Genau dieses Szenario wurde mir bereits von zahllosen Menschen geschildert. Falls es dir genauso geht, empfindest du das vermutlich als Scheitern auf der ganzen Linie. Aber mach dir keine Vorwürfe. Diese Affirmation war einfach etwas zu hoch gegriffen.

Affirmationen ohne Verhaltensänderung wirken nicht

Eine Affirmation muss von konkretem Handeln begleitet werden, das von dieser Überzeugung geleitet ist. Steht dein Verhalten nicht im Einklang mit einer Überzeugung oder widerspricht es ihr sogar, ist es erheblich schwieriger, der positiven Affirmation gerecht zu werden.

Wir müssen also sowohl unsere Gedanken als auch unser Tun betrachten. Daher ist es eine hilfreiche Übung, sich zu fragen: *Wie kann ich diese Affirmation im Alltag umsetzen? Wie zeige ich mir selbst, woran ich glauben möchte?*

Soll die Affirmation weiterhin »Ich liebe mich selbst« lauten, so würde ich sie wie folgt präzisieren:

- Wie ist es, sich selbst zu lieben?

- Wie kann ich mir diese Liebe zeigen? Welche Verhaltensweisen zeugen davon?

- Wie kann ich mir selbst liebevoll begegnen, auch wenn es mal schwerfällt?

Ohne das Streben nach innerer Akzeptanz, Liebe und Selbstachtung funktioniert es nicht

Durch Affirmationen versuchen wir, einen Zustand zu erreichen, in dem wir Liebe, Akzeptanz und Achtung uns selbst gegenüber empfinden. Um eine Affirmation wirklich zu verinnerlichen, müssen wir daran glauben, dass wir dieses Wohlwollen wirklich wert sind. Wenn jemand tief in sich nach wie vor davon überzeugt ist, Liebe und Güte nicht verdient zu haben, greift eine solche Affirmation ins Leere.

Für mich ist es hilfreich, für den Anfang eine Aussage zu wählen, die leichter zugänglich ist und eine gewisse Flexibilität beinhaltet. Wenn dein Ziel also lautet, dich selbst zu lieben, kannst du die Affirmation auch flexibler und glaubwürdiger gestalten, falls Selbstannahme, Liebe und Respekt gerade zu herausfordernd für dich sind.

Statt »Ich liebe mich selbst« könntest du zum Beispiel formulieren:

- »Ich kann lernen, mich selbst zu lieben.«

- »Ich finde mich damit ab, dass ich mich nicht jeden Tag lieben werde.«

- »Ich versuche, mir liebevoll zu begegnen, auch wenn es schwerfällt.«

- »Falls ich mich heute nicht lieben kann, versuche ich es morgen von Neuem.«

- »Manchmal fällt es mir schwer, mich selbst zu lieben, aber trotzdem versuche ich es.«

Wenn wir Empathie und Möglichkeiten zulassen, sorgen wir damit für die mentale Flexibilität, die es uns erlaubt, empathisch zu sein, falls wir an der Affirmation zweifeln. Zugleich schaffen wir Raum für die Möglichkeit, dass sie eines Tages wahr wird.

Wie Affirmationen gelingen

Sprache ist, wie wir bereits festgestellt haben, enorm wichtig und wirkungsvoll. Wenn es gelingt, die richtigen Affirmationen zu formulieren, so helfen diese dabei, die eigenen Ziele zu erreichen und die Psyche zu stärken. Eine Affirmation ist eine Aussage, die man sich an guten wie an schlechten Tagen immer wieder zuspricht. Was könnte bedeutsamer sein als die Art und Weise, wie wir tagtäglich mit uns selbst kommunizieren? Affirmationen können sich auf ein Ziel oder ein allgemeines Empfinden beziehen oder darauf, was wir uns selbst gegenüber gern verspüren würden, so zum Beispiel: »Ich bin resilient«, »Ich lerne mich selbst zu lieben« oder »Ich erkenne meine Realität an«.

Affirmationen sind am wirkungsvollsten, wenn sie:

- mit den eigenen Werten im Einklang stehen,

- der Wahrheit entsprechen,

- erreichbar sind,

- durch entsprechendes Handeln begleitet werden,

- bestärken und nicht nur dazu dienen sollen, ein unangenehmes Gefühl zu überlagern oder zu verdrängen.

Zunächst soll es darum gehen, wie sich Affirmationen mit den eigenen Werten in Einklang bringen lassen. Werte sind jene Aspekte, die uns in unserem Leben am wichtigsten sind. Sie bestimmen unsere Prioritäten, und wir können daran ablesen, ob unser Leben so verläuft, wie wir es uns wünschen. Stimmt unser Verhalten mit den eigenen Werten überein, macht uns das in der Regel zufrieden. Ein Widerspruch zwischen unseren Handlungen und unseren Werten macht uns jedoch das Leben schwer. Untersuchungen zufolge wirken Affirmationen am besten, wenn sie bereits bestehende Werte untermauern.[3] Daher ist es wichtig, sich zunächst die eigenen Werte bewusst zu machen, ehe man eine Affirmation formuliert.

Um Affirmationen und Werte miteinander abzugleichen, stell dir folgende Fragen:

• Wie lauten meine Grundwerte? (Im Netz findet ihr schnell entsprechende Listen dazu.)

• Was ist mir wichtig?

• Wie zeigen sich diese Werte in meinem Alltag? Wofür investiere ich die meiste Zeit und Energie?

• Gibt es Werte, die ich gern stärker berücksichtigen würde?

Nachdem du deine Werte bestimmt hast, kannst du dich der Affirmation zuwenden. Formuliere deine Affirmation und stelle dir dann die nachfolgend aufgelisteten Fragen.

Um zu beurteilen, ob deine Affirmation glaubhaft ist, frage dich:

• Woran möchte ich glauben?

- Erscheint mir das möglich? Kann ich mir eine Welt vorstellen, wo dies Realität wäre?

- Falls es unmöglich erscheint, wie kann ich die Affirmation abändern?

Die Affirmation muss realistisch erscheinen und das Potenzial haben, wahr zu werden.[4] Dies hängt von der jeweiligen Person und den Umständen ab. Was für den einen möglich erscheint, kann für die andere extrem unwahrscheinlich sein. Wenn ich mich für den Satz »Ich möchte mich selbst lieben« entscheide und mir dies unerreichbar vorkommt, kann ich die Affirmation umformulieren zu »Ich würde mich gern selbst annehmen« oder »Ich werde versuchen, mich selbst zu lieben«. Behutsame, offene Formulierungen können eine Affirmation flexibler machen.

Die Affirmation muss zudem umsetzbar sein, das heißt aus eigener physischer oder psychischer Kraft erreichbar. Dies ist ebenfalls individuell sehr unterschiedlich, das heißt, was dem einen machbar vorkommt, kann für die andere völlig ausgeschlossen sein. Wir alle sind sehr verschieden in dem, was uns leicht- oder aber enorm schwerfällt. Vermeide zu absolut klingende Affirmationen mit Wörtern wie *immer* oder *niemals,* denn sie sind noch viel schwerer erreichbar.

Um zu beurteilen, ob eine Affirmation umsetzbar ist, frage dich:

- Erscheint sie mir realistisch?

- Liegt sie im Rahmen des Möglichen, selbst wenn sie momentan nicht realistisch ist?

- Erhalte ich die Ressourcen oder Unterstützung, die dazu nötig sind?

- Ist diese Affirmation flexibel oder beinhaltet sie Formulierungen mit *immer* oder *niemals?*

Es ist nicht schlimm, wenn wir nicht über alle Mittel oder Ressourcen verfügen, um eine Affirmation sofort umzusetzen. Wichtig ist jedoch, sich klarzumachen, wie realistisch sie ist und ob es einen gangbaren Weg gibt, um sie zu erreichen. Oftmals sind wir mit Aussagen aufgewachsen wie »Du kannst alles schaffen, was du dir vornimmst« oder »Das Einzige, was dir im Weg steht, bist du selbst«. So ernüchternd es auch sein mag, aber das stimmt einfach nicht. Wir müssen immer berücksichtigen, was in unserer individuellen Situation gerade machbar ist.

Als Kind musste ich eine Brille mit starken Gläsern tragen, hinter denen meine Augen riesengroß wirkten. Ohne diese Brille konnte ich nicht einmal meine eigene Mutter erkennen. Da ich damals keine Kontaktlinsen verschrieben bekam, gab es für mich keine Chance, die Beste im Schwimmen zu werden oder einen Kontaktsport auszuüben. Natürlich wäre es möglich gewesen, dass mich eine Begleitperson zur Schwimmhalle gebracht und ich gelernt hätte, blind ins Wasser zu springen und loszuschwimmen. Aber dann hätte ich enorm viel Zeit darauf verwenden müssen, eine Kompetenz zu erwerben, die diesen Aufwand nicht wert war. Zudem hätte ich es versäumt, andere Fähigkeiten weiterzuentwickeln, die ich bereits besaß. Wir alle haben unterschiedliche Ziele, Talente und Voraussetzungen. Wer nur 1,65 Meter groß ist, wird vermutlich nicht in der NBA Basketball spielen, und das ist völlig okay. Und NBA-Spieler werden kaum in Gymnastik brillieren. Es geht also vor allem darum, sich seiner eigenen Fähigkeiten bewusst zu werden und zu beurteilen, welche Ressourcen zur Verfügung stehen, um diese auszubauen.

Um zu entscheiden, wie man eine Affirmation in Handlungen umsetzen kann, frage dich daher:

- Wie handle ich dieser Affirmation entsprechend?

- Was werde ich tun, wenn es mir schwerfällt, dieser Affirmation gerecht zu werden?

- Was kann ich tun oder was brauche ich, damit diese Affirmation Realität wird?

In der Literatur zum Thema positives Denken wird häufig die Bedeutung des eigenen Handelns vernachlässigt. Stattdessen setzen diese Methoden ausschließlich auf das Denken. Gedanken können durchaus große Kraft entfalten, doch konkretes Handeln noch viel mehr. Wer eine Affirmation formuliert hat, muss sie auch mit Leben erfüllen, sonst wird sie niemals eintreten. Wer ständig wiederholt: »Ich liebe meinen Körper«, sich dabei aber permanent selbst kritisiert und eine Diät nach der anderen macht, wird wohl schwerlich Liebe zu seinem Körper entwickeln. Deshalb ist dieser Schritt besonders wichtig. Ich empfehle euch, ein bis zwei Möglichkeiten auszuwählen, wie ihr diese Affirmation jeden Tag mit Leben erfüllen könnt. Das wirkt anfangs vielleicht etwas aufgesetzt, doch wenn ihr die entsprechenden Gedanken und Handlungen häufiger wiederholt, fällt es nach und nach leichter.

Um zu klären, dass deine Affirmation nicht dazu dienen soll, ein anderes unerwünschtes Gefühl zu überlagern, frage dich Folgendes:

- Welchen Zweck hat diese Affirmation?

- Hält mich diese Affirmation davon ab, ein anderes Gefühl zu verarbeiten?

- Hilft mir die Affirmation dabei, meine Emotionen zu verarbeiten?

- Wirkt dies bestärkend oder verleugnend?

Affirmationen können gelegentlich etwas zu positiv ausfallen. Dies ist häufig dann der Fall, wenn ich feststelle, dass etwas schiefläuft. Solche Affirmationen dienen dann nicht selten dazu, anderes zu überlagern – oftmals schwerwiegendere und belastende Dinge. Wenn man einen nahestehenden Menschen verloren hat, wird das ständige Wiederholen von »Ich liebe mein Leben« wohl kaum die Trauer lindern können. Denn dieser muss man sich aussetzen. Wenn du gerade etwas sehr Schweres zu bewältigen hast, ist besonders gut eine Affirmation geeignet, die dir dabei hilft, diese Emotion auszuhalten. In einer Trauerphase würde ich vielleicht eine Aussage wählen wie »Das tut weh, und ich werde es durchstehen« oder »Ich trauere und bin dabei resilient«. Dies trägt dazu bei, die betreffende Emotion wirklich wahrzunehmen und ihr etwas Stärkendes hinzuzufügen.

Wenn wir eine Affirmation im Einklang mit unseren Werten formulieren, die glaubhaft, erreichbar, durch Handeln begleitet und stärkend für unser emotionales Erleben ist, kann viel Gutes daraus erwachsen. Eine geeignete Affirmation kann zum Beispiel in Hass die Chance auf Neutralität sichtbar machen, woraus diese Neutralität dann entsteht. Auf deren Grundlage erscheint die positive Affirmation (überwiegend) möglich, sodass wir imstande sind, die Affirmation durch unser Denken und Verhalten mit Leben zu erfüllen.

Dabei ist es wichtig, sich zu vergegenwärtigen, dass keine Affirmation jeden Tag rund um die Uhr zutrifft. Niemand ist ständig rundum glücklich mit seinem Körper oder sonstigen Lebensaspekten. Das Ziel besteht vielmehr darin, den jeweiligen Zustand anzunehmen, Schwankungen auszuhalten und daran zu glauben, dass wir mit uns selbst wohlwollend umgehen dürfen und sollten. Wenn wir mit dieser neuen Art, Affirmationen zu entwickeln, etwas Übung haben, gewöhnen wir uns im Laufe der Zeit daran und beginnen ganz intuitiv solche zu formulieren, die für uns und unsere momentane Realität stärkend wirken.

Schwierige Emotionen aushalten

An einem späten Nachmittag starte ich meinen Browser und sehe, dass sich Aly zur virtuellen Therapie schon eingeloggt hat. Sie sitzt in ihrem Zimmer auf dem Fußboden, inmitten von Schreibzeug und Hausaufgaben. Obwohl sie noch sehr jung ist, hat sie schon mehr verstanden als manche meiner erwachsenen Patientinnen und Patienten. Unsere Sitzungen sind oft sehr lehrreich für mich. Die Beziehung zwischen Aly und ihrer Mutter ist recht chaotisch, weshalb wir die meiste Zeit darauf verwenden, über Grenzen zu sprechen und den jüngsten Konflikt zu bewältigen.

In der Therapie entschuldigt sich Aly immer wieder. Das hat sie im Umgang mit ihrer labilen Mutter gelernt. Sie entschuldigt sich für ihre Gefühle, dafür, dass sie mich mit ihren Problemen »belastet« oder wenn sie sich an etwas nicht erinnern kann. Darauf kontere ich scherzhaft: »Wenn du deine Gefühle hier nicht preisgeben darfst, wo sonst? Dir zuzuhören ist buchstäblich mein Job!« Dann nickt sie immer und lacht. Immer wieder versichere ich Aly, dass sie keine Rücksicht auf mich oder meine Gefühle nehmen muss, doch sie kann nicht anders. Sie sorgt sich unaufhörlich um andere Menschen oder Themen und achtet dabei viel zu wenig auf sich selbst. Deshalb geht es in der Therapie häufig darum, dass sie weniger bei anderen, sondern mehr bei sich selbst sein sollte.

Alys chronischer Drang, sich zu entschuldigen, und ihr tiefes Verständnis für alles und jeden resultieren höchstwahrscheinlich daraus, dass sie seit jeher die Stimmungen ihrer Mutter verkraften musste, die zuweilen extrem launisch, anspruchsvoll und kritisch ist. Als Kind fühlte sich Aly vielfach für die Probleme ihrer Mutter verantwortlich und bemühte sich, zu Hause ausgleichend zu wirken. Ihre eigenen belastenden Emotionen schluckt sie meist hinunter, weil sie im Alltag keinen Platz haben. Die Launen der Mutter nehmen so viel Raum in Anspruch, dass sie ihnen nicht ausweichen kann.

Alys Mutter besitzt ein außergewöhnlich intensives Gefühlsleben, und da sie ihre Emotionen ungefiltert nach außen trägt, werden sie durch ihr Verhalten zum großen Problem für ihr Umfeld. Da ihre Mutter sich selbst nicht regulieren kann, hat Aly gelernt, ins andere Extrem zu verfallen, und beherrscht es nunmehr meisterlich, ihre eigenen Emotionen zu übergehen und ständig so zu tun, als sei alles in Ordnung. Dabei ist keine dieser beiden Strategien hilfreich und langfristig nicht durchzuhalten. Unser Ziel ist es, Aly hier zu einem gesünderen Mittelweg zu verhelfen, auch wenn sich bei ihrer Mutter vielleicht nie etwas ändern wird. Daher arbeite ich mit Aly daran, dass sie Zugang zu jenen Emotionen findet, die sie für »negativ« hält, und diese auszudrücken lernt.

Negative Emotionen gibt es nicht

Wir stehen permanent unter dem (toxisch positivem) Druck, dass nur bestimmte Emotionen, wie etwa Glück und Freude, wünschenswert sind und andere, wie Wut oder Ekel, mithilfe positiver Affirmationen vermieden werden sollen. Es gibt Tausende von Büchern, Videos und Websites, die Menschen dazu verhelfen wollen, negative Emotionen aller Art aus ihrem Leben zu verbannen. Die verlockende Aussicht lautet, nur noch Friedvolles und Erfreuliches zu denken, um innerlich unbeschwert und frei von allem Belastenden zu sein.

Spoileralarm: Das ist eine Illusion.

Emotionen sind unwillkürliche Reaktionen auf Umweltreize, und wir sind nicht imstande, unser emotionales Erleben zu steuern.[5] Durch geeignete Anleitung und ein gut reguliertes Nervensystem können wir zwar lernen, mit unseren Emotionen umzugehen und unser Verhalten zu beeinflussen, doch eine vollständige Kontrolle über unser Empfinden gibt es nicht. Dies macht es umso schwieriger für Menschen, die ein Trauma erlebt haben, unter einer Regulationsstörung des Nervensystems leiden oder nicht in der Lage sind, mit ihren Emotionen adäquat umzugehen. Es ist schlichtweg unmöglich, im Vorfeld rational zu formulieren: »Ich fürchte, wenn das Auto scharf bremst, bekomme ich Panik.« In solchen Fällen reagieren wir einfach nur.

Negative Emotionen gibt es entgegen der weitverbreiteten Ansicht nicht. Manche Emotionen sind lediglich für einige Menschen belastender oder schwerer zu verkraften. Doch je stärker man sie zu unterdrücken versucht, desto schwieriger sind sie zu bewältigen. Dabei haben die einen mehr mit Freude oder Ruhe zu kämpfen, während andere eher Wut oder

Angst vermeiden. Gefühle, die wir typischerweise als negativ einstufen, sind Trauer, Wut, Angst und Ekel. Bei diesen Emotionen neigen wir dazu, sie zu verdrängen oder ihnen auszuweichen, weil wir sie oder unser dadurch ausgelöstes Verhalten als unangenehm empfinden. Dass diese Emotionen vergleichsweise schwer zu bewältigen sind, hat einen Grund: Sie sorgen dafür, dass unser Gehirn das Stresshormon Cortisol ausstößt. Der präfrontale Cortex ist dann nicht mehr imstande, Informationen sinnvoll zu verarbeiten. Es fällt uns erheblich schwerer, zu lernen oder aufmerksam zu sein, und wir fühlen uns belastet. Doch diese Emotionen spielen eine wichtige Rolle in unserem Leben und besitzen eine Schutzfunktion.

Problematische oder belastende Emotionen wie Wut, Angst oder Ekel können uns helfen, um:

- zu bestimmen, was wichtig ist,

- zu erkennen, wenn uns jemand oder etwas belastet,

- auf etwas hinzuweisen, worum wir uns kümmern sollten, z.B. eine Beziehung oder ein gesundheitliches Problem,

- Gefahren anzuzeigen,

- zu erkennen, wenn wir eine Pause brauchen oder weitermachen sollten,

- zu entscheiden, wo wir Grenzen setzen oder flexibler sein sollten,

- soziale Situationen zu beurteilen,

- aus Fehlern zu lernen,

- resilienter zu werden.

Solche Emotionen und emotionale Belastungen lassen sich nicht vollständig vermeiden, und je mehr man es versucht, desto größer wird die Belastung.[6] Statt zu versuchen, herausfordernde Emotionen loszuwerden, müssen wir lernen, uns ihnen auszusetzen, sie zu verarbeiten und mit ihnen zu leben.

Sei gefälligst dankbar

Dankbarkeit setzen wir ein oder werden dazu gedrängt, wenn wir schwierige Emotionen erleben oder uns beklagen. Wo wir auch hinschauen, überall werden wir durch jemanden oder etwas dazu aufgefordert, für das Dach über dem Kopf, das Essen auf unserem Teller oder sogar unsere Traumata dankbar zu sein.

- »Sei froh, dass es nicht noch schlimmer ist.«

- »Immerhin hast du (hier einen Grund zur Dankbarkeit einsetzen).«

- »Es gibt so vieles, wofür du dankbar sein kannst.«

- »Wer ein so gutes Leben hat, kann gar nicht depressiv sein. Sieh's doch mal positiv.«

Genau wie Glück ist Dankbarkeit regelrecht zu einer moralischen Verpflichtung geworden, die wir erfüllen müssen. Ohne sie, so wird uns vermittelt, sind wir zu einem traurigen und einsamen Leben verdammt. Doch ununterbrochen dankbar zu sein ist enorm anstrengend.

Psychisch labile Menschen leiden besonders unter diesem Druck zur Dankbarkeit. Angstzustände? Kommen daher, dass du dich nicht genug auf Gutes fokussierst. Trauernde sollen weniger an den Verlust denken, sondern sich mehr am Vorhandenen freuen. Wer nur mit Mühe schwanger werden konnte, darf sich keinesfalls über Beschwerden in der Schwangerschaft oder schlaflose Nächte beklagen. Wenn jemand in einer schwierigen Lage ist und dabei ein Dach über dem Kopf und genug zu essen hat, soll sich nicht so anstellen, denn andere Leute haben es viel schwerer. Was ja auch irgendwie stimmt, oder? Irgendwer hat es immer schwerer, und andere haben es wiederum leichter als wir. Außerdem steht wohl außer Frage, dass bestimmte Bevölkerungsgruppen in wichtigen Lebensbereichen so sehr leiden, dass deren Existenz massiv bedroht ist. Aspekte wie Armut, Ernährungsunsicherheit, Arbeitslosigkeit, Mangel an Bildung sowie Missbrauch oder Vernachlässigung wirken sich gravierend aus und beeinträchtigen nicht selten das gesamte Leben.

Das Problem an dieser Logik besteht darin, dass wir nur das im Blick haben, was wir kennen. Wir leben alle in unserem eigenen Kosmos, und wenn ich zu jemandem mit einer schweren Essstörung sage: »Anderswo auf der Welt hungern Menschen. Sei dankbar, dass du genügend Nahrung hast und iss halt einfach was!«, ist das eine fatale Stigmatisierung und hilft niemandem weiter. Wer akut davon betroffen ist, kann unmöglich einen Zusammenhang zwischen diesen beiden Tatsachen herstellen. Zudem ist beides auf ganz eigene Weise real. Während eine Person an einer Essstörung leidet, haben Millionen von Kindern in aller Welt nicht genug zu essen. Das eine Leid lässt sich mit dem anderen keinesfalls aufwiegen.

Dankbarkeit, die uns eigentlich bewusst machen sollte, was uns im Leben wichtig und wertvoll ist, wird so zu einer Waffe, die wir in unserer Verzweiflung gegen andere und uns selbst richten. Wir setzen sie dazu ein, um andere zum Schweigen zu bringen und Gespräche zu verhindern.

Sollten wir stattdessen nicht besser dem Unangenehmen genauso Raum geben wie dem Angenehmen? Vielleicht könnten wir dann die Vorzüge echter Dankbarkeit genießen.

Was ist Dankbarkeit?

Dankbarkeit ist ein Konzept, das in der Theorie sehr leicht zu verstehen, praktisch jedoch oft viel schwerer umzusetzen ist. Sie besteht allgemein darin, andere Menschen und unsere Umwelt wertzuschätzen.[7] Mit dieser Einstellung treffen wir Entscheidungen und formulieren Erzählungen über unser Leben. Dankbarkeit gilt als formbare Tugend, die sich im Laufe unseres Lebens kultivieren und verbessern lässt. Zudem kommt es vor, dass diese Überzeugung durch die eigenen Lebensumstände infrage gestellt oder aber gestärkt wird – je nachdem, was wir erleben und wie wir damit umgehen.[8]

In der Literatur zum Thema Dankbarkeit wurde der demografische Aspekt dieser Eigenschaft bislang zu wenig berücksichtigt. Wir wissen jedoch, dass Alter, Geschlecht, Bildungsniveau und Beschäftigungsstatus eine große Rolle dabei spielen. Ältere Menschen, Frauen, Personen mit höherer Bildung und Berufstätige sind Untersuchungen zufolge dankbarer als Jüngere, Männer, Personen mit geringerer Bildung sowie Arbeitslose. Die Eigenschaft der Dankbarkeit besitzen demnach nicht alle

Menschen gleichermaßen, sodass es dabei auch keine allgemeingültige Strategie gibt. In einer jüngeren Studie wurde festgestellt, dass Dankbarkeit einen schwachen Prädiktor für subjektives Wohlbefinden darstellt, wenn der Effekt demografischer Faktoren berücksichtigt wird. Es gibt eindeutig Unterschiede, in welchem Maß Menschen zur Dankbarkeit fähig sind, die kulturell, sozial oder durch Geschlecht beziehungsweise Persönlichkeit bedingt sind. Darüber hinaus beeinflussen auch Lebenserfahrung und der Zugang zu bestimmten Ressourcen, inwiefern jemand Dankbarkeit zeigen oder empfinden kann.[9]

Funktioniert das mit der Dankbarkeit?

Auf Instagram werde ich tagtäglich mit allerlei Listen, Journalen, Ermahnungen und Affirmationen in Sachen Dankbarkeit bombardiert. Meist sieht man auf den zugehörigen Bildern eine schlanke, weiße, gesunde Person in einer perfekt gestylten Küche, die mich dazu auffordert, um jeden Preis dankbar zu sein, denn »Es gibt immer einen Grund zur Dankbarkeit«. Wenn es mir gerade nicht gut geht, versetzt mir so etwas einen Stich. Der Zwang, unter allen Umständen den Silberstreif am Horizont zu erkennen, ärgert mich.

Seit etwa zehn Jahren wird verstärkt zum Thema Dankbarkeit und deren potenzielle Auswirkungen auf Psychopathologie, seelische Gesundheit, allgemeines Wohlbefinden und körperliche Gesundheit geforscht. Belege für die zahlreichen Vorzüge von Dankbarkeit, die uns ständig suggeriert werden, existieren leider kaum.

Ein Zusammenhang zwischen Dankbarkeit und körperlicher Gesundheit konnte bislang nicht eindeutig nachgewiesen werden. Interventionen im Zusammenhang mit Dankbarkeit scheinen sich positiv auf eine Reihe von Herz-Kreislauf- sowie Entzündungsmarkern auszuwirken und die Schlafqualität zu verbessern. Doch die Wirkung von Dankbarkeitsübungen auf Körperfunktionen unterscheidet sich nicht vom Effekt anderer Übungen mit ablenkendem Charakter. Aktuell gibt es keine überzeugenden Nachweise für einen Kausalzusammenhang zwischen Dankbarkeit und verringerter Schmerzwahrnehmung bei chronisch Kranken oder Patienten mit chronischen Schmerzen. Abschließend lässt sich somit sagen, dass Dankbarkeit keine direkten Vorhersagen in Bezug auf physische Gesundheitsergebnisse zulässt.[10] Mir ist bewusst, dass dies im Widerspruch dazu steht, was ich über Dankbarkeit gelernt habe. Als ich zu Beginn meiner therapeutischen Tätigkeit mit Krebspatienten und deren Angehörigen arbeitete, galten Dankbarkeitsinterventionen als Mittel der Wahl. Man ging allgemein davon aus, dass Betroffene mit gestärkter Dankbarkeit sich körperlich besser erholten als jene, die nicht an einer Dankbarkeitspraxis teilnahmen. Selbsthilfegruppen von Krebspatienten, die sich darüber austauschten, wofür sie dankbar sein dürfen, waren damals genauso verbreitet wie Ärzte und Ärztinnen, die betonten, wie wichtig die eigene Einstellung für eine gelingende Genesung sei.

Neuere Studien zeigen, dass regelmäßige Dankbarkeitspraxis sich moderat vorteilhaft auf das mentale, emotionale und soziale Wohlbefinden auswirkt. Entsprechende Interventionen wie Journaling stärken ebenfalls das emotionale Wohlbefinden, wenn sie regelmäßig praktiziert werden.[11] Das ist auch durchaus nachvollziehbar, lenken wir damit unsere Aufmerksamkeit doch auf das Gute in unserem Leben, was uns wiederum ein Gefühl von Kontrolle darüber verleiht. Richten wir unser Augenmerk dagegen nur auf das, was uns fehlt oder worauf wir keinen Einfluss haben, fühlen wir uns meist schlechter. Die Herausforderung besteht darin, hier eine Balance zu finden und beides zur Kenntnis zu nehmen.

Bedauerlicherweise sorgt Dankbarkeit nicht dafür, psychopathologische Symptome zu verringern. Untersuchungen zufolge sind positiv-psychologische Interventionen für Menschen mit psychischen Krankheitserfahrungen nicht immer geeignet, und deren Wirksamkeit hängt stark von den individuellen Ressourcen der Betroffenen und deren momentanen (widrigen) Lebensumständen ab. Dankbarkeit als primäre Maßnahme zur Behandlung oder Bewältigung anzuregen, kann regelrecht schaden, wenn die betreffende Person an einer schweren psychischen Erkrankung leidet. Während das Fördern von Dankbarkeit zur psychologischen Prävention im Fall von widrigen Lebensumständen durchaus hilfreich sein kann, ist damit bei psychischen Erkrankungen durchaus Vorsicht geboten.[12] Es sollte immer bedacht werden, dass diese Methoden nicht in allen Fällen geeignet sind und kontraproduktiv sein können, wenn sie als Ersatz für eine professionelle psychologische Behandlung dienen sollen, insbesondere bei schweren psychischen Störungen.

Zur richtigen Zeit von der richtigen Person angewandt, kann Dankbarkeit ein durchaus wirkungsvolles Mittel sein. Wir sollten jedoch zurückhaltend sein, sie allen Menschen in jeder Situation zu empfehlen.

Ich sollte dankbar sein, aber ...

In den Sitzungen mit Danny geht es viel um sein Verhältnis zu seiner Mutter. Er ist sich selbst gegenüber sehr streng und hinterfragt sich stark. Soweit ich weiß, wurde er weder missbraucht noch vernachlässigt. Seine Kindheit beschreibt er als »ganz normal«. Alles deutet darauf hin, dass seine Mutter liebevoll mit ihm umging und sich sehr bemühte, seinen Bedürfnissen gerecht zu werden. Doch Danny war anders als ihre drei anderen Kinder, und es fiel ihr enorm schwer, eine innere Beziehung zu ihm zu entwickeln. Das führte dazu, dass er sich in seiner Kindheit isoliert, missverstanden und eben »anders« fühlte.

Danny brauchte ein Jahr, um wirklich anzunehmen, dass es durchaus möglich ist, im Unreinen mit seiner Kindheit zu sein und sogar negative Gefühle gegenüber seiner Mutter zu haben und gleichzeitig dankbar für sein Leben zu sein. Viele seiner Sätze beginnen mit »Ich weiß, dass ich dankbar sein sollte, aber …« Und gehen oftmals etwa so weiter: »Als Kind hatte ich alles, was ich mir nur wünschen konnte. Ich kenne so viele Leute, denen es viel schlechter ging. Ich habe ein schlechtes Gewissen, wenn ich hier sitze und mich darüber ausspreche.« Danny vergleicht sich mit seinen Freunden, die als Kinder emotional oder körperlich vernachlässigt wurden, und wertet anhand ihrer Erfahrungen seine eigenen immer wieder ab. Seine Dankbarkeit führt dazu, dass er sich Vorwürfe macht.

Mir selbst ging es ebenfalls schon so wie Danny, und vielleicht kennt ihr dieses Gefühl ja auch, dass ihr euch Ärger oder Unzufriedenheit nur schwer zugestehen könnt, weil ihr für so vieles dankbar seid? Wenn ich mich über etwas beschwere, schicke ich oft voraus: »Ich weiß, dass es vielen Leuten schlechter geht …«, um deutlich zu machen, dass ich nicht total abgehoben bin, sondern mich nur über diese eine kleine Sache ärgere. Meist schiebe ich noch hinterher: »Aber ich komm schon damit klar. Mir ist natürlich bewusst, wie glücklich ich mich schätzen kann, solche Luxusprobleme zu haben. Seht es mir nach!«

Dankbarkeit lässt sich nicht erzwingen

Dankbar zu sein ist wichtig, und ein Blick über den eigenen Tellerrand kann definitiv nicht schaden. Daran arbeite ich auch häufig mit meinen Patienten. Wir versuchen immer, Grauzonen auszuloten und uns mit schmerzlichen Aspekten genauso auseinanderzusetzen wie mit stärkenden. Indem wir beides bewusst zur Kenntnis nehmen, schaffen wir Raum, um Verluste zu betrauern und gesund zu bleiben. Wenn wir uns ständig nur auf das konzentrieren würden, was uns fehlt oder womit wir unzufrieden sind, wäre das Leben unfassbar düster und kaum zu ertragen. Problematisch wird es allerdings, wenn wir Dankbarkeit zu erzwingen versuchen.

Erzwungene Dankbarkeit sieht zum Beispiel so aus: Du erlebst einen richtig bescheidenen Tag. Dein Auto streikt, du kommst von der Pannenstelle nicht weg und verpasst deshalb ein wichtiges berufliches Meeting. Dein Chef schäumt vor Wut, und du weißt genau, dass die Autoreparatur ein Vermögen kosten wird. Die ganze Situation ist extrem ärgerlich, frustrierend und zeitaufwendig. Du rufst deine Mutter an, um deinem Ärger Luft zu machen und sie vielleicht nach einem Tipp für eine Werkstatt zu fragen. Doch sie antwortet: »Du solltest dankbar sein, dass du einen Job und ein Auto hast. Andere Leute würden sich wünschen, solche Probleme zu haben. Das findet sich schon alles.« Du bist immer noch genervt, und während du noch krampfhaft nach einer Lösung suchst, wirst du von außen auch noch zur Dankbarkeit verpflichtet. Möglicherweise verspürst du daraufhin einen Hauch von Scham oder Bedauern. *Sie hat ja recht: Viele Leute haben weder einen Job noch ein Auto. Ich sollte wirklich dankbarer sein.* Doch das funktioniert nicht, weil du emotional total überwältigt bist, keinen fahrbaren Untersatz hast und dein Job womöglich in Gefahr ist. Der Einwand deiner Mutter ist zwar nicht ganz unberechtigt, aber im Moment vollkommen überflüssig und löst zudem unnötige Schuldgefühle aus.

Stattdessen wäre es viel wichtiger, dem momentanen Gefühl Raum zu geben, damit sich anschließend ganz natürlich Dankbarkeit einstellen kann. Bleiben wir bei dem Beispiel mit der Autopanne, um zu illustrieren, wie es besser wäre:

1. Die eigenen Gefühle anerkennen: »Es ist verständlich, dass ich verzweifelt bin. Mein Auto ist kaputt, und ich habe meinen Chef enttäuscht. Mein Job ist mir sehr wichtig, und meine Ersparnisse reichen derzeit nicht aus, um mein Auto reparieren zu lassen.«

2. Wenn sofort etwas getan werden muss, lösungsorientiert denken: »Ich muss von der Pannenstelle wegkommen und eine Werkstatt finden. Außerdem muss ich meinen Chef kontaktieren und mit ihm klären, wann ich heute zur Arbeit erscheinen kann.«

3. Die momentanen Emotionen regulieren und sich zunächst etwas beruhigen. Wenn wir unter starkem Stress stehen, fällt es schwer, logisch zu denken. Daher ist es wichtig, sich zu besinnen, einen klaren Kopf zu bekommen und sich zu konzentrieren. Das braucht unter Umständen etwas Zeit und klappt manchmal nicht im ersten Anlauf.

4. Die eigene Lage einordnen. Nachdem die akuten Probleme gelöst sind und man sich verstanden fühlt, ist es denkbar, das Geschehen zu relativieren und Dankbarkeit zuzulassen. An dieser Stelle ist es durchaus hilfreich, sich vor Augen zu halten, was im eigenen Leben gut läuft und worauf man

bauen kann. Das bedeutet keineswegs, Schwieriges zu leugnen. Alles hat nebeneinander seinen Platz. In diesem Fall könnte man sich zum Beispiel sagen: »Ich bin froh, dass der Abschleppwagen mich mitnehmen konnte und mir nichts passiert ist. Mit meinem Chef kann ich reden, weil ich normalerweise sehr zuverlässig bin.«

Je nachdem, wie schwerwiegend der Vorfall oder die eigenen Gefühle sind, müssen diese Überlegungen vielleicht mehrfach wiederholt werden. Es ist vollkommen normal, wenn einige Punkte schwerfallen oder zunächst eine Hürde darstellen.

Dankbarkeit ausnutzen

Im Alltag gibt es viele Möglichkeiten zur Dankbarkeit. Denkt jedoch immer daran, dass es dabei erforderlich ist, die eigenen Emotionen anzuerkennen (zu validieren) und zu verarbeiten. Bevor ihr euch bewusst um mehr Dankbarkeit bemüht, ist es wichtig, innerlich bereit dafür zu sein. Zwingt man sich überstürzt dazu, erreicht man nichts.

Nachfolgend findest du einige Vorschläge, wie du dein Dankbarkeitsempfinden nachhaltig verbessern kannst:

- Gib sowohl dem Guten als auch dem Schlechten in deinem Leben Raum, indem du beides wahrnimmst und anerkennst. In der Regel ist es hilfreich, mit jenen Aspekten zu beginnen, die dich besonders belasten, und dich anschließend der Dankbarkeit zuzuwenden.

- Notiere, wofür du dankbar bist. Dazu kannst du Tagebuch zu einem bestimmten Thema schreiben, eine Liste erstellen, ein Bild gestalten oder etwas anderes tun, um deine Aufmerksamkeit auf das Gefühl der Dankbarkeit zu richten.[13]

- Bedanke dich bei anderen Menschen und verhalte dich wertschätzend. Anderen zu helfen ist ein gutes Gefühl und stärkt zudem soziale Bindungen. Nimm dir bewusst vor, danke zu sagen, Komplimente zu machen und andere anzulächeln.[14]

Wenn man sich vornimmt, dankbarer zu sein, ist es am wichtigsten, regelmäßig dranzubleiben und sich nicht nur in schwierigen Situationen darum zu bemühen.[15] Je besser es gelingt, die eigenen Gefühle anzuerkennen, Probleme zu lösen und einzuordnen, desto größer sind die Chancen, ein stabiles Dankbarkeitsempfinden zu entwickeln.

Dabei sollten wir nicht vergessen, dass Probleme stets relativ sind. Es wird immer jemandem schlechter gehen als uns und besser ebenfalls. Doch das schmälert nicht unsere Gefühle. Wir können diese gleichzeitig anerkennen und trotzdem dankbar sein. Anerkennen (Validieren) bedeutet: »Das ist nicht leicht, und es könnte definitiv besser sein.« Dankbarkeit heißt: »Ich bin dankbar für das, was ich habe. Mir ist bewusst, dass es anderen schlechter geht. Ich weiß sehr wohl, dass es auch schlimmer sein könnte.« Dass es anderen Leuten schlechter geht oder etwas »eigentlich nicht weiter schlimm« ist, ändert nichts daran, wie du es empfindest. Es geht vor allem darum, beides in Einklang zu bringen.

Hier ein Beispiel, wie sich das Validieren von Gefühlen mit Dankbarkeit koppeln lässt: »Was ich gerade durchmache, ist schwer und frustrierend. Ich gestatte mir, das anzuerkennen.

Wir können diese gleichzeitig anerkennen und trotzdem dankbar sein.

Nachdem ich mir dies bewusst gemacht habe, widme ich mich der Dankbarkeit. Ich weiß, dass ich für vieles dankbar sein kann, aber dass es jemand anders schwerer hat, schmälert meine eigenen Sorgen nicht.«

Es kann hilfreich sein, eine individuelle Dankbarkeitsaussage zu formulieren, in der man das eigene Empfinden validiert und die zugleich die Möglichkeit beinhaltet, dass es besser werden kann.

Reflexion

Nimm dir einen Moment Zeit, um über das Thema Dankbarkeit nachzudenken. Beantworte ehrlich und offen die folgenden Fragen:

- Wann hast du zum ersten Mal erfahren, dass du dankbar sein solltest? Welche Auffassungen wurden dir im Zusammenhang mit Dankbarkeit vermittelt?

- Fühlst du dich manchmal unter Druck gesetzt, dich dankbar zu zeigen?

- Wie kannst du Dankbarkeit stimmig in dein Leben integrieren, um dich dadurch wohler zu fühlen?

Deine Gedanken prägen deine Realität.

Deine Gedanken sind zwar von großer Bedeutung, doch sie bestimmen keinesfalls deine gesamte Realität. Du bist ein dynamisches Wesen, das von vielen unterschiedlichen Personen, Orten, Dingen und Systemen beeinflusst wird. Wir können diese Systeme verändern und Menschen dazu ermutigen, ihre Gedanken dazu einzusetzen, um andere zu inspirieren und zu motivieren.

Kapitel 5

Wie lassen sich Emotionen verarbeiten?

D a Alissas beruflicher Terminkalender übervoll war, reduzierte sie die Therapie auf einen Termin im Monat. Wie bei den meisten Patientinnen und Patienten, die nur unregelmäßig in meine Praxis kommen, nutzen wir die erste Hälfte der Sitzung für ein Update. Sie ist einsam, überarbeitet, erschöpft und schottet sich emotional so sehr ab, dass ich kaum zu ihr durchdringen kann. »Ich komm schon klar. Ich steh das durch«, flüstert sie. Ihre Stimme ist leise und schwach. Das »Spiel« ist jedes Mal das gleiche. Sie kommt in meine Praxis und versichert mir, dass es ihr gut geht. Ich sehe ihren matten Blick und ihr blasses Gesicht und weiß genau, dass sie weder sich selbst noch mir die Wahrheit eingesteht. Alissa unterdrückt jegliches Gefühl. Doch sosehr sie sich auch durch Arbeit und atemloses Hetzen zu betäuben versucht, werden ihre Emotionen letztendlich doch zum Vorschein kommen – ob es ihr gefällt oder nicht.

Ich beschließe, ein wenig nachzuhaken: »Geht es nur um die Arbeit oder gibt es noch andere belastende Themen?«

Sie blickt zu Boden und überlegt, während ich schweigend dasitze und darauf hoffe, ihre Mauer mit meiner Vermutung leicht ins Wanken zu bringen. Alissa berichtet dann, dass in ihrem Freundeskreis gerade alle heiraten, Kinder bekommen und »ihren Weg gehen«. Sie dagegen fühlt sich wie in einer Sackgasse. »Meine Arbeit macht mich fertig, aber sie ist das Einzige, was ich habe.« Eine Träne, die ihr über die Wange rollt, wischt sie hastig ab.

Ich beschließe, weiter nachzufragen. »Fühlen Sie das wirklich, lassen Sie es an sich heran? Sie wirken auf mich fast ein wenig betäubt. Ich weiß nicht, ob ich das an Ihrer Stelle alles so verkraften könnte.« Ich merke, in welchem Dilemma sie sich befindet, ohne einen Ausweg zu sehen. Ich schweige bewusst und lasse ihr Zeit, um meine Frage zu verarbeiten. Schließlich schaut sie mich an und sagt: »Ich weiß wirklich nicht, was ich daran fühlen soll. Wie soll das überhaupt gehen?« Ihre Frustration ist deutlich erkennbar und typisch für Menschen, die ihre Emotionen lange Zeit unterdrückt haben und vor ihnen davongelaufen sind. Sie wissen wirklich nicht, wie sie Emotionen spüren sollen, sodass sie keine andere Möglichkeit sehen, als diese zu verleugnen. Ich werde versuchen, Alissa einen Ausweg aus diesem Teufelskreis zu zeigen, damit sie ihre Emotionen wieder wahrnehmen kann.

Was sind Emotionen?

Alle Menschen erleben Emotionen, jedoch nicht auf die gleiche Art und Weise. Vielfach werden die Begriffe »Gefühl« und »Emotion« synonym verwendet, doch sie sind nicht identisch.

- Eine Emotion ist ein physisches Erleben (wie etwa Herzklopfen oder Atemnot), das uns Informationen über die Umwelt vermittelt. Es handelt sich dabei um ein komplexes

Reaktionsmuster, das durch die Tragweite des Ereignisses bestimmt wird.[1]

- Ein Gefühl ist das bewusste Gewahrwerden der Emotion selbst.[2]

Gefühle nehmen wir bewusst wahr, während sich Emotionen entweder bewusst oder unbewusst manifestieren.[3] Emotional geschulte und geübte Menschen sind in der Lage, Emotionen so zu erleben, dass sie diese benennen oder charakterisieren können, um sie zu einem Gefühl zu machen, das sie begreifen und empfinden können. Diese Fähigkeit ist jedoch nicht angeboren, sondern muss erlernt werden. Das emotionale Erleben ist sehr vielfältig und individuell, und viele Menschen stellt es wie Alissa vor große Herausforderungen. Alissa erlebt zwar Emotionen, verspürt diese in ihrem Inneren jedoch nicht. Das Verleugnen und Unterdrücken ihres emotionalen Erlebens macht es ihr enorm schwer, ihre Gefühle zu verstehen. Das ist ganz typisch bei Menschen, die ihre Emotionen weder wahrnehmen noch wissen, wie sie sich im Körper anfühlen und manifestieren. Für sie besteht keine Verbindung zwischen einer Emotion und deren Erleben. Daher muss bei ihnen eine Emotion oftmals über längere Zeit auftreten, ehe sie diese überhaupt erkennen. Wenn Emotionen auf diese Weise fortbestehen, kann dies negative physische und psychische Auswirkungen haben.

Wie entstehen Emotionen?

Emotionen galten ursprünglich als trivialer Aspekt des menschlichen Lebens und erschienen für genauere Untersuchung oder

Forschung irrelevant. Charles Darwin erkannte schließlich, dass Emotionen durchaus einen Sinn haben und wichtig für uns sind, um zu überleben und uns anzupassen. Doch aus dieser Erkenntnis folgte nicht viel. In den 1990er-Jahren stellten die Psychologen Peter Salovey und John Mayer dann das erste formale Konzept emotionaler Intelligenz vor, die sie als die Fähigkeit definieren, eigene und fremde Gefühle und Emotionen wahrzunehmen, zwischen ihnen zu unterscheiden und das eigene Denken und Handeln durch diese Informationen leiten zu lassen.[4]

Heute gibt es mehrere anerkannte Theorien dazu, wie Emotionen funktionieren. Mir sagt besonders die von Lisa Feldman Barrett zu. In ihrem Buch *How Emotions Are Made* erläutert sie, dass Emotionen nicht von Geburt an in uns angelegt sind, sondern diese sich im Laufe unseres Lebens entwickeln. Wie wir unsere Emotionen empfinden und zeigen, hängt weitgehend von unseren ganz persönlichen Erfahrungen ab. Diese Erfahrungen sorgen dafür, dass unser Gehirn zu einer sogenannten »predicitive learning machine« wird, zu einer vorhersagenden Lernmaschine also. Wir nehmen neue Erfahrungen auf und vergleichen sie mit vorigen. Die Emotionen, die wir in einem bestimmten Moment verspüren, sind augenblickliche Bedeutungen, die unser Gehirn diesen inneren und äußeren Sinneswahrnehmungen zuschreibt. Barrett zufolge sind Emotionen fundierte Vermutungen unseres Gehirns, was wir im jeweiligen Moment empfinden sollten. Emotionen bilden im Gehirn keine festen »Schaltkreise«, sondern werden flexibel vernetzt. Das alles geschieht unbewusst und weitgehend ohne dass wir es bemerken. Unsere Emotionen entstehen demnach im jeweiligen Moment aufgrund der Sinnesreize unseres Körpers und unserer Umgebung sowie unserer Ziele und Erinnerungen an vorherige Erfahrungen.[5]

Wenn wir in unserer Kindheit viel Negatives erfahren, in einem beängstigenden und unsicheren Umfeld leben oder bestimmte Emotionen oder körperliche Empfindungen nicht deuten können, ist es recht wahrscheinlich, dass unsere Vorhersagen uns verunsichern. Im Laufe unseres Lebens müssen wir lernen, Emotionen zu deuten und zu bewältigen. Alissas persönliche Erfahrungen haben dazu geführt, dass sie Emotionen auf eine bestimmte Weise interpretiert. Dies wirkt sich auch darauf aus, wie sie auf manche Emotionen reagiert, und es erklärt ihre starke Neigung zum Verleugnen und Unterdrücken. Wenn wir nicht wissen, wie wir Emotionen deuten, verarbeiten und bewältigen sollen, beeinflussen sie in starkem Maße unsere Innen- und Außenwelt.

Wie funktionieren Emotionen?

Wenn wir eine Emotion erleben, passieren drei Dinge: Körper und Gehirn verändern sich, unsere Gedanken verändern sich, und wir reagieren auf die Emotion durch unser Handeln oder Verhalten. Emotionen sind nicht einfach nur Gedanken im Kopf, sondern bewirken reale Veränderungen in unserem Körper. Wenn wir eine emotionale Reaktion erleben, sorgt das Gehirn dafür, dass sich diese körperlich niederschlägt.[6] Wenn wir ängstlich oder wütend sind, spüren wir zum Beispiel, wie unser Herz schneller schlägt oder unsere Atmung sich beschleunigt. Wenn wir traurig sind, kommen uns vielleicht die Tränen. Emotionen können auch auslösen, dass sich bestimmte Muskeln in unserem Körper unwillkürlich bewegen oder eine Bewegung vorbereitet wird. Ein Großteil dessen, was in unserem Körper geschieht, läuft gänzlich unbewusst ab und fällt uns manchmal nicht einmal auf. Nicht selten reagiert der Körper vor dem Kopf, weshalb wir eine Emotion oft anhand des körperlichen Empfindens interpretieren. Herzklopfen deuten wir meist als Aufregung oder Angst. Bauchweh und ein Gefühl von Benommenheit interpretieren wir vielleicht als Furcht oder Verunsicherung.

Wenn wir eine Emotion verspüren, verändern sich oftmals unsere Gedanken, um sie mit der Emotion in Einklang zu bringen. Gedanken können zudem ihrerseits Emotionen auslösen oder verstärken.[7] Wenn wir beispielsweise bemerken, dass unser Herzschlag sich beschleunigt und wir schwerer atmen, überkommen uns womöglich ängstliche Gedanken wie *Ich bin hier nicht sicher* oder *Ich muss hier weg.* Wenn wir im Bett liegen und an etwas denken, das uns Angst macht, reagiert unser Körper höchstwahrscheinlich genauso, als würden wir die Bedrohung in diesem Moment tatsächlich erleben. Das liegt daran, dass unser Gehirn zwischen wirklichen und eingebildeten Gefahren nicht vollständig unterscheiden kann. Panik lässt sich also allein durch unsere Gedanken heraufbeschwören.[8]

Emotionen wirken sich letztendlich besonders durch unser Verhalten aus.[9] Unsere primitivsten Emotionen, wie etwa Angst, dienen dazu, uns am Leben zu erhalten und für unsere Sicherheit zu sorgen. Wenn wir von einem Bären verfolgt werden, beginnt unser Herz zu rasen, Adrenalin schießt ins Blut, und wir sind zum Handeln gezwungen, meist indem wir weglaufen. Diese Art der emotionalen Reaktion ist unerlässlich für unser Überleben. Glücklicherweise hat sich die Welt stark verändert, sodass wir Angriffe von Bären kaum noch fürchten müssen. Doch unser Gehirn ist immer noch das alte. Deshalb ist unsere Reaktion auf Bedrohungen häufig über- oder untertrieben. Wer unter einer Sozialphobie leidet, fühlt sich möglicherweise permanent von außen bewertet. Das löst körper-

liche Anspannung aus, man fühlt sich von allen Seiten ange-
starrt und denkt nur noch *Ich muss hier weg!* Das körperliche
Empfinden in Verbindung mit angstvollen Gedanken führt
dazu, dass man eilends den Raum verlässt und Menschen-
ansammlungen in nächster Zeit meidet. War die Situation
wirklich so bedrohlich? Hätte es uns das Leben gekostet, wenn
wir im Raum geblieben wären? Höchstwahrscheinlich nicht.
Dennoch fühlte es sich so an, und daraus resultierte das jeweilige Verhalten. Aus diesem Grund ist es so wichtig, unsere
Emotionen verstehen zu lernen und sich ein Instrumentarium
anzueignen, um damit umzugehen.

Emotionen zu unterdrücken ist riskant

Das Unterdrücken von Emotionen ist eine Strategie zur Emotionsregulation, die dazu dient, überfordernde Gedanken und
Gefühle besser zu bewältigen oder gänzlich zu verdrängen. Viele Menschen erlernen diese Strategie von Kindheit an und halten auch als Erwachsene daran fest. In Maßen angewandt,
kann das Unterdrücken von Emotionen durchaus nützlich
oder zumindest unproblematisch sein. Doch wenn wir es allzu
oft vermeiden, unsere Emotionen zu benennen, zu durchleben
und preiszugeben, kann sich dies nachteilig auf unsere physische und psychische Gesundheit auswirken.[10]

Emotionen können auf vielfache Weise unterdrückt oder
ausgeblendet werden. Hier einige typische Beispiele:

• Essen und Trinken

• Drogen oder Alkohol

- Ablenkung durch Fernsehen, Arbeit oder andere Mittel

- Reisen

- Intensives Sozialleben und der permanente Drang nach Geselligkeit

- Sport

- Helfen

- Positive Motivationssprüche oder andere Methoden zur Selbsthilfe und Selbstoptimierung

In vielen Fällen sind diese Bewältigungsstrategien durchaus hilfreich oder schaden zumindest nicht. Daher ist es nicht nötig, sie gänzlich abzulegen oder als schädlich einzuordnen. Problematisch wird es nur, wenn wir sie ständig anwenden, um ein auftretendes Gefühl zu vermeiden, zu unterdrücken oder zu leugnen, denn dies verstärkt emotionale Belastungen zusätzlich.[11]

Manche Strategien, mit denen wir uns ablenken oder betäuben, sind gesellschaftlich akzeptierter als andere. Wenn jemand etwa sagt: »Ich habe solchen Stress bei der Arbeit! Mir bleibt kaum noch Zeit für meine Ehe oder meine Kinder«, sind wir eher geneigt, dies zu verzeihen und Verständnis dafür aufzubringen. Wir bewundern den Fleiß dieser Person und meinen, dass die Familie davon durchaus profitiert. Insofern finden wir das okay. Betäubt oder vermeidet jemand Emotionen dagegen durch Sex oder Drogen, verurteilen wir dies vehement.

Vermeidung bewirkt in der Regel das Gleiche – egal, welchen Weg wir dazu wählen.

Belastungen, Unbehagen und Ängste gehören zwangsläufig zum Leben dazu. Emotionale Vermeidung ist oft nur eine vorübergehende und oberflächliche Lösung. Vermeidung verstärkt die Auffassung, dass Belastungen, Unbehagen und Ängste schlimm oder gefährlich sind. Dadurch sind wir weniger in der Lage, damit einhergehenden Schmerz anzunehmen und auszuhalten. Das Unterdrücken kostet zudem viel Kraft, sodass wir häufig erschöpft sind, weil es immer mühsamer wird, eine problematische Emotion zu kaschieren.

Vermeidung ist jedoch nicht das Gleiche wie Ablenkung. Viele Methoden zur Ablenkung erweisen sich vorübergehend als ausgesprochen nützlich und ermöglichen ein besseres Verarbeiten von Emotionen. Vermeidung schließt das Annehmen aus. Das Ziel besteht vielmehr darin, ein Gefühl vollständig zu betäuben, zu beseitigen und sein Vorhandensein zu leugnen. Doch das funktioniert oftmals nicht. Wenn man sich fest vornimmt, an etwas nicht zu denken, denkt man unweigerlich über das Nicht-daran-Denken nach. Und wenn wir eine Emotion vermeiden wollen, empfinden wir sie häufig trotzdem – und zumeist als deutlich belastender.

Das Unterdrücken von Emotionen hat eine Reihe von handfesten physischen und psychischen Folgen, wie zum Beispiel[12]:

* Verstärkte Gedanken an das Thema, dem man auszuweichen versucht

* Erhöhtes Risiko für Symptome von Angst und Depression

* Muskelverspannungen und -schmerzen

* Übelkeit und Verdauungsbeschwerden

- Appetitschwankungen

- Erschöpfung und Schlafstörungen

- Hoher Blutdruck

- Herz-Kreislauf-Erkrankungen

- Benommenheits- oder Leeregefühle

- Nervosität, Niedergeschlagenheit oder Stressgefühle, häufig und scheinbar grundlos

- Vergesslichkeit

- Unsicherheit oder Unbehagen, wenn andere Menschen über ihre Gefühle sprechen

- Stress oder Unmut, wenn man nach seinen Gefühlen gefragt wird

Bevor wir beginnen können, unsere Gefühle zu benennen, bewusst zu empfinden und mitzuteilen, sollten wir uns klarmachen, welche Emotionen wir zu unterdrücken versuchen und auf welche Weise wir dies tun.

- Bestimme zunächst ein bis zwei problematische Emotionen, die in deinem Leben immer wieder auftauchen.

- Welche Strategien wendest du üblicherweise an, um diese Emotion zu vermeiden?

- Vermeidung hat immer auch Vorteile. Notiere auf der Pro-Seite einige Gründe, warum dieses Vermeiden angenehm oder hilfreich ist. Es ist wichtig anzuerkennen, dass emotionale Vermeidung oftmals kurzfristig eine positive Wirkung hat.

- Notiere nun auf der Contra-Seite, was gegen die emotionale Vermeidung spricht. Hat sie in deinem Leben Schmerz, Leid oder andere Probleme verursacht?

Statt deine Emotionen zu unterdrücken, kannst du daran arbeiten, deine Emotionen zu benennen, bewusst zu empfinden und anderen mitzuteilen.

Die eigenen Emotionen benennen

Wenn wir wissen, welche Emotionen wir erleben, und imstande sind, sie zu beschreiben, kann dies unser emotionales Erleben verwandeln und bewirken, dass wir uns ausgeglichener fühlen. Der Psychologe Matthew Lieberman führte eine Studie durch, bei der er mithilfe funktioneller Magnetresonanztomografie (fMRT) das Gehirn von Versuchspersonen scannte. Dabei wurde festgestellt, dass die Amygdala – ein Hirnareal, das im Zusammenhang mit emotionalem Stress steht – weniger stark aktiviert wurde, wenn die Versuchspersonen die von ihnen verspürten Emotionen in Worte fassten.[13] Dies legt nahe, dass das Benennen und Aussprechen von Emotionen dafür sorgt, dass die Aktivität jenes Hirnareals, das seelischen Schmerz erzeugt, gedämpft wird.

Diese Methode erweist sich auch in der Psychotherapie als wirkungsvoll. Bei den Sitzungen mit Alissa wende ich sie häufig an. Zunächst erkunden wir, was in ihrem Körper gerade geschieht. Das erleichtert ihr den Zugang zu ihrem emotionalen Erleben und gibt ihr Aufschluss darüber, wie ihr Körper und ihre Psyche die Welt interpretieren. Da dies für sie ganz neu ist, nehmen wir uns viel Zeit dafür. In meiner Praxis ist sie meist ruhig, berichtet jedoch, dass sie sich bei der Arbeit oft angespannt fühlt, vor allem in Gegenwart bestimmter Kolleginnen oder Kollegen. Mithilfe der nachfolgenden Fragen könnt ihr diesen Prozess, den ich mit Alissa anwende, selbst nachvollziehen. Falls ihr ein Trauma erlebt habt oder von Dissoziation oder Flashbacks betroffen seid, solltet ihr euch dabei von einer vertrauten Person oder professionell begleiten lassen.

1. Wende dich bewusst deinem Körper zu. Du kannst dich dazu hinlegen oder bequem hinsetzen. Suche nach einer Möglichkeit, dich zu erden. Dabei kann es helfen, sich mit dem Rücken an eine Wand oder einen Stuhl zu lehnen und die Füße fest auf den Boden zu stellen.

2. Beginne nun, deinen Körper vom Oberkopf bis zu den Fußsohlen gedanklich zu scannen, also »abzutasten«. Das kannst du mit offenen oder geschlossenen Augen tun – je nachdem, womit du dich wohler fühlst. Nimm dir Zeit, alle dabei auftretenden Empfindungen wahrzunehmen.

3. Wenn du irgendwo eine Anspannung oder ein Gefühl von Entspannung bemerkst, geh nicht näher darauf ein. Nimm es lediglich wahr. Ohne zu bewerten, zu analysieren oder Fragen zu stellen.

4. Gibt es einen Bereich deines Körpers, wo eine Empfindung besonders intensiv ist? Kannst du deine Aufmerksamkeit zu diesem Bereich lenken und ihn genauer untersuchen? Welche Empfindungen nimmst du wahr? Werden sie schwächer oder stärker?

5. Nimm dir nun Zeit, um dich wieder im gegenwärtigen Moment zu verankern. Betrachte deine Umgebung und erde dich in deinem Körper. Dein Bodyscan ist nun abgeschlossen.

Diese Übung hilft dir, in deinen Körper hineinzuhören und dich besser damit vertraut zu machen, wie sich diese Empfindungen anfühlen. Wenn du ähnlich wie Alissa bislang keinerlei Zugang dazu oder Scheu davor hattest, ist es durchaus möglich, dass du anfangs gar nichts spürst. Das ist okay, bleib trotzdem dabei.

Nachdem ich mit Alissa trainiert hatte, ihrem körperlichen Empfinden nachzuspüren, gingen wir dazu über, die wahrgenommenen Emotionen zu benennen. Diese Fragen habe ich ihr dazu unter anderem gestellt:

1. Wenn du dieser Emotion einen Namen geben könntest, wie würde sie heißen?

2. Wenn diese Empfindung deines Körpers sprechen könnte, was würde sie dir deiner Meinung nach sagen?

3. Hast du so etwas schon einmal empfunden? Wenn ja, wie hast du es damals genannt?

4. Wie würdest du dieses Gefühl beschreiben?

5. Probieren wir es aus. Wenn du sagst, »Ich empfinde
_____ «, fühlt sich das stimmig an?

6. Wenn du dich für ein Gefühlswort entscheidest, sage »Ich
fühle mich _____ «. Versuche, eine Formulierung wie
»Ich bin (das Gefühl)« zu vermeiden.

Es gibt mehr als viertausend Gefühlswörter, mit denen wir unsere emotionale Verfassung beschreiben können.[14] Hier sind ein paar der geläufigsten:

Glücklich	Einsam	Besorgt
Geliebt	Enttäuscht	Ängstlich
Erleichtert	Hoffnungslos	Skeptisch
Zufrieden	Unglücklich	Verärgert
Belustigt	Verunsichert	Gestresst

Emotionen und Gefühle bewusst empfinden

In unserer nächsten Sitzung habe ich mit Alissa noch einmal rekapituliert, wie sich körperliche Empfindungen erspüren und Gefühle benennen lassen. Sie berichtete, es fiele ihr zunehmend leichter, körperliche Empfindungen wahrzunehmen, habe jedoch noch Schwierigkeiten, sie in Worte zu fassen. »Ich weiß einfach nicht, wie ich etwas fühlen soll. Das ist mir alles ein Rätsel.« Ich versichere ihr, dass dies ganz normal ist und ich damit auch manchmal Schwierigkeiten habe. Heute beschäftigen wir uns damit, wie wir Emotionen wirklich empfinden können und wie das konkret aussehen kann.

Alissa ist bewusst, dass Emotionen im Wesentlichen auf zwei unterschiedlichen Wegen entstehen:

- Ihr Körper reagiert durch physische Empfindungen. Diese Empfindungen nimmt sie wahr (zumeist unbewusst), interpretiert sie und entwickelt durch ihre Gedanken daraus eine Geschichte.

- Sie denkt über etwas nach oder nimmt Reize aus ihrer Umgebung auf. Ihr Körper reagiert auf diese Gedanken und trägt so dazu bei, ihr emotionales Erleben zu formen.

Genauso läuft es bei vielen Menschen ab. Körper und Psyche greifen ineinander und erzeugen so unser ganz persönliches emotionales Erleben. Unsere Gedanken und körperlichen Empfindungen helfen uns, unsere Gefühle zu erkennen, und bestimmen somit, wie wir mit diesen Informationen umgehen. Wer sich mehr Kontrolle über sein Verhalten wünscht, muss seinen Emotionen bewusst nachspüren und sie tatsächlich durchleben. Wenn man zu schnell reagiert, besteht die Gefahr, eine Emotion falsch zu interpretieren oder etwas zu äußern, was man eigentlich gar nicht so meint. Wartet man dagegen zu lange, riskiert man, seine Emotionen zu unterdrücken oder gar körperlich oder seelisch verletzt zu werden. Nach dem Wahrnehmen, Erkennen und Benennen folgt daher das Fühlen.

Wenn wir davon sprechen, unsere Gefühle tatsächlich zu »fühlen«, meinen wir damit, dass wir uns zutrauen sollen, eine Emotion in ihrer gesamten Bandbreite zu erleben, das heißt, ihren Anstieg, Höhepunkt und Abfall gleichermaßen zuzulassen. Wir müssen unserem Körper gestatten, den damit verbundenen Stresszyklus vollständig zu durchlaufen, und anschließend entscheiden, wie wir mit diesem Gefühl oder dieser Emotion umgehen wollen. Es gibt eine Vielzahl von Möglichkeiten, um Gefühle und Emotionen zu erleben – wobei die meisten keine kalkulierten Kopfentscheidungen sind, sondern ebenfalls im Körper stattfinden.

Wenn ihr das nächste Mal eine Emotion in eurem Körper wahrnehmt, versucht die Fragen durchzugehen, die ich Alissa gestellt habe. Versucht anschließend, das Gefühl näher zu bestimmen und ihm einen Namen zu geben. Und nun kommt das Schwierigste: Nämlich dieses Gefühl nicht zu übergehen oder davor wegzulaufen, sondern sich ihm auszusetzen. Nachfolgend sind Möglichkeiten aufgelistet, wie ihr eine Emotion bewusst empfinden könnt.

- Bewegung: Spazieren gehen, Dehnen, körperliche Aktivitäten, die sich angenehm anfühlen.

- Atmung: Tiefe, langsame Atemzüge tragen dazu bei, die Stressreaktion zu regulieren. Dazu kann man eine App auf dem Handy nutzen oder sich im Rahmen der Therapie anleiten lassen.

- Kontakt: Unter Leute gehen und positive Begegnungen erleben. Selbst wenn man die Bedienung im Café anlächelt und sich freundlich bedankt, ist das hilfreich.

- Lachen: Es trägt dazu bei, soziale Beziehungen zu knüpfen und zu pflegen und Emotionen zu regulieren. Man kann mit Freunden lachen oder witzige Videos anschauen.

- Berührungen: Eine vertraute und geliebte Person umarmen oder küssen. Man kann auch die Arme um den eigenen Körper schlingen und sich so selbst umarmen. Körperliche Berührungen in sicherem Rahmen wirken sich regulierend auf das Nervensystem aus.

- Journaling: Die eigenen Gefühle aufzuschreiben ist erwiesenermaßen hilfreich, um Emotionen leichter zu verkraften und zu verarbeiten und bessere Entscheidungen zu treffen.

- Weinen: Eine altbewährte Methode, die wirklich hilft und sowohl seelisch als auch körperlich Erleichterung verschafft.

- Reden: Es kann ausgesprochen guttun, Emotionen gemeinsam mit einer vertrauten Person oder mit professioneller Begleitung zu verarbeiten und dabei die eigenen Fähigkeiten zu entwickeln, diese zu benennen. Dies ist auch hilfreich, wenn es darum geht, Entscheidungen zu treffen und Emotionen im geschützten Raum zu verarbeiten.

- Kreativer Ausdruck: Kunst, Gedichte schreiben oder mit den Händen etwas erschaffen kann außerordentlich gut geeignet sein, um Emotionen zu verarbeiten.

- Praktische Tätigkeiten: Beim Kochen, Putzen, Gärtnern oder ähnlichen »handfesten« Aktivitäten gelangen wir oft in einen Flow-Zustand, bei dem wir uns ganz in das jeweilige Tun vertiefen und darin aufgehen. Das kann sehr wirkungsvoll sein, um Gedankenspiralen zu unterbrechen und das Gefühl zu erzeugen, etwas geschafft zu haben.

- Musikhören: Musik wirkt nachweislich stimmungsaufhellend, motivierend und stressabbauend. Besonders geeignet sind inspirierende und beruhigende Klänge oder Stücke, die eine Emotion hervorrufen, die gerade wünschenswert ist.

- Schlaf: Richtig eingesetzt ist er eine ausgezeichnete Möglichkeit, um eine Emotion zu verarbeiten. Zu schlafen und sich anschließend einer Emotion zu widmen kann sehr hilfreich sein, um sich zu beruhigen.

- Bewusstes Fühlen: Diese Fähigkeit stellt sich zuweilen erst mit der Zeit ein, ist aber äußerst hilfreich. Manchmal hat ein Gefühl keinerlei Bedeutung, und man muss gar nichts weiter tun, als es einfach »auszusitzen« und zuzulassen, dass es zunimmt, seinen Höhepunkt erreicht und wieder nachlässt. Je öfter uns das gelingt, desto leichter wird es, dass Gefühle nicht überhandnehmen und uns überwältigen.

Manchmal muss man die Beschäftigung mit einem Gefühl auch etwas aufschieben, weil man vielleicht gerade arbeiten oder sich um die Kinder kümmern muss. Nicht jedes Gefühl kann also sofort empfunden werden, und das ist auch okay. Wichtig ist jedoch, regelmäßig Zeit einzuplanen, in der man sich seinen Emotionen zuwendet und ihnen bewusst nachspürt. Je öfter das geschieht, desto leichter wird es. Irgendwann gelingt es vielleicht sogar, die eigenen Emotionen zu empfinden und zu verarbeiten, ohne dass es gezielt eingeplant werden muss.

Emotionen und Gefühle zeigen

Wenn wir unsere Gefühle wirklich empfinden, hilft uns das sehr. Darüber hinaus können wir enorm davon profitieren, wenn wir sie anderen gegenüber äußern. Menschen sind soziale Wesen, und indem wir über unser emotionales Erleben in Kontakt zu anderen treten, können wir soziale Bindungen eingehen, unsere Gefühle verarbeiten und letztendlich unser Befinden verbessern. Gefühle auszudrücken fällt vielen Leuten schwer. Das kann ganz unterschiedliche Gründe haben. Mancher hat vielleicht nie gelernt, Emotionen zu empfinden, oder wurde bei emotionalen Äußerungen bloßgestellt oder ignoriert. Allerdings sind wir nicht von Geburt an imstande, unsere Emotionen zu spüren, zu benennen und auszudrücken. Hinzu kommt eine Vielzahl von geschlechtsspezifischen und kulturellen Normen, die uns diktieren, was wir in einem bestimmten Umfeld preisgeben dürfen. Was für den einen »normal« ist, kann für die andere unvorstellbar sein, und das ist völlig in Ordnung.

Die Art und Weise, wie ein Mensch seine Gefühle äußert, bezeichnen wir als *Affekt*. Damit ist der äußere Ausdruck des inneren emotionalen Erlebens dieser Person gemeint.[15] Bei den meisten Leuten stehen Affekt und Umstände im Einklang miteinander. Wenn jemand beispielsweise vom Tod seines Haustiers erfährt, ist zu erwarten, dass diese Person in Tränen ausbricht oder in irgendeiner Form trauert. Bei einigen wenigen Menschen erscheint dagegen der äußere Emotionsausdruck unlogisch oder entspricht nicht den gängigen Erwartungen. Dabei ist es durchaus möglich, dass sie nach außen hin etwas ganz anderes zeigen, als sie in ihrem Inneren verspüren.

Unsere Fähigkeit, Emotionen zu äußern oder zu regulieren, kann durch bestimmte Erfahrungen, insbesondere in der Kindheit, verändert oder beeinträchtigt werden. Auch einige physische, neurologische oder psychische Erkrankungen können den Ausdruck von Emotionen behindern oder die Äußerung von Gefühlen auf »sozial akzeptierte Weise« zusätzlich erschweren. Auch Patientinnen und Patienten, die an einem Hirntumor, Hirnschaden, Kopftrauma, einer Hirnverletzung oder Demenz leiden, haben ebenfalls erhebliche Schwierigkeiten, Emotionen zu bewältigen und zu äußern, da bei ihnen wichtige Bereiche des Gehirns geschädigt sind. Psychische Erkrankungen wie Depression, Schizophrenie, bipolare Störung, schizoaffektive Störung sowie posttraumatische Belastungsstörung können ebenfalls zu unangemessenen Affekten führen.[16] Die Betroffenen sind zumeist durchaus noch imstande, Emotionen zu erleben, diese treten jedoch oftmals nicht auf normale und erwartbare Weise auf. Dies kann zum Beispiel an Wahnvorstellungen, Halluzinationen oder gestörten Denkmustern liegen und lässt sich in vielen Fällen medikamentös oder durch Verhaltensinterventionen behandeln.

Wenn du Probleme hast, deine Emotionen auszudrücken, lass dir versichern, dass wir alle dies erst erlernen müssen und gelegentlich nicht die besten Vorbilder dafür haben. Zudem können wir Emotionen auf vielfältige Weise erleben und ausdrücken. Finde deinen eigenen Weg, der für dich stimmig ist, und denk daran, dass dieser nicht unbedingt dem entsprechen muss, was in deiner Kultur oder deinem Umfeld als »normal« gilt. Es ist nicht ungewöhnlich, wenn dir das nicht ganz leichtfällt. Manchmal müssen wir uns selbst und unseren Liebsten erst beibringen, Emotionen zu zeigen.

Toxisches Positivdenken hat starken Einfluss auf unsere sozialen Beziehungen. Denn häufig geben wir nicht preis, was wir fühlen, weil wir nicht »zu negativ« oder »undankbar« erscheinen wollen. Der äußere Druck, allen Erwartungen gerecht zu werden, hält uns in einem wunderschön eingerichteten Käfig gefangen. Wir müssen uns nicht ständig vor aller Welt offenbaren und dürfen manches auch für uns behalten. Doch wenn wir nur Angenehmes preisgeben und Schwierigkeiten verheimlichen, entstehen unweigerlich Schamgefühle. Wer von klein auf gelernt hat, seine Emotionen und alles Negative zu verber-

Emotionen zu zeigen ist völlig in Ordnung und einfach nur menschlich.

gen, geht vermutlich davon aus, dass es nur Ärger einbringt, wenn man Emotionen zeigt. Daher wird alles nur mit sich selbst ausgemacht, weil es einfacher ist. Unabhängigkeit wurde als Tugend verinnerlicht, und es gilt als Zeichen für Schwäche, auf andere Menschen angewiesen zu sein. In meiner Praxis erlebe ich das immer wieder. Ich kenne so viele hochambitionierte Menschen, die sich dennoch innerlich leer fühlen. Nach außen hin wirken sie zwar vital, doch in Wirklichkeit kommen ihre Bedürfnisse viel zu kurz. Sie wissen nicht, wie sie echte Beziehungen eingehen oder sich mitteilen sollen, und oftmals ist ihnen gar nicht bewusst, dass sie es überhaupt dürfen. Wir dürfen nicht vergessen, dass unser Wunsch nach Aufmerksamkeit und sozialem Kontakt tief in uns angelegt ist.[17] Niemand bekommt einen Preis dafür, alles allein zu bewältigen. Es gibt keine Medaille für besondere Unabhängigkeit oder »Stärke«. Du bist keinesfalls schwach, wenn du andere Menschen und ihre Unterstützung brauchst. Emotionen zu zeigen ist völlig in Ordnung und einfach nur menschlich.

Emotionen zeigen – so gelingt es

Wir müssen unsere Emotionen nicht gegenüber jeder Person offenbaren, denn manche Menschen und Umgebungen sind nicht aufgeschlossen für einen konstruktiven emotionalen Austausch. Es gibt Menschen, die nicht in der Lage sind, anderen in schwierigen Situationen beizustehen. Denkt daher immer daran, dass niemand einen Anspruch darauf hat, eure persönliche Geschichte zu erfahren. Ihr dürft selbst entscheiden, wie viel ihr wem gegenüber davon preisgebt.

Hier ein paar Hinweise für das Äußern von Emotionen:

Wähle eine vertrauenswürdige Person aus, um dich mitzuteilen. So erkennst du, wem du vertrauen kannst:

- Ich kann meine Gefühle äußern, ohne befürchten zu müssen, dass die Beziehung darunter leidet oder ich dafür bestraft werde.

- Diese Person respektiert meine Grenzen.

- Die Person macht mir Mut, mich weiterzuentwickeln, zu verändern und besser zu werden.

- Diese Person respektiert meine Grenzen in Bezug auf meinen Körper und physische Berührungen.

- Dieser Person gegenüber kann ich mich verletzlich zeigen.

- Die Person kann zugeben, wenn sie sich geirrt hat, und hält andere Meinungen aus.

- Diese Person versucht mich nicht durch Kritik oder Geringschätzung anzugreifen oder herabzusetzen.

- Die Person hört mir zu.

- Diese Person verfügt über die persönliche Reife und Erfahrung, um mir bei diesem Thema zu helfen.

- Ich fühle mich wohl, wenn ich mit dieser Person über das aktuelle Problem rede.

Du hast auch das Recht, eine Beziehung erst zu festigen, bevor du dich jemandem öffnest, und musst dich zudem nicht jedem Menschen mitteilen – selbst wenn du darum gebeten oder dazu gedrängt wirst. Übertriebene Offenheit, die dazu führt, dass man sich ungeschützt und alleingelassen fühlt, ist kein geeignetes Mittel gegen toxischen Optimismus. Wichtig ist vor allem, sich den richtigen Menschen mitzuteilen und dabei selbst die Regeln zu bestimmen. Wenn man um Unterstützung gebeten wird, ist es auch durchaus erlaubt zu sagen: »Ich möchte dir wirklich gern helfen, aber diesmal fühle ich mich dazu nicht in der Lage.« Dann kann man die Beziehung auf andere Weise festigen und Vertrauen schaffen, bis sie belastbarer geworden ist.

Zeitpunkt und Ort müssen stimmen

Wähle die Umgebung mit Bedacht aus, bevor du dich jemandem anvertraust. Vergegenwärtige dir, wo du dich gerade befindest, und überlege, ob dieser Ort einen geschützten Rahmen für dich und deine Vertrauensperson bietet. Laute oder überfüllte Räume können sich plötzlich bedrohlich anfühlen. Beurteile also die örtliche Situation und höre immer wieder in dich hinein. Es ist völlig in Ordnung, wenn du dir Zeit lässt. Wenn du deine Geschichte erzählst, musst du dich dabei nicht beeilen.

Grenzen respektieren

Achte darauf, deine eigenen und die Grenzen anderer zu respektieren. Wir können nie wissen, was jemand durchgemacht hat und wie bestimmte Informationen von unserem Gegenüber aufgenommen werden.

Wenn du deine Emotionen offenbarst, vermeide folgende relativierenden Worte oder Wendungen:

- »Lol«

- »Ist nicht weiter schlimm, aber ...«

- »Haha«

- »Na ja, was soll's.«

- »Passt schon.«

- »Alles gut, aber ...«

- »Für dich ist das wahrscheinlich nicht wichtig, aber ...«

- »Halb so wild.«

Sprich stattdessen aus, was du dir von deinem Gegenüber wünschst.

- »Ich muss dringend mal was loswerden.«

- »Ich brauche einen Rat. Kannst du mir helfen?«

- »Ich hätte gern jemanden, der mir einfach nur zuhört. Diese Woche war wirklich heftig.«

Es wäre natürlich schön, wenn andere Leute von selbst wüssten, was wir uns wünschen, aber das ist nur selten der Fall.

Daher sollten wir ihnen mitteilen, was wir von ihnen erwarten, wie sie uns helfen können und was wir brauchen, wenn wir uns ihnen anvertrauen.

**Die Reaktion anderer entwertet
dein emotionales Erleben nicht**
Es kann passieren, dass dein Gegenüber dich zurückweist, deine Bedürfnisse übergeht oder deine Äußerung abwertet. Das bedeutet nicht, dass du etwas falsch gemacht hast. In diesem Fall solltest du eine andere Vertrauensperson auswählen oder therapeutische Unterstützung in Anspruch nehmen. Lass dich davon nicht abhalten, dich anderen mitzuteilen.

Wie lassen sich Emotionen ausdrücken?

Wenn du deine Emotionen auf die beschriebene Weise wahrnimmst und äußerst, wird sich dies vorteilhaft auf deine Psyche auswirken. Es ist jedoch wichtig, dabei eine gute Balance zu finden und weder zu viel noch zu wenig preiszugeben. Wenn wir unsere Emotionen ständig nur für uns behalten, vor allem über längere Zeit hinweg, kann dies zu Dissoziation, chronischen Schmerzen oder Erkrankungen, Schlaflosigkeit und quälenden Gedanken führen sowie die Kommunikation und Beziehungsfähigkeit beeinträchtigen.[18] Deshalb ist es so wichtig, dass wir lernen, unsere Emotionen wahrzunehmen, Gefühle zu benennen und sie auf gesunde Weise zu äußern.

Äußern wir uns jedoch allzu häufig über unsere Emotionen, kann sich dies leider auch nachteilig auf unser Leben auswirken. Wenn wir bei der Arbeit ständig in Tränen ausbrechen oder permanent sämtliche Gefühle im Internet ausbreiten, hat dies für uns vermutlich negative Folgen. Zuvor haben wir bereits erörtert, dass es im Hinblick auf das Äußern von Emotionen je nach Kultur, Geschlecht oder Situation unterschiedliche Gepflogenheiten und Erwartungen gibt. Zu Hause in der Familie ist es sicher kein Problem, seinen Emotionen freien Lauf zu lassen, während sie in einem wichtigen beruflichen Meeting wohl kaum einen Platz haben. Allerdings gibt es keine für alle Menschen, Orte und Situationen gleichermaßen geltenden Regeln, in welchem Umfang emotionale Äußerungen akzeptabel sind. Wichtig ist vor allem, dass man für sich selbst das richtige Maß und geeignete Formen dafür findet.

Reflexion

Nimm dir einen Moment Zeit und überlege:

- Gegenüber welchen Menschen in meinem Leben kann ich bedenkenlos meine Emotionen preisgeben?

- In welchen Bereichen meines Lebens muss ich mein emotionales Erleben teilweise verschweigen oder modifizieren?

- In welchen Bereichen meines Lebens ist es mir angenehm, mein emotionales Erleben vollständig zu offenbaren?

- Gibt es kulturelle Normen, die einen Einfluss darauf haben, wie frei ich meine Emotionen preisgeben kann? Möchte ich diese Normen in meinem Leben befolgen?

- Gibt es geschlechtsspezifische Normen, die einen Einfluss darauf haben, wie frei ich meine Emotionen preisgeben kann?

- Gibt es bestimmte Personen oder Orte, die es mir erschweren, mich emotional mitzuteilen?

Die Antworten auf diese Fragen können dir dabei helfen zu entscheiden, wo und wann du geschützte und geeignete Räume findest, um deine Emotionen zu zeigen. Das Ziel besteht dabei immer darin, dass du dich verstanden fühlst und Unterstützung findest. Keinesfalls sollte dein Wohlbefinden dadurch beeinträchtigt werden. Insofern ist es außerordentlich wichtig, dass du sorgsam abwägst, wann, wo und gegenüber wem du deine Emotionen äußerst.

Wenn du liebst, was du hast, hast du alles, was du brauchst.

Du musst nicht jeden Aspekt deines Lebens lieben, und selbst wenn das der Fall ist, kann es trotzdem sein, dass du dir mehr wünschst oder brauchst. Es ist nicht nötig, dich mit weniger zufrieden zu geben oder dich unter dem Deckmantel der Dankbarkeit schlecht behandeln zu lassen. Gestatte dir, dankbar für den Ist-Zustand zu sein und trotzdem auf das zu hoffen, was noch sein könnte.

Kapitel 6

Grund zur Klage

S ich zu beklagen oder zu beschweren steht in keinem guten Ruf. Viele Artikel und Gurus beschwören, dass zu viel Klagen unsere »Schwingungen hemmt« und uns daran hindert, unsere Träume zu verwirklichen, Freundschaften zu pflegen und ein Leben zu führen, wie wir es uns wünschen.[1] Sie raten uns stattdessen, alles Negative aus unserem Leben zu verbannen, insbesondere klagende Menschen.

Dabei klagen wir trotzdem allesamt weiter – ungeachtet aller guten Vorsätze, es uns abzugewöhnen. Das tun wir deshalb, weil es eine der wichtigsten Möglichkeiten ist, um mit anderen Menschen in Kontakt zu treten und emotionale Bindungen einzugehen. Es ist eine wirksame Strategie, Gefühle mitzuteilen, Anschluss zu finden und beim Gegenüber Empathie zu wecken.[2] Indem wir uns beklagen, teilen wir anderen mit, was wir brauchen und wie unsere Bedürfnisse befriedigt werden können. Außerdem klären wir dabei, was uns wirklich wichtig ist oder worüber wir uns vielleicht zu sehr den Kopf zerbrechen.

Es ist bekannt, dass zu starkes Unterdrücken von Emotionen und der gänzliche Verzicht auf das Klagen sich negativ auf Gesundheit und Wohlbefinden auswirken. Beklagt man dagegen zu viel, tut dies ebenfalls nicht gut. Es geht somit darum, die richtige Balance zu finden und so zu klagen, dass es die gewünschte Wirkung zeigt.

Nimm dir einen Moment Zeit und überlege, welche Einstellung du dem Klagen gegenüber hast:

- Fällt es dir leicht, dich über etwas zu beklagen oder zu beschweren?

- Wie fühlst du dich danach?

- Was wurde dir in deiner Kindheit über das Klagen vermittelt?

- Was empfindest du, wenn andere Menschen sich beklagen?

Jeder Mensch hat ein sehr individuelles Verhältnis zu diesem Thema, das geprägt ist durch Persönlichkeit, Geschlecht, kulturelle Normen und unser Umfeld.[3] Zudem gibt es eine Reihe von Aspekten, über die sich zu beklagen allgemein akzeptiert ist, während es bei anderen als unpassend oder ärgerlich gilt. Jeder Mensch besitzt in dieser Hinsicht seine ganz eigene Schwelle. Vielleicht kennst du das von dir selbst, dass du jemandem bis zu einem bestimmten Punkt bereitwillig zuhören und empathisch sein kannst, doch wenn es genug ist, ist es genug.

Was bedeutet es, sich zu beklagen, und warum tun wir es?

Sich-Beklagen ist laut Definition das Ausdrücken von Unzufriedenheit oder Ärger über einen Sachverhalt oder Umstand.[4] Es ist nicht per se etwas Schlechtes. Vielmehr wird es immer so sein, dass wir mit bestimmten Facetten unseres Lebens unzufrieden sind oder uns darüber ärgern, und wenn wir dies äußern, kann es durchaus von Vorteil sein.

Menschen lieben es, sich zu beklagen. Das weiß ich aus erster Hand. Schließlich werde ich dafür bezahlt, dass man sich in meiner Praxis nach Herzenslust beklagen und Dinge von der Seele reden kann, um sie zu bewältigen. Einen Ort zum Reden zu haben ist daher vielfach der Hauptgrund, warum Menschen zu mir kommen. So auch Sam, der einmal pro Woche auf meiner Couch Platz nimmt. Was er dann tut, würden die meisten Menschen wohl als klagen bezeichnen. Doch für mich lenkt er den Fokus auf seine Bedürfnisse und auf das, was ihm wichtig ist.

Sam redet über seinen Geschäftspartner, seine Frau, seine finanzielle Situation und seine Kinder. Obwohl er einen Hang zum Negativen hat, ist er dankbar, reflektiert und übernimmt Verantwortung für sein Handeln. Sam teilt sich gern mit und wünscht sich Bestätigung. Einfach zu reden verschafft ihm offenbar Erleichterung, wobei ich mich manchmal durchaus frage, ob er sich nicht ein bisschen zu viel beklagt und die Therapie eher zur Plauderstunde wird, in der jegliches Behandlungsziel aus dem Blick gerät. Gelegentlich höre ich dann eine Stimme im Hinterkopf, die mich zur Ordnung ruft: »Los, Whitney, hier musst du intervenieren. Er muss sich ändern. Hilf ihm auf die Sprünge. Unterbrich sein Klagelied.« Zuweilen gebe ich dieser Stimme nach. Und bedauere es hinterher jedes Mal.

Einmal habe ich mich beispielsweise eingeschaltet, als er sich darüber beschwerte, wie seine Frau die Wäsche sortiert. Er war sichtlich erstaunt, als ich ihn unterbrach und nachfragte, ob ihm das Klagen helfe, um anschließend das Gespräch auf das Thema Grenzensetzen gegenüber seiner Partnerin zu lenken. Sam sah mich mit offenem Mund an und wirkte verstört. Entweder war er verwirrt oder verärgert, da bin ich mir nicht ganz sicher. Nur eines weiß ich genau: dass ich ihn bei seinem Verarbeitungsprozess unterbrochen habe, obwohl ich ihm lediglich hätte zuhören sollen. Sam war noch gar nicht bereit für meinen Rat und hatte mich ehrlich gesagt auch nicht darum gebeten. Im weiteren Verlauf der Sitzungen kamen wir darauf zu sprechen, warum Sam in einer Therapie nach Bestätigung sucht, die er zu Hause nicht bekommt. Davon ausgehend besprachen wir auch, wo sich außer in der Therapie sonst noch Zuspruch und Wertschätzung finden lassen, unter anderem auch in Form von Selbstbestätigung bzw. -validierung. Sich zu beklagen und etwas von der Seele zu reden hat bei ihm durchaus therapeutischen Wert. Daher vermerkte ich in meinem Notizbuch, die Stimme in meinem Kopf unbedingt zu überhören, die mich dazu anhalten will, voreilig einzuhaken, und ermahnte mich, dass der Therapieprozess immer eine produktive Seite hat, wenn man ihm seinen natürlichen Lauf lässt.

Wir alle sind gelegentlich wie Sam. Wo auch immer man hinkommt, überall beschwert sich jemand über ewige Baustellen auf der Autobahn, nervige Vorgesetzte oder Typen, die einem penetrant die Vorfahrt nehmen. Wir beschweren uns sogar über Freunde, die sich ununterbrochen beklagen. Klagen wir also zu viel? Gut möglich. Klagen wir auf nur wenig wirksame Weise? Vermutlich. Aber seien wir ehrlich – Klagen ist eine uralte Form menschlicher Katharsis und Beziehungspflege, die nicht so schnell verschwinden wird.

Kann das Klagen schaden?

Wie so vieles kann es sich durchaus negativ auf Körper und Psyche auswirken, wenn wir es mit dem Klagen übertreiben. Wiederkehrende negative Gedanken lösen häufig weitere negative Gedanken aus. Übermäßiges Klagen kann zudem einen verstärkten Ausstoß des Stresshormons Cortisol bewirken. Ein erhöhter Cortisolspiegel beeinträchtigt Studien zufolge Lernen und Gedächtnis sowie Immunsystem und erhöht Blutdruck und Cholesterinwerte. Überzogenes Klagen und Grübeln kann auch dazu führen, dass wir bei einem Problem partout nicht weiterkommen und Schwierigkeiten haben, soziale Beziehungen einzugehen. Eine der typischsten Folgen von übertriebenem Klagen sind negative Auswirkungen auf bestehende Beziehungen, weil ein sich ständig Beklagender – ehrlich gesagt – ziemlich anstrengend sein kann. Auch wenn wir uns selbst gern beklagen, ist es mitunter kein Vergnügen, Klagenden länger zuzuhören.[5]

Was hier als zu viel wahrgenommen wird oder wie sehr sich jemand selbst beklagt, hängt stark von Temperament, Persönlichkeit, Lebenserfahrung und Veranlagung der jeweiligen Person ab. Wer etwa üblicherweise ein verträglicher Mensch ist, beklagt sich in der Regel seltener. Extrovertierte sind bei zwischenmenschlichen Begegnungen zudem sensibler für subtile Nuancen, sodass sie rasch erkennen, wenn das Klagen Missfallen auslöst. Daher mäßigen sie sich meist, ehe ein kritisches Maß erreicht ist. Extrovertierte beklagen sich selbst bei gravierenden Belangen deutlich weniger, um ihre Bindungen und soziale Akzeptanz nicht aufs Spiel zu setzen.

Ob man zu viel klagt, lässt sich am besten feststellen, indem man sich vor Augen hält, welche Rolle es im eigenen Leben spielt. Übermäßiges Klagen wird irgendwann unangenehm und engt uns ein. Es verhindert, dass wir uns frei, sozial eingebunden oder erleichtert fühlen können. Stattdessen kommen wir uns vor wie in einer Sackgasse. Überzogenes Klagen ist nachweislich genauso ungesund wie das Unterdrücken von Emotionen und permanentes Positivdenken. Im richtigen Maß zu klagen zeigt uns, was wichtig ist, ermöglicht Veränderung, beschert uns wichtige Rückmeldungen von anderen Menschen und trägt dazu bei, unsere Emotionen wirksam zu verarbeiten.

Warum beklagen wir uns?

Klagen hat einen Sinn in unserem Leben

Die meisten meiner Patientinnen und Patienten beginnen mit »Eigentlich dürfte ich mich nicht beklagen, aber ...«, wenn sie etwas loswerden wollen. Ich hake dann immer gleich ein und frage sie: »Wer hat denn gesagt, dass Sie sich nicht beklagen dürfen?« Wenn ihr das Bedürfnis habt, euch eine Erfahrung und deren Folgen für euch von der Seele zu reden und dabei Scham- oder Schuldgefühle aufkommen, ist es meiner Ansicht nach sinnvoll, genauer hinzuschauen. Da das Klagen, wie zuvor erörtert, durchaus seinen Sinn hat, kann es – richtig angewandt – viel Gutes bewirken.

Sich zu beklagen hat zumeist zwei Ziele: bei jemandem eine Verhaltensänderung zu bewirken und unser eigenes Befinden zu verbessern. Vor allem aber hat es kathartische Gründe – wir wollen unseren Frust loswerden. Untersuchungen haben ergeben, dass Personen, die nur selten klagen, sich deutlich besser fühlten, nachdem sie aufgefordert wurden, ihre Unzufriedenheit über ein Problem aufzuschreiben, als wenn sie angehalten waren, lediglich harmlose Erlebnisse des vorigen Tages zu notieren.[6] Versuchen wir, Emotionen zu unterdrücken, führt dies meist zu grüblerischen Gedanken, oder das Problem erscheint uns viel größer, als es eigentlich ist. Das zeigt, wie wichtig es sein kann, seine Gründe zum Klagen anzuerkennen und anderen mitzuteilen. Diese Übung kann auch dazu dienen, Probleme zu kanalisieren. Wenn man sich Zeit nimmt, belastende Themen schriftlich zu reflektieren, kann man sie anschließend besser hinter sich lassen. Bei gravierenden Problematiken sind unter Umständen tiefgreifendere Maßnahmen erforderlich, doch bei kleineren Anliegen erweist sich eine solche Schreibintervention (auch *Journaling* genannt) als äußerst wirkungsvoll.

Nicht immer beklagen wir uns, weil wir unzufrieden sind. Manchmal geht es auch darum, bei anderen Menschen einen bestimmten Eindruck zu erwecken.[7] Bestimmt kennt ihr Leute, die sich im Restaurant gern über die Weinqualität beschweren, um ihren exquisiten Geschmack zu demonstrieren. Oder die darüber schimpfen, wie unzumutbar die Hotelzimmer im letzten Urlaub waren. So schlimm, dass sie dort nie wieder übernachten werden! Das sind Klassiker, um sich durch Klagen als überlegen zu präsentieren oder das Selbstwertgefühl zu steigern. Indem wir uns über etwas Schlechtes beschweren, demonstrieren wir Kompetenz und Souveränität, definieren unseren Status und richten uns an dem aus, was wir als gut empfinden. Diese Form des Sich-Beklagens dient dazu, innerhalb einer Gruppe ein Zugehörigkeitsgefühl zu erzeugen. Achtet darauf einmal in eurem Umfeld. Bestimmt erlebt ihr es ziemlich häufig.

Sich-Beklagen dient auch nicht selten als Einstieg zu Gesprächen über positive Erlebnisse.[8] Bei mir selbst ist das sehr oft der Fall, und in meiner Praxis kommt es auch immer wieder vor. Während ich dieses Buch schreibe, stelle ich beispielsweise fest, dass ich über die viele Arbeit daran klage und mein Buch auf diese Weise zum Thema mache. Typisch ist auch das Klagen über positive Ereignisse wie Hochzeit oder Schwangerschaft, indem daraus resultierender Stress oder unangenehme Begleiterscheinungen hervorgehoben werden. Das ist durchaus nachvollziehbar, denn wenn wir derartig aufregende Meilensteine ansprechen, befürchten wir häufig, dabei prahlerisch oder arrogant zu wirken. Indem wir etwa sagen: »Meine Güte, ist diese Hochzeit teuer. Nicht zu fassen, was so ein Catering kostet!«, haben wir die Möglichkeit, über dieses für uns wichtige Thema zu reden, ohne damit unsere sozialen Beziehungen zu gefährden.

Indem wir uns beklagen, gelingt es uns auch, Informationen von anderen Menschen zu erhalten und ihre Ansichten zu bestimmten Themen zu erfahren. Wenn wir uns zum Beispiel im Kollegenkreis über Vorgesetzte beschweren, möchten wir gern ihre Meinung hören und herausfinden, ob es Gleichgesinnte gibt. Beschwerden dienen dazu, sich zu verbünden und zu klären, wer zum eigenen Team gehört. Dadurch können wir sowohl besser einschätzen, inwiefern wir künftig unsere Meinung äußern und Kritik üben können als auch Bestätigung und Unterstützung finden. Diese Art des Sich-Beklagens trägt dazu bei, dass wir uns sozial eingebunden und von den Menschen, die unsere Unzufriedenheit teilen, gesehen, gehört und angenommen fühlen.[9]

Ein weiterer wichtiger Grund dafür, dass wir uns beklagen, ist unser Wunsch nach Mitgefühl und Aufmerksamkeit.[10] Überlegt einmal, worüber ihr euch zumeist beklagt. Was erwartet ihr, wenn ihr eure Unzufriedenheit äußert? In den meisten Fällen wünscht ihr euch vermutlich Bestätigung wie: »Ja, das ist wirklich ärgerlich« oder vielleicht auch handfeste Unterstützung. Wenn wir uns beklagen, weisen wir auf ein Bedürfnis hin und signalisieren anderen, wie sie uns beistehen können. Es ist unsere Art zu sagen: »Hallo! Sieh mich an! Ich kann etwas Hilfe gebrauchen.« Dadurch können andere erkennen, dass es uns nicht gut geht und wir ein Problem haben. Wenn wir uns nie beklagen oder mitteilen, was uns zu schaffen macht, erfährt niemand, wenn wir Unterstützung benötigen. Diese Form des Sich-Beklagens ist daher aus meiner Sicht die wichtigste, da sie uns sozialen Beistand aus unserem Umfeld beschert und unser Mitgefühl für andere weckt.

Ein weiteres wichtiges Motiv des Klagens besteht darin, andere für ihr Verhalten zur Rechenschaft zu ziehen.[11] Im Kleinen passiert dies etwa, wenn wir im Restaurant etwas reklamieren, und im Großen, wenn wir auf die Regierung schimpfen, weil sie Versprechen nicht einhält. Wenn wir etwas verändern wollen, müssen wir unsere Unzufriedenheit äußern. Dies wird jedoch häufig als zu negativ verurteilt. Dabei sollten wir jedoch bedenken, dass die meisten großen Bewegungen für soziale Gerechtigkeit in der Geschichte durch Unzufriedenheit ausgelöst wurden. Jemand stellte fest, dass etwas falsch lief, wies darauf hin und hatte obendrein den Mut, es öffentlich anzuprangern. Solcherlei Klagen treffen meist auf besonders viel Widerstand, weil sie uns dazu zwingen, uns selbst zu hinterfragen und einzugestehen, dass wir uns geirrt haben. Von da an wird es richtig anstrengend, weil wir selbst etwas tun müssen. Wenn sich in der Welt wirklich etwas verändern soll, sind Klagen dieser Art unerlässlich.

Indem wir uns beklagen, verbessern wir unser Wohlbefinden, nehmen Einfluss darauf, wie andere uns wahrnehmen, gehen soziale Bindungen ein, erhalten Informationen, bewirken Empathie und können echte Veränderungen anregen. Das Klagen spielt in unserem Leben eine wichtige Rolle und ist eine Fähigkeit, die in geeigneter Form außerordentlich wirkungsvoll sein kann.

Warum lösen Klagen Unbehagen aus?

Das Klagen kann durchaus schwierige Emotionen auslösen, da es uns mit den Problemen der Welt konfrontiert und uns oftmals hilflos macht. Deshalb möchten wir womöglich Menschen lieber zum Schweigen bringen, die soziale Ungerechtigkeiten engagiert ansprechen, weil uns dabei unsere eigenen Privilegien unangenehm bewusst werden. Oder wir möchten es lieber vermeiden, mit einer Freundin über ihre Gesundheit zu reden, weil wir dadurch mit unserer eigenen Sterblichkeit konfrontiert werden oder erkennen, wie hilflos wir sind. Vielleicht wollen wir auch die Beschwerden anderer deshalb nicht hören, weil wir selbst zu viel zu bewältigen haben. Wenn wir jemandem zuhören, der sich beklagt, ist uns dies schnell unangenehm, vor allem dann, wenn wir den Grund dafür nicht nachvollziehen können oder nicht wissen, was die Person von uns erwartet.

Bestimmte Arten des Klagens können wir besonders schwer ertragen. Als ausgesprochen belastend empfinden wir beispielsweise Menschen, die der Psychiater Eric Berne als »help-rejecting complainer« bezeichnet, das heißt klagende Personen, die jede Hilfe zurückweisen. Wenn sie ein Problem äußern und daraufhin einen Rat bekommen, wie es sich lösen ließe, antworten sie in der Regel »ja, aber …« und lehnen dann sämtliche Lösungsansätze ab.[12] In meiner Praxis habe ich oft mit Menschen zu tun, die diesem Muster verhaftet sind. Zu Beginn meiner beruflichen Laufbahn habe ich mir dann immer den Kopf nach einer geeigneten Intervention zerbrochen, die eine solche Person akzeptieren würde. Die Sache ist nur, dass Problemlösung gar nicht in ihrem Sinne ist. Stattdessen wünschen sich diese Menschen oft vor allem Mitgefühl und Aufmerksamkeit, während das Gegenüber davon ausgeht, dass sie Hilfe benötigen.

Daher wird oftmals ein Vorschlag nach dem anderen unterbreitet, bis ein Gesprächspartner oder sogar beide extrem frustriert sind und aufgeben.

Das kennen wir alle, oder? Aus diesem Grund ist es wichtig, sich zu vergewissern, ob die klagende Person tatsächlich Ratschläge erwartet, bevor man sie unterbreitet. Denn oftmals geht es eher um Unterstützung, Verständnis oder Anerkennung. Zum falschen Zeitpunkt vorgebrachte Ratschläge bewirken, dass der wohlmeinende Ratgeber verärgert und hilflos ist und Wertschätzung vermisst, während die klagende Person sich missverstanden und zurückgewiesen fühlt. Das ist ein übler Teufelskreis, der sich ständig wiederholt, wenn man nicht darüber redet. Das Ergebnis sind zunehmende Frustration und Intoleranz bei künftigen Klagen.

Klagen ist außerdem ansteckend. Nachdem sich jemand ausgiebig bei jemandem beklagt hat, verspürt der Zuhörer möglicherweise das Bedürfnis, das Gehörte seinerseits loszuwerden. Er oder sie bespricht das Gehörte daraufhin mit einer weiteren Person und beschwert sich anschließend über diese Klagen.[13] Es kann auch passieren, dass der Zuhörer mit dem Gesagten überfordert ist und darüber ins Grübeln verfällt. Ohne mein soziales Umfeld und therapeutische Begleitung müsste ich ebenfalls nach einem emotionalen Ventil für das tägliche Zuhören in meiner Praxis suchen. Würde ich alles, womit ich bei meiner Arbeit konfrontiert werde, für mich behalten, wäre ich akut von Burn-out bedroht und liefe Gefahr, meinen Patient*innen nicht mehr empathisch Gehör schenken zu können.

Das Sich-Beklagen bringt zuweilen das Phänomen hervor, dass man sich gegenseitig darin überbieten will, indem eine geäußerte Klage durch eine andere in den Schatten gestellt wird.[14] Wenn beispielsweise jemand über Rückenschmerzen klagt und das Gegenüber erwidert: »Du kannst dir ja nicht vorstellen, wie sehr mich mein Fuß plagt! Ich kann kaum noch laufen.« Dieses Muster sorgt dafür, dass sich beide Seiten missverstanden und übergangen fühlen. Gelegentlich kann es zwar durchaus sinnvoll sein, von eigenen Erfahrungen zu berichten, um das Gehörte zu validieren oder zu normalisieren, doch wir müssen dabei sehr behutsam sein, um keinen »Klagewettstreit« auszulösen.

Es ist nicht einfach, belastende, negative Themen auszusprechen. Manchmal kann uns der Schmerz dabei regelrecht überwältigen. Doch wenn wir dabei auf offene Ohren und Empathie stoßen, kann dies enorm heilsam sein. Ich frage mich, was geschehen würde, wenn wir solchen Gesprächen seltener ausweichen und uns öfter damit auseinandersetzen würden, warum sie stattfinden, um so anderen Menschen mehr Mitgefühl und Verständnis entgegenzubringen.

Sind Klagen berechtigt?

Wenn Sam in der Therapie Dampf ablässt oder sich beklagt, geht es immer um die großen Themen des Lebens – Familie, Arbeit, Gesundheit – und nur höchst selten um Banalitäten wie Verkehr oder Wetter. Das, worüber er klagt, liegt ihm am Herzen, davon kann ich ausgehen. Dabei können auch Nebensächlichkeiten bedeutsam sein. Bestimmte Themen sind jedoch besonders brisant.

Klagen geben Einblick in unsere Psyche.

Wenn wir auf eine Klage näher eingehen, bringen wir in der Regel mehr Verständnis dafür auf und kommen über das dahinter verborgene emotionale Problem eher ins Gespräch. Das ist deshalb so bedeutsam, weil es dem Klagen einen Sinn gibt. Es öffnet ein Fenster in die Welt eines Menschen und enthüllt, was ihm Sorgen bereitet, Hoffnung gibt und wichtig ist. Daran kann ich die Therapie ausrichten, die Werte der Person erkennen und verstehen, welche Probleme sie belasten. Klagen geben Einblick in unsere Psyche und sollten somit unbedingt beachtet und näher betrachtet werden.

Natürlich hat die Wirksamkeit des Klagens ihre Grenzen. In wöchentlichen Therapiesitzungen kann es durchaus als Medium für Veränderung und Verständnis dienen, doch wenn man sich dabei permanent nur im Kreis dreht, hilft es kaum weiter. Es kommt vor, dass man sich ständig über Kleinigkeiten beschwert, die einen im Laufe des Tages ärgern oder stören. Wichtig ist zu erkennen, ob das Klagen wirklich hilft oder eher hinderlich ist.

Ich unterteile Klagen daher gern in zwei Kategorien, nämlich »primäre« und »sekundäre«. Bei primären Klagen geht es um Gravierendes mit weitreichenden Auswirkungen. Sekundäre Klagen betreffen eher alltägliche Ärgernisse. Wir entscheiden selbst, was für uns in welche Kategorie fällt.

»Sekundäre Klagen« betreffen zum Beispiel:

• Wetter

• Verkehr

• Unsympathische Kollegen

• Zu kaltes Essen im Restaurant

- Schmerzende Füße

- Drängler im Supermarkt

Demgegenüber gibt es die wirklich wichtigen Klagen – über große, schwerwiegende Themen. Achtet daher vor allem auf eure primären Klagen, denn sie zu äußern ist von großer Bedeutung und entspringt zumeist dem Wunsch nach Verbundenheit. »Primäre Klagen« beziehen sich etwa auf:

- Tod und Verlust

- Unfruchtbarkeit

- Rassismus, Sexismus, Homophobie, Ableismus, Klassismus oder Diskriminierung aufgrund von Größe oder Gewicht

- Krankheit und Behinderung

- Schwerwiegende Beziehungsprobleme, Trennung, Scheidung

- Familienkonflikte oder Entfremdung

- Berufliche Probleme oder Jobverlust

- Folgen traumatischer Ereignisse

- Erziehungsschwierigkeiten

- Erfahrungen in Bezug auf Schwangerschaft und Geburt

- Psychische Probleme

Wenn wir über diese Themen sprechen, wird es ernst. Es geht um Probleme, die von großer Relevanz für uns sind und sich massiv auf unser Leben auswirken. Wenn ihr das Bedürfnis verspürt, sie euch von der Seele zu reden, dann tut dies bitte. Denn es ist sehr wahrscheinlich, dass ihr ein Ventil dafür braucht, Beistand benötigt oder in eurem Leben womöglich eine größere Veränderung ansteht. Denn manche Dinge sind tatsächlich beklagenswert.

In der Klageschleife gefangen?

Manchmal geraten wir in eine Sackgasse und kommen aus dem Klagen gar nicht mehr heraus. Dabei drehen wir uns im Kreis und finden keinen Ausweg. Das passiert oftmals dann, wenn keine Lösung greifbar ist, wir weder Gehör noch Unterstützung finden oder wenn es uns schwerfällt, unsere Situation zu akzeptieren. In einer Klageschleife gefangen zu sein hilft uns kein bisschen weiter.

Folgende Anzeichen deuten darauf hin:

- Du redest unaufhörlich über ein und dasselbe Thema, ohne dass sich an deinen Gesprächen oder Klagen etwas ändert.

- Du trittst gefühlt auf der Stelle.

- Deine Beschreibung der Situation ist sehr einseitig (z.B. »Ich werde nie einen anderen Job finden, sondern sitze auf ewig in dieser ausbeuterischen Firma fest und muss mich tagtäglich von meinem Chef fertigmachen lassen«).

- Dein Umfeld signalisiert, dass du dich ständig über das gleiche Thema beschwerst, ist genervt davon und will nichts mehr davon hören.

- Das Klagen darüber verschafft dir weder Erleichterung noch empfindest du dabei Verbundenheit.

- Die Klagen wiederholen sich zunehmend und fühlen sich allmählich zwanghaft oder wie in Endlosschleife an.

Wenn dir diese Aspekte beim Klagen auffallen, gibt es eine Reihe von Möglichkeiten, was du tun kannst.

Halte als Erstes Ausschau nach Zwischentönen. Klageschleifen sind meist von Schwarz-Weiß-Denken geprägt und beinhalten oft Wörter oder Wendungen wie *immer, nie, kann nicht, geht nicht* etc. Wenn du solche Formulierungen verwendest, halte Ausschau nach Auswegen. Gibt es noch Hoffnung oder andere Möglichkeiten? Kannst du wirklich ganz sicher sein? Vielleicht gibt es in deinem Denken oder der Situation doch noch etwas Raum für Flexibilität.

Das Wörtchen *aber* eröffnet manchmal die Chance, aus einer Klageschleife auszubrechen. Nehmen wir an, du beklagst dich darüber, dass deine Mutter dir nie zuhört. Das mag sich für dich durchaus so anfühlen, und vielleicht ist es ja wirklich so, dass deine Mutter ja »nie zuhört«. Das Wörtchen *aber* kann dabei helfen, dir den Rücken zu stärken. Du könntest zum Beispiel sagen, »Meine Mutter hört mir nie zu, *aber* mein Partner ist ein guter Zuhörer« oder »Meine Mutter hört mir nie zu, *aber* ich habe Freunde, die gut zuhören können«. Wenn du die sehr reale Klage über deine Mutter und den Schmerz über ihr mangelndes Zuhören zulässt und durch eine stärkende Aussage ergänzt, macht dies die Situation erheblich flexibler und weniger deprimierend. Dadurch entsteht Raum für das Gute, das Schlechte und alles dazwischen.

Manchmal haben unsere Klagen einen sehr realen und unbestreitbaren Hintergrund. Wenn wir beispielsweise mit dem Tod eines geliebten Menschen oder mit einer Behinderung fertigwerden müssen, gibt es wenig Zwischentöne. Das ist die schmerzhafte, unbestreitbare Realität. Es ist zwar nicht ausgeschlossen, dieser Situation etwas Positives abzugewinnen oder mit ihr flexibel umzugehen, aber dazu sind wir häufig nicht auf Anhieb imstande. Toxisch positiv betrachtet, würde es nun heißen: Kopf hoch und nach Gründen zur Dankbarkeit suchen. Was wir jedoch nicht tun werden, weil es nicht funktioniert. Stattdessen praktizieren wir sogenannte *radikale Akzeptanz*.

Dabei handelt es sich um eine Intervention, die von der Begründerin der Dialektisch-Behavioralen Therapie (DBT), Marsha M. Linehan, entwickelt wurde. Radikale Akzeptanz bedeutet, Schmerz als unvermeidlichen Teil des Lebens anzuerkennen und einzusehen, dass ein Ankämpfen gegen das Leid meist zu noch mehr Leid führt.[15] Radikale Akzeptanz ist meiner Meinung nach das beste Mittel gegen toxischen Optimismus. Sie zu praktizieren hat nichts damit zu tun, die jeweilige Realität zu befürworten, zu unterstützen oder zu mögen. Vielmehr finden wir uns damit ab, dass wir an der aktuellen Lage oder den Fakten nichts ändern können, auch wenn sie uns nicht zusagen oder wir nicht damit einverstanden sind. Diese Technik wende ich bei fast allen Patientinnen und Patienten und auch bei mir selbst an.

Laut Linehan umfasst das Praktizieren radikaler Akzeptanz zehn Schritte, die es ermöglichen, sich nicht mehr in erster Linie auf das Leid zu konzentrieren, sondern es nach und nach zu akzeptieren.[16]

1. Nimm wahr, dass du die Realität infrage stellst oder dich dagegen wehrst. (»Das ist nicht fair.«)

2. Vergegenwärtige dir, dass die unangenehme Realität so ist, wie sie ist, und sich nicht ändern lässt. (»Das ist passiert.«)

3. Erkenne an, dass es Gründe für diese Realität gibt. (»So ist es dazu gekommen.«)

4. Übe dich darin, sie mit deinem ganzen Ich anzunehmen (Geist, Körper, Seele). Nutze dazu bestärkende innere Monologe, Entspannungstechniken, Achtsamkeit und/oder Visualisierungen.

5. Liste auf, wie du dich verhalten würdest, wenn du die Fakten akzeptierst, und praktiziere anschließend dieses Verhalten, so als hättest du die Fakten bereits akzeptiert.

6. Stell dir vor, das, was du nicht akzeptieren willst, anzunehmen, und spiele in Gedanken durch, was du tun würdest, wenn du das, was dir im Moment inakzeptabel erscheint, angenommen hättest.

7. Achte auf dein körperliches Empfinden, während du an das denkst, womit du dich abfinden musst.

8. Lass zu, wenn Enttäuschung, Bedauern oder Trauer in dir aufsteigen.

9. Erkenne an, dass das Leben auch lebenswert sein kann, wenn Schmerz vorhanden ist.

10. Wenn du feststellst, dass du dich gegen die Akzeptanz wehrst, liste auf, was dafür und was dagegen spricht.

Wir geraten alle ab und zu in eine Klageschleife, denn das Leben ist nun einmal nicht immer fair und die Realität häufig nur schwer zu akzeptieren. Das Auf und Ab des Lebens wird uns immer herausfordern. Ich weiß, das klingt düster, aber genauso ist es. Wenn wir erwarten, dass das Leben fair ist, oder uns bei Krisen Vorwürfe machen, weil wir nicht positiv genug gedacht oder ein anderes Ergebnis manifestiert haben, entsteht eine schmerzliche Diskrepanz zwischen unserer Realität und unserer mentalen Verfassung. Der Widerspruch zwischen der realen und der von uns erwarteten Wirklichkeit ist schmerzhaft und schwer zu ertragen. Und wenn die Realität für dich zu schwer zu akzeptieren oder anzuerkennen ist, versuche dir selbst Mitgefühl entgegenzubringen und diese Strategien anzuwenden. Halte Ausschau nach Zwischentönen, füge deinen Klagen ein *aber* hinzu und praktiziere radikale Akzeptanz. Mit etwas Übung kannst du aus der Schleife ausbrechen.

Sich konstruktiv beklagen

Sich im richtigen Maß und konstruktiv zu beklagen trägt dazu bei, nicht in einen unendlichen Klagekreislauf zu geraten. Die Psychologin Robin Kowalski, die das Sich-Beklagen wissenschaftlich erforscht, hat festgestellt, dass Menschen tendenziell glücklicher sind, wenn sie sich von ihren Klagen ein bestimmtes Ergebnis erhoffen. Daher ist es ist besonders hilfreich, wenn man[17]:

• Fakten und Logik einbezieht,

- eine Vorstellung vom idealen Ergebnis hat,

- weiß, wer dazu beitragen kann.

Wer diese drei Aspekte für sich klärt, kann wesentlich wirksamer und konstruktiver klagen und dabei zugleich ein besseres Ergebnis erreichen.

ACHT TIPPS FÜR KONSTRUKTIVES KLAGEN

1. Analysiere deine Klage. Was belastet dich wirklich?

2. Definiere dein Ziel.
   a) Möchtest du jemanden auf ein Problem aufmerksam machen?
   b) Möchtest du etwas verändern?
   c) Möchtest du gehört werden?
   d) Wünschst du dir Bestätigung?
   e) Brauchst du einen Rat?

3. Wähle dein Gegenüber aus. Wer kann dir dabei helfen? Gibt es Personen, die deine Lage verstehen können oder aus eigenem Erleben kennen? Beklage dich nicht immer im selben Kreis. Wähle Menschen aus, die dein Erleben validieren oder dir zu deinem Ziel verhelfen können.

4. Entscheide, ob es sich lohnt. Überlege, welche Themen dir wirklich wichtig sind, und achte darauf, in Maßen zu klagen.
   a) Was wird passieren, wenn du dich darüber beklagst?
   b) Was wird passieren, wenn du dich nicht darüber beklagst?

5. Erkenne an, dass du dich vielleicht deshalb beklagst, weil du nach Verbundenheit suchst. Kannst du dich dazu auch anderweitig äußern als durch Klagen?

6. Schreib es auf. Das kann besonders dann helfen, wenn dich deine Klagen stark belasten. Untersuchungen zufolge trägt das Aufschreiben dazu bei, Erfahrungen zu sortieren, Prioritäten zu setzen und Geschehnisse besser zu verstehen und zu bewältigen.

7. Sprich dein Anliegen so offen wie möglich an.

8. Bedenke, dass es auf der Welt gravierende Ungerechtigkeit gibt. Es kann sein, dass du als zu »negativ« oder als »Nörgler« abgestempelt wirst, wenn du deine Klage äußerst. Es gibt immer Menschen, denen es noch schlechter geht. Sprich dein Anliegen trotzdem an und behalte dabei dein Ziel im Blick.

Das Ziel besteht keineswegs darin, sich überhaupt nicht mehr zu beklagen, sondern vielmehr darin, dabei bedachter und flexibler vorzugehen. Wenn wir konstruktiv klagen, kann uns das menschliche Nähe, Unterstützung und Veränderung ermöglichen, wonach wir uns alle sehnen. Wenn ihr die acht Tipps für konstruktives Klagen öfter beherzigt, werden sie allmählich geläufiger und leichter anzuwenden sein. Dabei werdet ihr bemerken, dass ihr euch mit der Zeit viel konkreter und gezielter beklagen könnt und euch dabei weniger frustriert im Kreis dreht.

Reflexion

Nimm dir einen Moment Zeit und überlege, welche Rolle das Klagen in deinem Leben spielt und wie du Emotionen in der Regel verarbeitest. Beantworte die folgenden Fragen ehrlich und offen.

- Beklagst du dich deiner Meinung nach häufig? Worüber klagst du meistens? Sind es primäre oder sekundäre Klagen?

- Welche Rolle spielt das Klagen in deinem Leben? Fühlst du dich dadurch besser oder schlechter? Verbundener oder einsamer?

- Haben deine Klagen einen tiefer liegenden Hintergrund?

Alles Geschehen hat einen tieferen Sinn.

Gelegentlich erleben wir Dinge, die uns völlig sinnlos erscheinen. Manche Situationen kommen ohne den berühmten Silberstreif am Horizont daher. Entscheide selbst, wie du mit einem Erlebnis umgehst und was es für dich bedeutet, sobald du bereit dazu bist.

· ·

Kapitel 7

Anderen zur Seite stehen

Mitmenschen zu unterstützen, die uns am Herzen liegen, ist eigentlich nicht schwer. Leider haben wir dabei oft Angst davor, etwas falsch zu machen, verstricken uns in unseren eigenen Emotionen und Erfahrungen oder haben schlichtweg nicht gelernt, wie es geht. Deshalb verhalten wir uns dabei oft ungeschickt oder versuchen es gar nicht erst. In diesem Kapitel wollen wir den Zusammenhang zwischen Wirkung und Absicht klären und aufzeigen, womit man anderen tatsächlich helfen kann. Außerdem geht es darum, wie man herausfindet, welche Unterstützung jeweils geeignet ist, und wie es gelingt, jemandem wirklich zuzuhören und beizustehen. Dabei werdet ihr gewiss nicht immer alles richtig oder perfekt machen (was nur allzu menschlich ist), doch ihr bekommt das nötige Handwerkszeug vermittelt, um sowohl nahestehenden Menschen als auch euch selbst zur Seite zu stehen.

Die Absicht zählt.
Die Wirkung jedoch noch mehr.

Manchmal wollen wir helfen und scheitern dabei fatal. Unsere Absichten werden völlig falsch verstanden oder die betreffende Person wünscht unsere Hilfe gar nicht. Das kann passieren, wenn wir auf unsensible oder plumpe Art versuchen zu helfen, die Bedürfnisse unseres Gegenübers nicht beachten oder aber die betreffende Person nicht bereit oder imstande ist, unsere Hilfe anzunehmen, obwohl sie freundlich und behutsam angeboten wurde. Das ist mir zum Beispiel in der Therapiesitzung mit Sam passiert, als ich ihn abrupt beim Klagen unterbrach. Ich war freundlich und mitfühlend und wollte ihm wirklich helfen, doch damit konnte er weder etwas anfangen noch war es in seinem Sinne. Wenn wir jedoch unserer Ansicht nach zugewandt, großzügig oder hilfsbereit handeln, kann eine solche Erfahrung außerordentlich frustrierend sein. Falls unser Handeln trotz bester Absichten also nicht die angestrebte Wirkung hat, müssen wir uns mit den Gründen dafür auseinandersetzen.

Die passenden Worte und den richtigen Zeitpunkt zu finden ist heutzutage gar nicht so einfach. Es gibt dabei eine Menge Regeln zu beachten, die sich zudem gefühlt ständig verändern. In den sozialen Netzwerken findet man eine Flut von Beiträgen, in denen ausführlich erörtert wird, was hierbei »richtig« und was dagegen vollkommen »falsch« ist. Das vorliegende Buch mag den Eindruck noch verstärken, dass man es eigentlich gar nicht richtig machen kann. Dazu sollt ihr wissen, dass es die perfekten Worte schlichtweg nicht gibt. Jeder Mensch hat eigene Vorlieben und Befindlichkeiten, ihr gewiss auch. Wenn ich zum Beispiel weine, finde ich es schrecklich, dabei berührt oder umarmt zu werden, während das für euch vielleicht ausgesprochen wohltuend ist. Deshalb sollten wir uns beim Helfen von unserem zugewandten Mitgefühl leiten lassen und weniger auf Pauschalrezepte setzen.

Ich spekuliere jetzt einfach mal, dass du dieses Buch in bester Absicht gekauft hast, um zu lernen, wie man anderen Menschen hilfreicher zur Seite stehen kann. Möglicherweise hast du Schwierigkeiten mit der Aussage, dass die Absicht weniger zählt als die Wirkung. Zumindest ging es mir so. Vielleicht hast du schon erlebt, dass du jemanden verletzt hast, ohne es zu wollen, und dich daraufhin verteidigen wolltest. Vielleicht hast du dann etwas gesagt wie:

- »Ich habe doch nur versucht zu helfen.«

- »Ich wollte dich nicht verletzen.«

- »Jetzt übertreibst du aber.«

- »Ich versuche doch nur, nett zu sein.«

- »Offenbar brauchst du meine Hilfe also gar nicht.«

- »Das hast du völlig falsch verstanden.«

Kommt dir das bekannt vor?

Wenn man sich selbst als freundlich, hilfsbereit und verständnisvoll betrachtet, kann es eine echte Anfechtung sein, das Gegenteil vorgeworfen zu bekommen. Mitunter erschüttert so etwas bis in die Grundfesten und stellt die eigene Identität infrage. Als Therapeutin bin ich dafür ausgebildet, Menschen mitfühlend zuzuhören und zu helfen. Trotzdem gelingt mir das nicht immer perfekt. Halten wir also einen Moment

lang inne und atmen wir tief durch. Versuche dir dann einzugestehen: Ab und zu mache ich Fehler. Ich erkenne nicht immer, wie ich jemandem bestmöglich helfen oder beistehen
kann, und das ist in Ordnung. Trotzdem versuche ich es weiter,
stelle Fragen und höre zu. Ich bemühe mich, nicht in eine Ver-
teidigungshaltung zu geraten, sondern mein Gegenüber wirklich zu verstehen.

Wenn man erst einmal akzeptiert hat, dass man auch nur
ein Mensch und daher gewiss nicht vollkommen ist und die
eigenen Erwartungen entsprechend anpasst, wird manches
leichter.

Zum Thema Absicht versus Wirkung ist unbedingt an-
zumerken, dass beides in engem Zusammenhang steht. Die
Absicht darf dabei keinesfalls vernachlässigt werden, sondern
ist durchaus von Bedeutung, wie Untersuchungen belegen. Im
Rahmen einer neueren Studie erhielten die Versuchspersonen
Elektroschocks von gleicher Intensität. Diejenigen unter ihnen, die davon ausgingen, dass ihnen die Stromstöße absichtlich zugefügt wurden, empfanden sie als erheblich schmerzhaf-
ter als jene, die sie für ein Versehen hielten.[1] Zudem neigen
Menschen stärker zu Schuldzuweisungen oder Strafen, wenn
eine schmerzhafte Handlung als Absicht wahrgenommen wird.
Melanie Tannenbaum erläutert in der Zeitschrift *Scientific
American* klug, dass dies sogar Eingang in unsere Rechtsord-
nung gefunden hat. Taten, die mehr Leid oder Schmerz auslösen, werden härter bestraft, und es wird berücksichtigt, inwiefern sie absichtlich erfolgten. Dies spiegelt sich beispielsweise im Tatbestand der fahrlässigen Tötung wider, bei dem
jeglicher Vorsatz ausgeschlossen ist. Solche Verbrechen werden
im Gegensatz zum Mord als deutlich weniger schwerwiegend
eingestuft. Bei Mord handelt es sich um die absichtliche Tötung eines anderen Menschen aus niederträchtigen Motiven.

Beide Verbrechen werden mit unterschiedlichen Mindeststrafen geahndet, und in Gerichtsverfahren ist das Thema Vorsatz eine viel diskutierte Frage, obwohl das Resultat, also die Wirkung, in beiden Fällen identisch ist.[2]

Wirkung und Absicht sind in unserem Gehirn eng miteinander verknüpft, sodass es unmöglich ist, beides vollständig voneinander zu trennen. Studien zufolge sind wir eher bereit, eine Straftat zu verzeihen, wenn uns die zugrunde liegende Motivation gerechtfertigt erscheint. Wenn etwa jemand ein Stoppschild überfährt, um etwa Drogenbesitz zu vertuschen, befürworten wir eine Bestrafung eher, als wenn eine Mutter so schnell wie möglich nach Hause zu ihrem kranken Kind gelangen wollte. Das Verhalten ist das gleiche – beide Male wurde ein Stoppschild ignoriert –, doch wir bewerten diese Handlungen vollkommen unterschiedlich. Forschungen belegen eindeutig, dass vorsätzlich zugefügtes Leid schwerwiegender ist als unbeabsichtigtes. Auch wenn das Ergebnis keinen Unterschied macht. Es beweist jedoch, dass Wirkung und Absicht eng verknüpft sind und nicht losgelöst voneinander betrachtet werden können. Nur so können wir uns sinnvoll damit auseinandersetzen und besser verstehen, was wir uns wünschen und brauchen.

Zu unserem eigenen Anteil stehen

Stellen wir uns vor, jemand sagt dir, du hättest ihn gekränkt. Trotz bester Absichten ist dir etwas Unpassendes herausgerutscht. Gewiss bist du ein guter Mensch und hast es nicht so gemeint, aber das lassen wir alles für einen Moment außer Acht. Wenn dir etwas daran liegt, diese Beziehung zu retten, den Konflikt zu bearbeiten und wieder einen gemeinsamen

Nenner zu finden, musst du entscheiden, was in dieser Situation Priorität hat, also gewissermaßen eine Triage vornehmen. Das Gegenüber ist gekränkt, darum müssen wir uns als Erstes kümmern. Als Nächstes können wir uns dem Erklären und Verstehen zuwenden. Falls es sich jedoch um eine ungesunde Beziehung handelt oder du keinen Wert darauf legst, mit dieser Person auf einen gemeinsamen Nenner zu kommen, darfst du dich daraus lösen und zurückziehen. Die nachfolgend beschriebenen Schritte sind nicht in jeder Situation angemessen. Beurteile selbst, ob sie dir passend erscheinen.

Beginnen wir also mit der »emotionalen Triage«. Falls du trotz bester Absichten jemanden verletzt hast, kannst du wie folgt vorgehen:

- Schluck deinen Stolz einen Moment lang hinunter. Auch wenn es dir nicht leichtfällt. Vielleicht kannst du gar nicht nachvollziehen, was dein Gegenüber empfindet, oder bist völlig anderer Meinung. Das ist okay.

- Nimm nun die Sichtweise deines Gegenübers zur Kenntnis. Du musst ihr nicht zustimmen, es geht lediglich darum, anzuerkennen, dass die andere Person so empfindet. Hier einige Möglichkeiten, die du in eigene Worte fassen kannst:
  + »Ich nehme wahr, was du sagst, und würde es gern besser verstehen.«
  + »Es ist verständlich, dass du dich _____ fühlst.«
  + »Ich finde es gut, dass du es mir mitgeteilt hast.«

- Versuche, dein Gegenüber zu verstehen. Wenn die andere Person dazu bereit ist (immer nachfragen), ist es empfehlenswert nachzuvollziehen, was genau in dieser Situation geschehen ist. Versuche herauszufinden:

+ Wie du dein Gegenüber gekränkt hast
+ Warum es zu diesem Ergebnis gekommen ist
+ Wie es beim nächsten Mal anders laufen kann

- Versuche, es wiedergutzumachen. Welches Ausmaß dabei gefordert ist, hängt vom Grad der Verletzung ab und wie es dazu kam. Du kannst:
  + Die Gefühle deines Gegenübers und das Geschehene anerkennen
  + Dich entschuldigen und Verantwortung für deinen Anteil übernehmen
  + Gemeinsam überlegen, wie es sich wiedergutmachen und beim nächsten Mal verhindern lässt

- Die eigene Sichtweise vermitteln. Nachdem die andere Person Gelegenheit hatte, sich gehört und verstanden zu fühlen, ist sie möglicherweise offen, deine Perspektive des Erlebten aufzunehmen. Dabei kannst du auch deine Absichten deutlich machen und erklären, warum du so gehandelt hast. Manchmal ist es nicht sinnvoll, dies zu äußern, während es in anderen Fällen außerordentlich hilfreich sein kann. Versuche weder, dich zu verteidigen, noch zu Äußerungen wie im Kapitel »Anderen zur Seite stehen« aufgelistet zu greifen.

Zwischen den einzelnen Schritten kannst du Pausen einlegen oder einen Schritt mehrmals vollziehen. Das ist in Ordnung. Am wichtigsten ist es, dass du offen dafür bist zuzuhören, zu lernen und herauszufinden, was du besser machen kannst. Und bedenke dabei immer, dass diese Schritte nur dann funktionieren, wenn dein Gegenüber dazu ebenfalls bereit ist. Will diese Person dir allerdings nicht helfen, das Geschehene zu verstehen, wird all deine Mühe umsonst sein.

Sich mitteilen, ohne zu verletzen

Auch wenn es darum geht, Gefühle, Bedenken oder Vorschläge zu äußern, haben wir oftmals die allerbesten Absichten und werden ihnen dann nicht gerecht. Gefühle preiszugeben (insbesondere, wenn sie sehr persönlicher oder sensibler Natur sind), kann mitunter heikel sein. Manchmal trägt es dazu bei, eine Beziehung zu kitten und mehr Nähe zu schaffen, doch gelegentlich kommt es dabei auch zu Missverständnissen und Ablehnung.

Dies stellt eine weitere Klippe bei der Kommunikation dar, die nicht immer perfekt umschifft werden kann. Doch die Risiken lassen sich minimieren. Hier einige Tipps, wie du deine Gefühle äußern kannst, ohne dein Gegenüber zu verletzen:

- Versuche, dich auf dein eigenes Erleben und Empfinden zu konzentrieren. Vermeide es, Sätze mit »Du« zu beginnen, und verwende stattdessen die Ich-Form.

- Sprich in ruhigem Tonfall. Werde nicht laut.

- Vermeide jegliche Schimpfworte oder Beleidigungen.

- Sei umsichtig in deiner Wortwahl. Lege dir vorher zurecht, was du sagen willst.

- Äußere ganz konkret, wie du dich fühlst und was deiner Ansicht nach dieses Gefühl ausgelöst hat. Eine Geschichte zu erzählen oder Beispiele anzuführen, kann dem Gegenüber das Verständnis erleichtern.

- Überlege dir vorher, was du mit diesem Gespräch erreichen willst. Was soll dein Gegenüber erfahren oder verstehen? Was wünschst du dir anders?

- Sei offen für beide Sichtweisen. Wenn die andere Person sich respektvoll und gesprächsbereit zeigt, ist es wichtig, sie ausreden zu lassen.

- Selbst wenn du dein Anliegen mit viel Bedacht formulierst, kann es trotzdem geschehen, dass dein Gegenüber es nicht versteht oder sich angegriffen fühlt. Alles hat man nicht unter Kontrolle.

Bedenke, dass es Situationen gibt, in denen du alles richtig gemacht und sorgfältig formuliert hast, und trotzdem reagiert dein Gegenüber nicht wie erhofft. Konzentriere dich daher auf deine Perspektive. Wir haben keinen Einfluss darauf, wie unsere Äußerungen wahrgenommen werden, sondern können uns lediglich bemühen, sie im Einklang mit unseren Werten zu kommunizieren. Falls du dich jemandem anvertraut hast und von dieser Person missverstanden wurdest oder die Erfahrung schmerzhaft war, kannst du erneut zu dieser Liste greifen und dich überprüfen. Es ist auch denkbar nachzufragen, wie du dich beim nächsten Mal verständlicher mitteilen kannst.

Grundlegendes

Wenn es darum geht, uns selbst und anderen Menschen beizustehen, ist es nicht wichtig, das »Richtige« oder »Perfekte« zu sagen. Wie das Gesagte aufgenommen wird, hängt auch von der jeweiligen Person, dem Thema und der Umgebung ab.

Dennoch können wir uns bemühen, diese vier Aspekte bei der Kommunikation zu berücksichtigen:

- Neugier

- Verständnis

- Validierung

- Empathie

Neugier heißt, permanent etwas über unsere Mitmenschen und uns selbst dazuzulernen. Wir erfahren dabei, wodurch wir uns sicher und unterstützt fühlen, wie wir Hilfe am besten annehmen können und was wir in Krisen und schweren Zeiten brauchen. Dies alles ist jedoch nicht in Stein gemeißelt, sondern verändert und entwickelt sich im Laufe unseres Lebens. Neugier bedeutet, Fragen zu stellen, offen für Veränderungen zu sein und sich bewusst zu machen, dass wir nie damit fertig sind, uns selbst und andere Menschen kennenzulernen. Neugier ist ein Türöffner für Verständnis, Validierung und Empathie. Neugier kann man folgendermaßen zeigen:

- Offene Fragen stellen wie: »Magst du mehr erzählen über _____?« oder »Wenn du davon berichten willst, was heute passiert ist, höre ich dir zu.«

- Aktives Zuhören mit nonverbalen Signalen wie Nicken, Blickkontakt sowie ungeteilter Aufmerksamkeit ohne Ablenkung.

Verständnis kommt durch Neugier zustande. Ob wir jemals umfassend erkennen werden, was wir brauchen oder was andere Leute von uns erwarten? Vermutlich nicht. Trotzdem können wir uns weiter um Verständnis und Einsicht bemühen. Dabei ist Verständnis nicht mit Zustimmung gleichzusetzen. Es ist durchaus möglich zu verstehen, warum mein Gegenüber so empfindet, obwohl ich selbst dieses Gefühl nicht teile oder möglicherweise sogar ablehne. Verständnis beruht lediglich darauf, uns durch unsere Neugier ein Bild zu machen, um das Warum, Wie und Was zu begreifen. Es schafft Raum für Möglichkeiten.

- Dabei sollten wir nicht meinen zu wissen, wie unser Gegenüber sich fühlt, nur weil wir schon eine ähnliche Situation erlebt haben.

- Vielmehr ist es ratsam, Fragen zu stellen, um das Empfinden der anderen Person richtig zu verstehen, z.B., »Ich kann mir vorstellen, dass _____ dabei besonders schwer für dich war, oder?«

- Es ist gut, dem Gegenüber geduldig zuzuhören, bis beide Seiten ein Gefühl von Verständnis verspüren.

Wenn wir etwas verstehen, können wir es auch validieren. Genau wie Verständnis heißt auch Validierung nicht zwangsläufig, etwas gutzuheißen. Vielmehr bedeutet es anzuerkennen, dass das Benannte möglich ist und man es bei sich selbst oder einer anderen Person zur Kenntnis nimmt. Das mag anfangs nicht ganz einfach sein, aber ist definitiv machbar. Das weiß ich deshalb so genau, weil ich mich damit von Berufs wegen tagtäglich beschäftige.

Man kann problemlos jemandem Gehör schenken und dessen Erleben validieren, auch wenn man damit nicht völlig einverstanden ist. Zu Beginn meiner therapeutischen Ausbildung lernte ich ein Konzept kennen, das man als bedingungslose positive Zuwendung oder Wertschätzung bezeichnet. Sie besteht darin, dass ich als Therapeutin der ratsuchenden Person mit allumfassender Akzeptanz begegne, indem ich meine eigenen Ansichten und Vorurteile zurückstelle. Validierung bedeutet, bewusst zuzuhören und zu verstehen, wie man selbst oder das Gegenüber sich durch sein individuelles Erleben fühlt. Das führt zu der Erkenntnis, dass unser eigenes Empfinden genauso plausibel sein kann wie das unseres Gegenübers. Ich stimme meinen Patientinnen und Patienten keineswegs immer zu. Oftmals sind die Entscheidungen, die sie in ihrem Leben treffen, ganze andere als meine eigenen. Das ist völlig in Ordnung. Trotzdem kann ich ihnen dafür Raum geben, sie zum Reden ermutigen und ihr Erleben validieren. Jeder Mensch ist ein Individuum mit einzigartigen persönlichen Erfahrungen. Validierende Aussagen sind beispielsweise:

- »Es ist nachvollziehbar, warum du das so empfindest.«

- »Ich kann verstehen, warum du so reagiert hast.«

- »Dieses Gefühl ist verständlich, vor allem in dieser Situation.«

Nachdem ihr also Neugier an den Tag gelegt, Verständnis entwickelt und euch validierend geäußert habt, kommt die Empathie ins Spiel. Empathie sorgt dafür, Gefühle nachzuvollziehen und zuzulassen. Dabei ist alles erlaubt und hat seinen Platz. Wenn wir erfahren, warum ein Mensch so ist, wie er ist, können wir Empathie und Verständnis für ihn aufbringen; wir sind dann in der Lage, eine andere Perspektive einzunehmen und die Situation mitfühlender und weniger wertend zu betrachten. Empathie zeigen wir, indem wir Fragen stellen und versuchen, unser Gegenüber zu verstehen und dessen Erleben zu validieren. Außerdem kannst du dich bemühen:

- zuzuhören und dich dabei nicht ablenken zu lassen,

- von einer eigenen Erfahrung zu berichten, bei der du dich genauso gefühlt hast, um die Reaktion des Gegenübers zu normalisieren,

- auf Ratschläge zu verzichten und stattdessen einfach zuzulassen, dass dein Gegenüber so empfindet,

- dich für die Offenheit zu bedanken,

- in Kontakt zu bleiben und dich regelmäßig zu melden.

Wenn du dir selbst oder einer anderen Person den Rücken stärkst, konzentriere dich weniger darauf, das Richtige zu sagen, sondern achte stärker auf diese grundlegenden Aspekte. Frage dich:

- Wie kann ich diese Situation besser begreifen?

- Gibt es etwas, das ich am Empfinden oder Erleben des Gegenübers nicht verstehe?

- Was kann ich dafür tun, dass die Person sich verstanden und unterstützt fühlt?

- Mit welchen Worten oder Handlungen kann ich in dieser Situation meine Empathie zeigen?

Wenn du mit Neugier beginnst und dich um Verständnis bemühst, gelingen Validierung und Empathie fast von allein.

Anderen hilfreich zur Seite stehen

Da du dieses Buch liest, stehst du anderen Menschen vermutlich gern zur Seite. Vielleicht würdest du dich als empathisch oder hilfsbereit bezeichnen. Möglicherweise erfüllt es dich auch mit Zufriedenheit oder einem gewissen Stolz, wenn du jemandem helfen kannst. Gelegentlich geraten wir in den Konflikt, uns vor allem als »wohlmeinende« Helfer zu fühlen, statt tatsächlich sinnvoll und konstruktiv zu helfen. Das ist wichtig zu unterscheiden.

An dieser Stelle haben wir es wiederum mit Absicht und Wirkung zu tun. Wir müssen darauf achten, dass sowohl unsere Absicht stimmt als auch außerdem die Wirkung dem entspricht, was jemand nötig hat. Wenn wir nicht wissen, was unser Gegenüber braucht, und wir uns nicht einmal die Mühe machen, es herauszubekommen, helfen wir oft nur deshalb, weil wir uns gut dabei fühlen, und nicht, um ein Problem zu beheben.

Wie können wir also anderen hilfreich zur Seite stehen? Hier sind ein paar entscheidende Voraussetzungen:

- Gut zuhören können

- Nachfragen und erkennen, was das Gegenüber braucht

- Sich gut abgrenzen

Immer wieder kommt es vor, dass uns jemand unterbricht und mit Ratschlägen bombardiert: »Oje, aber hast du schon _____ probiert?« Mir passiert das jedenfalls sehr oft. Die Helfenden sind dann so übereifrig, dass sie sich nicht die Zeit nehmen herauszufinden, was die betreffende Person überhaupt will oder benötigt. Wenn du wirksam helfen möchtest, musst du vor allem aufmerksam zuhören können. Dabei ist es wichtig, Folgendes zu erfragen und in Erfahrung zu bringen:

- Was belastet diese Person gerade?

- Welche Ressourcen stehen ihr zur Verfügung?

- Was hat sie bereits versucht?

- Was braucht sie in diesem Moment? (Tipp: Oft geht es nicht um eine konkrete Lösung, sondern eher um Zuhören und Mitgefühl.)

Je besser du zuhören und die Bedürfnisse deines Gegenübers erkennen kannst, desto wirksamer und sinnvoller kannst du tatsächlich helfen.

Sich konsequent abzugrenzen ist für Helfende ebenfalls von großer Bedeutung. Es gab Zeiten, in denen ich meinte, sämtliche Probleme ringsum lösen zu müssen. Wenn ein Familienmitglied in Schwierigkeiten steckte, war ich so betroffen, dass ich sie umgehend aus der Welt schaffen wollte. Zu Beginn meiner beruflichen Laufbahn fiel es mir schwer, die Nöte meiner Patientinnen und Patienten nicht mit nach Hause zu nehmen. Wenn sie mich nicht sonderlich belasteten, hielt ich mich für unsensibel oder gleichgültig. Was ich in den Nachrichten erfuhr, ließ mich wochenlang nicht los. Ich fühlte mich schuldig, wenn ich mich amüsierte, obwohl es so viel Leid auf der Welt gab. Es fiel mir schwer, mein Leben zu genießen. Für mich gab es ausschließlich schwarz und weiß, gut und böse. Ich verurteilte andere Menschen dafür, die scheinbar vergaßen, was alles im Argen lag, und fragte mich ständig: »Wie kann ihnen das bloß egal sein?« Das ließ sich auf Dauer freilich nicht durchhalten, und mir wurde klar, dass sich etwas ändern musste.

Ich habe also gelernt, dass man nicht jedem Menschen helfen muss, weil das schlichtweg unmöglich ist. Mitunter ist es nötig, Grenzen zu setzen, wenn man nicht genügend Kraft, Ressourcen oder Kompetenzen besitzt, um jemanden zu unterstützen – das darf man nicht nur, es ist sogar gesund und vernünftig. Wenn wir das von Anfang an ehrlich zugeben, können sich die Betroffenen an andere Personen oder Stellen wenden, die in dem Moment eher in der Lage sind zu helfen. In manchen Situationen ist es womöglich geboten, professionelle Hilfe in Anspruch zu nehmen oder zumindest jemanden mit mehr Erfahrung auf diesem Gebiet einzubeziehen.

Hier sind einige Vorschläge, wie du jemandem mitteilen kannst, dass du im Moment nicht genügend Kraft, Ressourcen oder Fähigkeiten besitzt, um kompetent zu helfen:

- »Es tut mir leid, dass dir das passiert ist. Ich hatte einen harten Tag und dürfte dir im Moment wohl keine große Hilfe sein. Kann ich dich morgen noch einmal anrufen?«

- »Leider bin ich nicht die geeignete Person, um dir dabei zu helfen. Hast du schon daran gedacht, _____ zu kontaktieren?«

- »Es fällt mir wirklich schwer, über dieses Thema zu reden.«

- »Ich würde dir wirklich gern helfen, aber momentan bin ich sehr erschöpft. Kann ich mich wieder bei dir melden, wenn ich mehr Energie habe, um mit dir darüber zu reden?«

- Antworte erst dann, wenn du bereit dazu bist. Hinweis: Falls jemand gefährdet ist, sich zu verletzen oder umzubringen, und du damit überfordert bist, ist es wichtig, die betreffende Person auf geeignete Hilfsangebote hinzuweisen. Dazu kann gehören, den Notruf zu wählen, eine Vertrauensperson, therapeutische Unterstützung oder ein Familienmitglied zu kontaktieren und um Hilfe zu bitten oder sich an eine Stelle für Suizidprävention zu wenden.

- »Kennst du solche Tage, wenn einem alles zu viel ist und man dringend Zeit für sich selbst braucht? So geht es mir heute. Ich fürchte, wenn ich dir versuche zuzuhören oder einen Rat zu geben, kommt nichts Gutes dabei heraus. Kann ich mich bei dir (Zeitpunkt einsetzen) wieder melden?«

- »Ich möchte dir gern zur Seite stehen und für dich da sein. Im Moment fehlen mir dafür leider die Kapazitäten, aber wenn ich mich etwas ausgeruht habe, sieht das ganz anders aus. Was meinst du, können wir (Zeitpunkt einsetzen) darüber reden?«

- »Ich würde dir gern helfen, aber jetzt muss ich mich erst einmal auf (dieses Projekt o.Ä.) konzentrieren. Kann ich mich später wieder bei dir melden?«

- »Es ist mir unangenehm, mit dir über dieses Thema zu reden. Gibt es eine andere Person, an die du dich damit wenden kannst?«

Natürlich gibt es Situationen, in denen du helfen musst, obwohl dir gerade die mentale Kraft dazu fehlt, insbesondere dann, wenn du Elternteil oder Bezugsperson von Schutzbefohlenen bist. Inwiefern du in diesem Fall Grenzen setzen kannst, hängt vor allem von deiner Beziehung zu ihnen, von den verfügbaren Ressourcen und der jeweiligen Situation ab. Versuche dich darauf zu konzentrieren, wie du dich abgrenzen und schützen und welchen Einfluss du nehmen kannst. Selbst mit klar definierten Grenzen sind starke Emotionen zu erwarten, wenn einem nahestehenden Menschen etwas zustößt. Doch diese Grenzen verhindern, sich zu überfordern oder mehr zu leiden als nötig. Sie sorgen dafür, dass du dich darauf konzentrieren kannst, der betreffenden Person zu helfen und genau zuzuhören, was sie braucht.

Bedenke dabei, dass es darum geht, dem Schmerz Raum zu geben, auf dich nehmen musst du ihn nicht. Wenn es dir möglich ist, nimm dir Zeit für die Person, zeige dich empathisch, höre zu, frage nach, wie du helfen kannst, und validiere das Erleben. Fremden Schmerz auf dich zu nehmen ist sehr belastend und hilft niemandem weiter.

Wenn du den Impuls verspürst, jemandem zu helfen oder für jemanden ein Problem zu lösen, kannst du dir folgende Fragen stellen:

- Übertrete ich meine Grenzen, wenn ich versuche zu helfen?

- Ist die von mir angebotene Unterstützung praktikabel?

- Was motiviert mich, in dieser Form zu helfen?

- Bewirkt meine Rolle in dieser Situation, dass ich gereizt bin?

- Hat mein Helfen etwas mit Selbstbestätigung zu tun?

- Bin ich in dieser Situation die richtige Hilfsperson?

- Habe ich mein Gegenüber gefragt, welche Art von Hilfe gebraucht wird?

- Führt die von mir angebotene Hilfe dazu, dass ich andere Aspekte vernachlässige, die mir wichtig sind?

- Bewirkt meine Unterstützung, dass ich mich hilflos und/oder nicht wertgeschätzt fühle?

Konstruktive Hilfe besteht im Wesentlichen darin zuzuhören, sich um Verständnis zu bemühen, zu validieren, Empathie zu zeigen und klare Grenzen sich selbst und anderen gegenüber zu setzen. Es ist in Ordnung, wenn du nicht immer das Richtige sagst, schließlich bist du ein Mensch und keine professionell formulierte Grußkarte. Mach dir keinen Druck, immer perfekt sein und jederzeit die richtigen Worte finden zu müssen. Beschränke dich zunächst auf die wesentlichen Punkte, du wirst erstaunt sein, wie hilfreich schon kleine Gesten und Worte sein können.

Negatives gehört zum Leben

Anderen Menschen beizustehen und ihren Klagen Gehör zu schenken kann sehr anstrengend sein. Wenn wir nichts tun können oder uns ein Thema überfordert, sind wir schnell versucht, die betreffende Person aus unserem Leben zu verbannen oder ihr einen Negativstempel aufzudrücken. Doch das Negative gehört untrennbar zum Menschsein dazu und hilft uns, am Leben zu bleiben.

Unser Hang, vor allem das Schlechte wahrzunehmen und Gutes oftmals zu übersehen, ist kein Zufall, sondern hat sich im Laufe der Evolution so entwickelt, um unser Überleben zu sichern. Die wichtigste Funktion des menschlichen Gehirns besteht darin, Gefahren zu erkennen und unser Leben zu retten. Dass wir glücklich sind, steht nicht im Vordergrund. Deshalb kann permanentes Positivdenken einerseits toxisch und andererseits schlichtweg gefährlich sein. Ohne ein leichtes Faible für Negatives wären wir alle verloren.

In grauer Vorzeit ging es bei der Wahrnehmung nachteiliger oder gefährlicher Aspekte des Daseins buchstäblich um Leben und Tod. Menschen, die Gefahren erkennen und rasch darauf reagieren konnten, besaßen erheblich größere Überlebenschancen. Seitdem hat sich die Welt zwar stark verändert, doch unser Gehirn ist weitgehend noch das alte. Aus diesem Grund wittern wir mitunter Gefahren, wo eigentlich gar keine sind, oder reagieren unangemessen auf bestimmte Ereignisse. Das liegt daran, dass unser Gehirn nicht zwischen echten und eingebildeten Gefahren unterscheiden kann.[3] Das klingt verwirrend, ich weiß. Doch je besser ihr Negativdenken und seinen Zweck versteht, desto leichter fällt es euch zu erkennen, wann solche archaischen Reflexe bei euch und anderen anspringen.

Der Mensch neigt darüber hinaus zu einem psychologischen

Phänomen, das man als Negativitätsdominanz oder -bias bezeichnet.

Das bedeutet, dass negative Einflüsse sich stärker auf unser Gehirn auswirken als positive. In einer Studie des Psychologen John Cacioppo bekamen Versuchspersonen Bilder positiver, negativer oder neutraler Natur gezeigt. Dabei lösten die negativen Bilder deutliche stärkere Reaktionen in der Großhirnrinde aus als die positiven oder neutralen Abbildungen. Somit ist es sehr viel wahrscheinlicher, dass die Teilnehmenden sich an diese negativen Reize erinnern. Außerdem ist die neuronale Verarbeitung im Gehirn erheblich intensiver, wenn wir mit negativen, gefährlichen oder bedrohlichen Reizen konfrontiert werden.[4] Menschen neigen dazu:

- sich an traumatische Erlebnisse stärker zu erinnern als an positive,

- sich an Beleidigungen stärker zu erinnern als an Lob oder Komplimente,

- auf negative Reize intensiver anzusprechen,

- über Negatives deutlich mehr nachzudenken als über Positives,

- auf negative Ereignisse stärker zu reagieren als auf positive,

- aus negativen Situationen oder Ergebnissen mehr zu lernen,

- Entscheidungen eher anhand negativer Informationen zu treffen als anhand positiver,

- die mit einem Ziel einhergehenden Nachteile mehr zu betrachten als die Vorteile,

- negative Informationen über neue Bekannte wichtiger zu nehmen,

- negative Erinnerungen häufiger im Langzeitgedächtnis zu speichern als positive.

Wenn unser Gehirn so stark auf negative Aspekte ausgerichtet ist, wundert es kaum, dass es uns so schwerfällt, permanent positiv zu denken! Wir müssen uns damit abfinden, dass unser Gehirn damit lediglich dafür sorgen will, dass uns nichts zustößt und wir am Leben bleiben. Erst dann können wir nach neuen Wegen suchen, um uns in der modernen Welt zu behaupten, die uns nicht ständig auf Unzulänglichkeiten oder Bedrohungen hinweisen, die gar nicht vorhanden sind.

Nein, wir können nicht alles Negative aus unserem Leben verbannen

Im Netz gibt es zahllose Beiträge, die uns dazu auffordern, Negatives im Leben konsequent zu meiden, was ich reichlich kurios finde. Wenn ich das höre, frage ich mich immer: *Wie soll das gehen?* Soll man mit Leuten, die Negatives äußern oder sich beklagen, einfach nicht mehr reden? Welche Themen sind dann tabu? Nach allem, was wir über unser Gehirn gelernt haben, sind wir uns wohl einig, dass es nicht nur unmöglich ist, alles Negative aus unserem Leben zu verbannen, sondern geradezu gefährlich.

Wenn Leute behaupten, sie würden Negatives konsequent vermeiden, meinen sie damit meiner Erfahrung nach oft, dass sie sich nicht mit Dingen beschäftigen oder auseinandersetzen wollen, die ihnen unangenehm sind oder sie belasten. Eine solche Aussage dient häufig als Vorwand, um nicht an sich selbst arbeiten zu müssen, den Kontakt zu bestimmten Menschen abzubrechen oder offensichtliche Probleme in der Welt schlichtweg zu ignorieren. Dies ist enorm abträglich für unser zwischenmenschliches Miteinander und führt nicht selten dazu, dass Beziehungen zu Personen abreißen, die sich weder toxisch noch übergriffig verhalten, sondern lediglich gerade eine schwere Zeit durchmachen.

Wenn man sämtliche Leute gleich aus seinem Leben verbannt, die etwas Negatives ausstrahlen, wird es nie gelingen, enge Bindungen einzugehen, die auch Krisen und sonstige Herausforderungen überstehen. Selbstverständlich sollte man Beziehungen gelegentlich auf den Prüfstand stellen und gegebenenfalls beenden, wenn man schlecht behandelt wird, Übergriffe stattfinden oder das Gegenüber die Beziehung nicht wertschätzt. Das hat jedoch nichts mit Negativität zu tun. Negativität kann sich in Form von Depressionen oder einem schwierigen Lebensereignis zeigen, wie etwa dem Tod eines Elternteils, dem Verlust des Arbeitsplatzes, gravierenden Veränderungen oder gesundheitlichen Problemen. Sie ist keinesfalls immer toxisch oder schädlich, sondern nichts weiter als ein Teil des Lebens, und das ist gelegentlich eben nicht so einfach.

Falls du in Erwägung ziehst, »alles Negative aus deinem Leben zu verbannen«, stell dir zuvor folgende Fragen:

- Fällt es mir schwer, hierbei meine Grenzen deutlich zu machen?

- Hat ein Thema oder eine Person etwas an sich, was bedrohlich auf mich wirkt?

- Löst dieses Thema oder diese Person ein bestimmtes Gefühl in mir aus?

- Was wird sich meiner Ansicht nach in meinem Leben verbessern, wenn ich diesen negativen Einfluss daraus verbanne?

- Kann ich daraus etwas lernen, ehe ich mich dagegen abgrenze?

- Setze ich eine Grenze oder laufe ich vor einem wichtigen Problem davon?

- Warum möchte ich ein Leben frei von Negativem führen?

- Falls ich mit einem solchen Problem konfrontiert wäre, wie würde es sich anfühlen, von dieser Person deshalb gemieden zu werden?

Das soll keineswegs heißen, dass wir uns halt damit abfinden müssen, ständig negativ gestimmt zu sein. Vielmehr bedeutet es, dass wir an uns arbeiten und psychisch und emotional flexibler werden können. Darüber hinaus können wir auch selbst dazu beitragen, uns sicherer zu fühlen. So gelingt es:

- Auf Gutes und Schönes besonders achten. Wie wir inzwischen wissen, fällt uns das schwerer als bei unangenehmen Dingen. Achte daher darauf, Angenehmes intensiv wahrzunehmen, zu empfinden und vielleicht sogar zu notieren. Das Aufschreiben kann dabei helfen, es im Gedächtnis zu verankern und sich bewusst zu machen, um künftig daran zurückzudenken.

- Innere Monologe wahrnehmen. Sie zementieren häufig maßgeblich unser Negativdenken, indem wir Sätze wiederholen wie »Ich werde nie Erfolg haben« oder »Alle hassen mich«. Wenn du solche Gedanken hast, versuche sie dir bewusst zu machen und sie zu hinterfragen.

- Betrachte die Situation aus einem anderen Blickwinkel bzw. unterziehe deine Gedanken einer kritischen Prüfung. Analysiere deine Gedanken wie vor Gericht. Würden sie in einem Prozess ernsthaften Zweifeln standhalten? Halte Ausschau nach Zwischentönen. Lässt sich das Geschehen auch anders verstehen oder interpretieren?

Aber ich kann »negative« Menschen nicht ausstehen

Mir ist bewusst, dass ein hohes Maß an Negativität belastend sein kann. Es ist verständlich, sich vorwiegend mit heiteren, schönen und positiven Dingen umgeben zu wollen. Doch das Leben ist immer mal wieder ziemlich chaotisch, und wir werden mit allerlei Mist konfrontiert, der unsere Aufmerksamkeit einfordert und Gefühle erzeugt. Wenn wir das alles ignorieren, wird sich nichts ändern, und unsere Beziehungen werden auf Dauer oberflächlich bleiben. Deshalb müssen wir uns jedoch nicht mit allem Negativem umgeben und auf jeden einzelnen Hilferuf reagieren. Es ist erlaubt, Grenzen zu setzen. Ich würde allerdings unseren kollektiven Blick auf »negative Menschen« gern neu ausrichten.

Denn ich bin der Meinung, dass es regelrecht negative Menschen gar nicht gibt. Vielmehr bin ich davon überzeugt, dass manche Menschen:

- verunsichert sind,

- Probleme oder Konflikte zu bewältigen haben,

- verletzt wurden,

- nicht gelernt haben, dass sie auch angenehme Emotionen empfinden dürfen.

Solche Menschen denken meist besonders negativ oder das Negativdenken dient bei ihnen als Bewältigungsstrategie. Doch sie sind per se keine »negativen Menschen«, die sich niemals ändern können und deshalb aus unserem Leben verbannt werden müssen. Ich betone noch einmal, dass eine negative Lebenseinstellung und übergriffiges beziehungsweise verletzendes Verhalten zwei grundverschiedene Dinge sind. Den Umgang mit negativen Menschen zu vermeiden oder sie aus unserem Leben auszuschließen ist etwas anderes, als sich gegenüber einer Person klar abzugrenzen, die uns verletzt hat oder weiterhin verletzt. Wir haben das Recht, Grenzen gegenüber solchen Personen zu setzen, und es ist wichtig, dies zu tun. Mir geht es dagegen darum, unser Stereotyp von negativen Menschen zu hinterfragen, die:

- über problematische Gefühle sprechen,

- auf Ungerechtigkeiten und Probleme in unserer Welt hinweisen,

- uns vorwerfen, sie verletzt zu haben,

- problematische Gefühle in uns auslösen.

Negativität ist zu einer Art Sammelbegriff für alles geworden, was uns nicht gefällt oder dem wir nicht ins Auge blicken wollen. Wir bezeichnen andere als »zu negativ« und bringen sie damit zum Schweigen oder entziehen uns der Verantwortung. Nervt zu viel Negatives manchmal? Ja, auf jeden Fall. Doch es zwingt uns auch dazu, uns klarzumachen, was wirklich wichtig ist, unsere Beziehungen in Ordnung zu bringen und Veränderungen anzugehen. Ohne Negatives wären wir völlig verloren. Wenn jemand soziale Gerechtigkeit einfordert, möchten wir das vielleicht nicht hören, weil es uns deprimiert oder unsere eigenen Privilegien vor Augen führt. Über die gesundheitlichen Probleme einer Freundin wollen wir lieber nicht reden, um nicht mit unserer eigenen Sterblichkeit konfrontiert zu werden. Den Jobverlust eines Bekannten thematisieren wir lieber nicht, weil wir uns dabei hilflos fühlen. Es gibt so viele Gründe, warum negative Themen und Klagen uns belasten können. Die meisten davon haben mehr mit uns selbst zu tun als mit anderen Menschen. Denn letztendlich haben wir alle bisweilen einen Hang zum Negativen, damit müssen wir uns abfinden.

Wenn du dazu neigst, Personen als zu negativ abzulehnen, kann es ratsam sein, dir einige der folgenden Fragen zu stellen. Sie können dir dabei helfen zu klären, ob die betreffende Person tatsächlich eine zu negative Einstellung hat oder dich auf etwas stößt, das deine Aufmerksamkeit verlangt.

- Triggert diese Person eine problematische Emotion in mir?

- Erinnert sie mich an einen anderen Menschen, den ich kenne?

- Zwingt mich diese Person dazu, mich mit den Themen auseinanderzusetzen, über die sie sich beklagt oder die sie anspricht?

- Missfällt mir das Thema, auf das ich hingewiesen werde?

- Fühle ich mich hilflos, wenn jemand seine Gedanken äußert?

- Fügt mir die Person damit Schmerz zu, oder stört es mich lediglich? (Das ist ein Unterschied.)

- Ist dieses Verhalten als übergriffig einzustufen, und muss ich daher gegenüber dieser Person Grenzen setzen?

- Hat die betreffende Person Probleme oder Konflikte zu bewältigen, die negative Gedanken verstärken?

Unmut ist ganz normal und kommt bei jedem Menschen vor. Wir wissen nun, dass wir diese Gedanken und Gefühle zum Leben brauchen. Ohne jegliche Angst wären wir vermutlich längst tot. Ohne Traurigkeit wüssten wir nicht, was uns wichtig ist. Und wenn wir uns nicht beklagen, würde sich nie etwas ändern oder verbessern.

Manchmal frage ich mich, ob zu negativ eingestellte Menschen lediglich etwas mehr Empathie und Verständnis brauchen. Vielleicht ist das ja für sie der Schlüssel zu mehr Optimismus? Und kann es nicht sein, dass wir jedes Mal, wenn wir einem zu negativ denkenden Menschen aus dem Weg gehen, eine Chance verpassen, etwas über uns selbst zu lernen?

Über ernste Themen zu sprechen ist nicht einfach und kann manchmal sehr negative Gefühle hervorholen. Doch solche Momente können auch viel Heilung, Entwicklung und Verständnis mit sich bringen. Was würde wohl geschehen, wenn wir vor solchen Gesprächen nicht mehr davonliefen, sondern uns intensiver mit den Gründen auseinandersetzten? Wenn wir

Probleme wirklich klären wollen, müssen wir ihnen zunächst ins Auge sehen. Indem wir anderen Menschen Raum geben und ihr Erleben validieren, ist es sehr viel wahrscheinlicher, dass sich ihr Befinden bessert und ihre Einstellung daraufhin positiver wird. Durch hohle Motivationssprüche lassen sich Probleme jedenfalls nicht beseitigen. Manchmal geschieht es, dass wir andere verletzen und daher unser Verhalten überprüfen müssen. Negativität und Klagen ermöglichen uns Zugang zu all diesen Informationen und wirken als Türöffner für echte Veränderung.

Umgang mit »Schwarzmalern«

Eine stabile positive Einstellung und dauerhaftes Glücksempfinden kommen oft dadurch zustande, dass Menschen sich vor allem abschirmen, was dieses Grundgefühl gefährden könnte. Wem es gelingt, jegliches Negative auszublenden, indem man den Fernseher ausschaltet, entsprechende Gesprächsthemen meidet, sich von bestimmten Menschen fernhält und so seinem Leben nachgeht, gehört zu einer sehr kleinen Gruppe von Glückspilzen. Dafür kann man dankbar sein und muss zugleich bedenken, dass es nicht der Normalfall ist.

Jeder Mensch hat das Recht, sich zurückzuziehen, um aufzutanken und sich auszuruhen. Das ist auch notwendig, denn man kann und sollte nicht permanent Nachrichten oder beunruhigende Informationen auf sich einströmen lassen. Als Therapeutin ist mein Alltag mitunter sehr belastend, da ich so viel Schwieriges zu hören bekomme. Deshalb muss ich dafür sorgen, all das zeitweise auszublenden, um mich am nächsten Tag wieder meiner Arbeit widmen zu können. Könnte ich mich vom Gehörten nicht abgrenzen, würde ich unweigerlich ausbrennen und wäre nicht mehr imstande, meiner Aufgabe gerecht zu werden.

Aber was ist mit den Menschen, die damit leben müssen und sich nicht einfach davon abwenden und ablenken können?

Es liegt nicht in unserer Verantwortung, die Last für sie zu tragen. Mehr Empathie und echtes Verständnis für ihr Erleben kann sich jedoch günstig darauf auswirken, wie wir ihr Verhalten einordnen und unsere Einstellung ihnen gegenüber verändern. Wenn wir der Auffassung sind, dass andere nur eine positivere Grundhaltung oder mehr heitere Gedanken brauchen, sollten wir uns Folgendes fragen:

- Von welchen Aspekten ihres Lebens können sie sich nicht abwenden oder sich daraus zurückziehen?

- Wovor kann ich mich abschirmen, was für einen anderen Menschen vielleicht täglich Realität ist?

- Wie kann ich mich schützen und trotzdem anderen gegenüber empathisch sein?

- Wenn ich täglich mit diesen Problemen konfrontiert wäre, würde sich das auf meine innere Einstellung auswirken?

Wenn wir mit Nöten und Problemen zu kämpfen haben, sind wir nicht zwangsläufig »negativ gestimmt«. Es ist ein großer Unterschied, ob jemand seinen Schmerz thematisiert oder sich in jedem Lokal über das Essen beschwert. Das müssen wir unbedingt voneinander unterscheiden.

Erinnert ihr euch noch an Sam aus dem sechsten Kapitel? Sam kam gern zur Therapie, um sich zu beklagen. Er strebte nach Verbundenheit und Validierung und wusste, dass er dies im therapeutischen Kontext fand. Als ich ihm dann unerwartet Ratschläge erteilte, griff ich damit gravierend in Sams Verarbeitungsprozess ein. Das war überhaupt nicht das, was er in diesem Moment wollte oder brauchte. Klagen können lästig sein, wenn sie sich ständig wiederholen oder wir nicht wissen, wie wir darauf reagieren sollen. Weiter vorn in diesem Buch haben wir erörtert, wie das Klagen uns oftmals hilflos macht und den Zuhörer in eine Helferrolle drängt. Falls du jemanden kennst, der sich häufig beklagt, so gibt es eine Reihe von Möglichkeiten, wie du darauf unmittelbar reagieren kannst. Manche sind empfehlenswert, andere dagegen gar nicht. Ich stelle dir hier einige der besten und schlechtesten Reaktionen vor.

Bevor du reagierst, ist es empfehlenswert, sich einige der folgenden Fragen zur Selbstreflexion zu stellen:

- Kann ich diese Person irgendwie unterstützen?

- Kann ich ihr Erleben validieren?

- Teile ich ihre Sorgen und Befürchtungen?

- Ist das, was diese Person mir mitteilt, plausibel? Muss ich wissen oder entscheiden, was in dieser Situation plausibel ist?

- Wäre ich verletzt, irritiert oder würde eine andere belastende Emotion verspüren, wenn ich in dieser Lage wäre?

- Welche Reaktion würde ich mir von anderen wünschen?

- Braucht mein Gegenüber nur etwas Zeit, um das Erlebte zu verarbeiten, oder handelt es sich um eine dauerhafte Problematik?

- Beklagt sich diese Person tatsächlich oder empfindet sie Schmerz, Trauer o.Ä.?

- Handelt es sich um ein systemisches oder verbreitetes Problem, das viele Menschen umtreibt?

Anhand deiner Antworten auf die Frage kannst du entscheiden, wie du reagieren willst. Nachfolgend aufgelistet findest du die typischsten Reaktionen auf klagende Äußerungen.[5]

Zustimmen oder widersprechen

Je nach Art der Klage kannst du Zustimmung oder Widerspruch äußern. Zustimmung ist nicht immer die beste Reaktion, und Widerspruch bedeutet nicht zwangsläufig, dass du kühl oder distanziert bist. Um eine Aussage des Gegenübers zu validieren, musst du ihr keineswegs beipflichten. Wenn ich mich beispielsweise über die Kälte im Raum beschwere, während es dir zu warm ist, kannst du antworten: »Es ist kein Wunder, dass du frierst. Du trägst ja nur ein ärmelloses Oberteil.« Damit gibst du mir nicht unbedingt recht, sondern bestätigst lediglich mein Erleben und Empfinden. Durchaus möglich, dass du vollkommen anderer Ansicht bist. Viele Leute gehen davon aus, dass sie einer Klage zustimmen müssen, um sie zu validieren. In der genannten Situation könntest du auch erwidern: »Das ist aber seltsam, wir haben hier 25 Grad. Wie kommt es also, dass du frierst? Ob du vielleicht krank wirst?« Ganz gleich, ob du zustimmst oder widersprichst, es geht darum, das Erleben des Gegenübers zu validieren, was äußerst konstruktiv sein kann.

Rechtfertigen oder leugnen

Auf Klagen kann man auch mit Rechtfertigung oder Verleugnung reagieren. Das ist vor allem bei Beziehungsthemen sehr typisch und birgt zusätzlichen Konfliktstoff. Stellen wir uns zum Beispiel vor, jemand beschwert sich, weil sein Partner nie den Abwasch macht. Dieser rechtfertigt sich daraufhin: »Du bittest mich doch nie darum, und außerdem hab ich zu viel um die Ohren!« Oder er leugnet es rundheraus. »Das stimmt doch gar nicht. Ich erledige so viel für dich.« Rechtfertigen und Leugnen sind selten geeignete Antworten, da sie das Gegenüber in die Defensive drängen. Meist entwickelt sich daraus ein Streit, bei dem sich beide Seiten beschweren, statt einander zuzuhören. Daher sollte diese Option weitgehend vermieden werden.

Mitgefühl und Problemlösung

Mitgefühl zu zeigen und Problemlösung anzubieten sind sehr verbreitete Reaktionen auf Klagen. Ich habe damit sehr gute Erfahrungen gemacht. Viele Klageschleifen lassen sich mit einem empathischen »Das ist nachvollziehbar« oder »Das verstehe ich« recht schnell beenden. Problemlösung kann dagegen heikel sein und kommt nicht gut an, falls sie unerwünscht ist. Daher sollte man unbedingt klären, ob die betreffende Person sich tatsächlich Rat oder Lösungen wünscht, bevor man dies anbietet.

Gegenklagen

Sich ebenfalls zu beklagen ist eine andere Möglichkeit, um auf Klagen zu reagieren. Wenn jemand etwa sagt, »Meine Füße tun schrecklich weh«, antwortet das Gegenüber: »Oh Mann, meine auch. Ich muss dringend die Schuhe ausziehen.« Solche Gegenklagen sind durchaus wirkungsvoll, wenn sie richtig eingesetzt werden. Am besten geeignet sind sie bei weniger schwerwiegenden Themen und wenn man weiß, dass die eigene Klage der anderen ungefähr entspricht. Erlebt das Gegenüber dagegen belastende oder beunruhigende Emotionen, ist dies weniger empfehlenswert, da ein Vergleichen oder Überbieten der Klagen die Folge sein kann. Daher sollte man sich dabei auf untergeordnete Probleme beschränken und bei Themen wie Verlust, Trauma oder anderen Belastungen darauf verzichten. Ansonsten kann schnell der Eindruck entstehen, dass ungeeignete Vergleiche gezogen werden, oder Klagende fühlen sich unverstanden.

Neutrale Haltung oder ignorieren

Die letzte Möglichkeit, um auf Klagen zu reagieren, besteht darin, sich neutral zu verhalten oder diese gänzlich zu ignorieren. Ja, richtig gelesen: Man muss nicht zwangsläufig reagieren, wenn sich jemand beklagt. Manchmal dient das Klagen, wie bereits erwähnt, auch nur kathartischen Zwecken. In diesem Fall wird vom Gegenüber gar nichts Konkretes erwartet. Wenn sich jemand beklagt, kann es daher eine Option sein, das Gespräch einfach fortzusetzen. Das kann sich als ausgesprochen sinnvoll erweisen, wenn jemand über Unspektakuläres schimpft, wie etwa einen Stau auf dem Weg zum Restaurant. Darauf kann man beispielsweise durchaus antworten: »Schön, dich zu sehen.«

Und wenn ich einer Person wirklich aus dem Weg gehen muss?

Es kommt unweigerlich vor, dass wir den Umgang mit bestimmten Menschen aus den verschiedensten Gründen meiden müssen – weil sie ihre negative Energie direkt auf uns und unser Leben übertragen, sich übergriffig verhalten, uns scheitern sehen wollen oder keine Rücksicht auf unsere Gefühle nehmen, obwohl wir ihnen Empathie und Verständnis entgegenbringen. Solche Beziehungen schaden uns und verhindern eine zielführende Kommunikation wie zuvor in diesem Kapitel beschrieben. Daher betone ich noch einmal, dass ihr keinen Umgang mit Personen pflegen müsst, die euch ständig verletzen oder anderweitig zu nahe treten. Vertraut auf euer Gespür, um solche Beziehungen zu erkennen und euch gegebenenfalls abzugrenzen.

Ihr habt jederzeit das Recht, anderen mitzuteilen, dass ihr derzeit nicht imstande seid zu helfen. Manchmal ist gerade das eine mitfühlende und empathische Reaktion, weil ihr eigene Probleme zu bewältigen habt, es euch an Zeit oder Ressourcen mangelt oder ihr vielleicht einfach die falsche Person dafür seid. Es ist in Ordnung, wenn ihr feststellt, dass euch die Stimmung oder Anwesenheit eines Menschen im Moment nicht guttut. Grenzen zu setzen ist hier besonders wichtig, und es gibt viele Wege, um jemandem nahezubringen, dass ihr zu diesem Zeitpunkt keine Hilfe anbieten könnt.

Ein bisschen negativ sind wir doch alle

Gestehen wir uns ein, dass wir uns alle ab und zu beklagen. Die einen sind dabei vielleicht etwas zurückhaltender, die anderen offensiver. Das Klagen wird nie ganz aufhören, und das soll es auch gar nicht, denn es erfüllt einen wichtigen Zweck in unserem Leben. Es sorgt für Verbundenheit, zeigt uns, was wichtig ist, und hilft uns dabei, unsere Gefühle zu verarbeiten. Manchmal müssen wir unseren Klagen einfach Luft machen, und das ist völlig okay.

Dabei gilt es zu bedenken:

- Es ist normal, dass dich manches belastet. Gelegentlich kann das Leben überwältigend und beunruhigend sein.

- Wenn du Themen ansprichst, die dir wichtig sind, hat das nichts damit zu tun, dass deine Einstellung »zu negativ« ist.

- Manchmal kommt es vor, dass dir jemand nicht zur Seite stehen kann, wenn du Unterstützung brauchst. Das bedeutet nicht, dass du anderen zur Last fällst oder aufhören sollst, dich mitzuteilen. Suche vielmehr weiter nach den richtigen Gesprächspartnern.

Reflexion

- Was brauche ich von Menschen, die mir helfen? Wodurch fühle ich mich am meisten unterstützt?

- Welche Art von Hilfe und Unterstützung kann ich selbst besonders gut anbieten?

- Welche Art von Hilfe und Unterstützung strengen mich besonders an?

- Gebe ich mehr oder weniger in meinen Beziehungen? Was könnte zu dieser Dynamik beitragen?

Das Leben mutet dir nie mehr zu, als du bewältigen kannst.

....

Manchmal bekommen Menschen durchaus mehr zugemutet, als sie bewältigen können. Das kommt mitunter vor. Unangenehmes erlebt niemand nur deshalb, weil er oder sie dafür »stark genug« ist. Das sollte man sich klarmachen, ebenso wie die Tatsache, dass das Leben gelegentlich unfair ist. Manche Probleme sind allein nicht zu meistern. Holt euch in solchen Fällen Hilfe und denkt immer daran, dass ihr nicht permanent stark sein müsst.

Kapitel 8

Lächelnde Diskriminierung

Toxischer Optimismus und das Streben nach Glück sind seit Jahrhunderten starke Triebkräfte der westlichen Kultur. In diesem Buch habt ihr erfahren, wie diese Kräfte die Gesellschaft durchsetzt haben und nach wie vor eine große Rolle in Religion, Gesundheitswesen, Wissenschaft und Arbeitswelt spielen. Dieses Phänomen ist nicht neu und hält einen Großteil jener Systeme aufrecht, die vielen Menschen das Leben schwermachen.

Daher möchte ich eine Warnung vorausschicken, dass dieses Kapitel verunsichern kann und unter Umständen nicht ganz leicht zu verkraften ist. Die Recherchen bedeuteten für mich jedenfalls anfangs eine gewisse Herausforderung. Auch wenn mir bereits bewusst war, dass toxischer Optimismus ein echtes Problem darstellt, ahnte ich nicht, wie allgegenwärtig er tatsächlich ist und welche Macht von ihm ausgeht. Es fällt schwer zu begreifen, wie etwas so »Positives« dazu beitragen kann, zahllose Missstände zu zementieren. In diesem Kapitel kann ich hoffentlich aufzeigen, in welch vielfacher Hinsicht toxisch positive Haltungen dazu beitragen, unterdrückende Systeme am Leben zu erhalten.

Dieses Kapitel kann auch für all jene eine heikle Lektüre

sein, die mit Beeinträchtigungen oder chronischen Krankheiten leben, größer oder schwerer sind als der Durchschnitt, sich als queer oder transgender definieren, People of Color oder Frauen sind oder einer anderen marginalisierten Gruppe angehören. Nehmt euch Zeit beim Lesen und lasst ruhig alles aus, was euch als zu belastend oder nicht relevant erscheint.

In diesem Kapitel streife ich auch einige sehr persönliche Themen und stelle meine eigene Identität vor, damit ihr meinen Blickwinkel besser einordnen könnt. Ich bin eine weiße, heterosexuelle US-Amerikanerin von Anfang dreißig. Meine Mutter ist Tochter kubanischer Einwanderer. Ich bin verheiratet, mein Ehemann ist jüdischer Herkunft. Ich bin ohne materielle oder finanzielle Notlagen aufgewachsen. Mit Rassismus, Homophobie, Antisemitismus, Ableismus, Klassismus oder Diskriminierung aufgrund von Größe oder Gewicht habe ich aufgrund meiner Erscheinung praktisch keinerlei Erfahrung und bin mir dieses Privilegs außerordentlich bewusst. Als Frau kenne ich natürlich Sexismus in unterschiedlichsten Varianten. Und als Ehefrau, Tochter und Freundin erlebe ich viele dieser Vorurteile mit, weil Menschen in meinem unmittelbaren Umfeld davon betroffen sind.

Mir ist klar, dass mein eigenes Erleben Einfluss darauf hat, wie ich mich über diese Themen äußere. Aus diesem Grund bringe ich zusätzlich die Sicht zahlreicher kompetenter Fachleute ein, die auf die jeweiligen Themen spezialisiert sind beziehungsweise eine oder mehrere der genannten Identitäten selbst verkörpern. In einer so stark diversifizierten Stadt wie Miami habe ich das Glück, bei meiner klinischen Tätigkeit mit den unterschiedlichsten Menschen zusammenzuarbeiten – diese Erfahrungen sind ebenfalls in das vorliegende Kapitel mit eingeflossen. Ich bin keine Expertin für Antirassismus und werde wohl nie erfahren, wie es wirklich ist, sich mit den genannten Identitäten in der Welt zurechtzufinden. Doch ich kenne mich sehr gut damit aus, wie toxisches Positivdenken uns gefangen hält und leiden lässt. Meiner Erfahrung nach und meinen Recherchen zufolge passiert dabei allzu oft Folgendes:

- Statt für bessere gesundheitliche Versorgung zu sorgen, werden wir dazu angehalten, Krankheiten durch unsere innere Einstellung zu kurieren.

- Statt Umgebungen für Menschen mit Beeinträchtigungen zugänglicher zu gestalten, bejubeln wir Betroffene als besonders »inspirierend«.

- Statt mehr Geschlechtergerechtigkeit zu schaffen, halten wir an Klischees von der »glücklichen Hausfrau« oder »erfolgreichen Powerfrau« fest und verteufeln zugleich alle »wütenden Feministinnen«.

- Statt uns dafür einzusetzen, dass alle Menschen unabhängig von ihrer Herkunft gleich behandelt werden, halten wir uns mit Sprüchen wie »Können wir uns nicht alle lieb haben« oder »Lasst uns doch miteinander auskommen!« auf, ohne uns wirklich dafür einzusetzen, dass sich etwas ändert.

- Statt Körper in all ihrer Vielfalt anzunehmen und uns gegen die Diätkultur zu verwahren, propagieren wir Body Positivity und Body Love, während wir zugleich nichts an den Systemen ändern, die solche Ideale befördern.

- Statt die Vielfalt von Identitäten und Beziehungen zu feiern, erwarten wir von marginalisierten Personen, dass sie sich

»glücklich schätzen« sollen, und sind verärgert, wenn sie sich nicht dankbar zeigen.

• Statt eine gerechtere Vermögensverteilung einzufordern, verschlingen wir Ratgeber, die schnellen Reichtum versprechen, idealisieren unseren Arbeitsstress und reden uns ein, dass Fleiß zwangsläufig zum Erfolg führt.

Schauen wir uns also genauer an, wie toxischer Optimismus solche Systeme zementiert und wie es dazu kommen konnte.

»Gaslighting« in Reinform

Toxischer Optimismus ist im Kern eine Form von Gaslighting. Suggeriert er Menschen doch, dass ihr Empfinden falsch ist, sie sich alles nur einbilden und überhaupt die Einzigen sind, denen es so geht. In vielen positiv-motivierenden Texten sind Spielarten von Gaslighting zu erkennen.

Als ich Luis kennenlernte, war er ein großer Verfechter des Gesetzes der Anziehung. Ironischerweise entschied er sich trotzdem für eine Therapie ausgerechnet bei mir, obwohl ich mich in den sozialen Netzwerken doch immer wieder öffentlich dagegen aussprach. In unseren ersten Sitzungen ging es vor allem um das Manifestieren und bewusste Lenken unserer Gedanken. Insgeheim rollten sich mir dabei buchstäblich die Zehennägel hoch, doch ich beschloss, mich zurückzuhalten und vor allem zuzuhören, wie ihm diese Methoden halfen und welche Rolle sie in seinem Leben spielten. Schließlich ist es irrelevant, ob mir die Bewältigungsstrategien meiner Patienten persönlich zusagen oder nicht. Wenn sie ihnen guttun und niemandem schaden, akzeptiere ich sie und arbeite mit der betreffenden Person daran, ihre Ziele zu erreichen.

Besonders interessant fand ich dabei, dass Luis Woche für Woche in meiner Praxis erschien – trotz seiner Vorliebe für das Gesetz der Anziehung und der festen Überzeugung, dass es funktionierte. Unbeirrt ließ er sich auf Sitzungen bei mir ein, einer Therapeutin, die kein Hehl aus ihrer Abneigung dagegen machte. Ich schloss daraus, dass noch etwas anderes dahinterstecken musste, und entschied mich abzuwarten, bis er bereit war, es preiszugeben.

Nach einigen Wochen begann Luis, über ein Trauma aus seiner Kindheit zu sprechen. In unseren Sitzungen hatte er es bis dahin nie erwähnt. Vielmehr ging ich davon aus, dass er vor allem danach strebte, motivierter und produktiver zu werden. Ich erlebte Luis als ruhigen, gefassten und gelassenen Mann von Mitte dreißig, der lediglich besser schlafen und das Beste aus seinem Leben machen wollte. Doch nach und nach bemerkte ich, wie diese Fassade Risse bekam, sodass wir wohl bald einen Blick dahinter werfen konnten, wenn ich mir Mühe gab und nichts überstürzte.

Luis begann, vom Verhältnis zu seiner Großmutter zu erzählen, die ihn großgezogen hatte. Seine Mutter war gestorben, als er zehn Jahre alt war, und seinen Vater hat er nie kennengelernt. In unserer ersten Sitzung hatte er berichtet, dass seine Mutter nicht mehr lebte und er seinen Vater nicht kannte. Abgesehen davon habe er jedoch eine »schöne, ganz normale Kindheit« gehabt. Erkennt ihr das Muster der Verleugnung?

Nach einigen Sitzungen begann Luis schließlich preiszugeben, dass er unter Vernachlässigung, Missbrauch und teilweise auch Hunger gelitten hatte. Eine solche Kindheit weckte in ihm den starken Wunsch, so etwas nie wieder erleben zu müssen. Daher bemühte er sich mit allen Mitteln darum, immer ausreichend Geld auf dem Konto, genug Essen auf dem Tisch und außerdem ein Zuhause zu haben, wo es positiv und friedvoll zuging – um jeden Preis. Dabei machte Luis schließlich Bekanntschaft mit dem Gesetz der Anziehung. Er strebte nach Kontrolle und wollte absolut sichergehen, solche Emotionen nie wieder erleben zu müssen. Dies wurde ihm in Form dieser Lehren auf dem Silbertablett serviert.

Das angeblich »mächtigste Gesetz des Universums« versprach ihm Geld, positive Gedanken und Glück im Überfluss, wenn er sich ausschließlich auf das Gute in seinem Leben konzentrierte und alles andere über Bord warf.[1] Mit dem ihm eigenen Enthusiasmus ging Luis zu Werke, um unbedingt alles »richtig« zu machen. Es las die richtigen Bücher, dachte die richtigen Gedanken und distanzierte sich von allem, was ein Leben in Fülle verhindern könnte – einschließlich seiner eigenen Vergangenheit. Es gab nur ein Problem: Er konnte nicht vor allem davonlaufen. Denn das Trauma aus seiner Kindheit war nach wie vor ein Teil von ihm, und das Verdrängen verstärkte dessen Auswirkungen im Erwachsenenalter nur umso mehr. Zunehmend traten Schlafstörungen auf, er zog sich zurück und erlebte intensive Flashbacks und Erinnerungsschübe. Luis begann sich zudem die Schuld an allem zu geben, was ihm zugestoßen war, und empfand sein Dasein als einziges Scheitern. Er war zutiefst deprimiert und wusste keinen Ausweg mehr.

Der toxische Optimismus, der aus vielen Texten über das Manifestieren oder das Gesetz der Anziehung spricht, ist nichts Neues. Es handelt sich dabei um eine klassische Form von Gaslighting, die nahelegt, dass es keine Opfer gibt, sondern allenfalls »Mitschöpfer«. Toxisches Positivdenken legt nahe, dass jegliche Diskriminierung frei erfunden ist, Gedanken buchstäblich krank machen können und jeder Mensch genau das bekommt, was für ihn bestimmt ist. Luis ist dabei weder der erste noch der letzte Patient, der auf meiner Couch Platz nimmt und mit diesen Konzepten ringt. Letztendlich sind wir doch alle auf der Suche nach Glück und wünschen uns mehr Kontrolle in unserem Leben, und diese Ideen haben etwas Anziehendes und Faszinierendes an sich – bis sich Ernüchterung einstellt.

Gesundheit und Glück

Beides gilt seit Langem als eng miteinander verknüpft. Krankheit und Behinderung werden häufig als Bürde angesehen, und beeinträchtigte oder chronisch kranke Menschen spielen in den Medien nur selten eine selbstverständliche Rolle. Stattdessen werden uns allerlei »inspirierende Geschichten« präsentiert, wie Betroffene allen Widrigkeiten zum Trotz ihren Weg gehen und nach gängigen (also nicht-behinderten) Maßstäben glücklich werden. Von beeinträchtigten oder kranken Menschen erwarten wir auch, dass sie stets positiv denken, ansonsten vermuten wir, dass sie an ihrem Schmerz bewusst festhalten und sich in der Opferrolle wohlfühlen.

Diese Bevölkerungsgruppe steht schon lange im Visier von Glücksverfechtern. Eugenik-Experten versprachen durch ihre Methoden persönliches und kollektives Glück und waren der Auffassung, nicht-positive Gemütszustände seien für die Evolution abträglich.[2] Dabei ließen sie die damaligen sozialen, politischen und wirtschaftlichen Probleme zugunsten eines stark vereinfachten Verständnisses von Krankheit und Glück gänzlich außer Acht. Jeglicher Widerspruch gegen diese Philosophie oder die damit verbundenen Methoden wurde als »unwissenschaftlich« abgetan oder ignoriert. Die Eugenik-Bewegung entstand in den USA zu Beginn des 20. Jahrhunderts und stellte ein außerordentlich finsteres Kapitel für Menschen mit physischen oder psychischen Krankheiten oder Beeinträchtigungen dar, indem sie letztlich für das Unglück der gesamten Gesellschaft verantwortlich gemacht wurden[3] (extrem pervertiert im Dritten Reich als nationalsozialistische Rassenhygiene).

Auf dem Höhepunkt der Eugenik-Bewegung verweigerte man Menschen mit schwerwiegenden Erkrankungen die medizinische Behandlung, um angeblich deren Resilienz auf die Probe zu stellen. Durch »wissenschaftliche Studien« wurde vermeintlich nachgewiesen, dass Hilfe für Behinderte letztlich der gesamten Gesellschaft schaden und vermehrt zu Krankheiten und abträglichen sozialen Verhältnissen führen würde. Menschen mit Beeinträchtigungen bezeichnete man als »schwachsinnig«. Man schrieb ihnen unangemessene Gemütszustände, mangelnde emotionale Kontrolle sowie allerlei Unzulänglichkeiten zu, die sie untauglich machten als Nachbarn und Mitmenschen. Im Kern warf man ihnen vor, das Glück der Bevölkerungsmehrheit zu beeinträchtigen. Daher wurde zur Lösung dieses Problems vorgeschlagen, sich ihrer zu entledigen und ihre Existenz zu leugnen – alles zugunsten des Strebens nach Glück.[4]

Einige Psychologen waren damals der Ansicht, ein Eliminieren der »Schwachsinnigen« würde jeder Gesellschaft eine enorme Zunahme von Glück und Erfolg bescheren. Schwachsinn war dabei lediglich eine Umschreibung für solche psychischen oder physischen Krankheiten, die Betroffene daran hinderten, tüchtige und glückliche Mitglieder der Gesellschaft zu sein. Infolgedessen wurden all jene, die das Glück der Mehrheit angeblich bedrohten, weggesperrt, sterilisiert oder umgebracht. Psychisch und physisch Kranke galten zu dieser Zeit als die größte Gefahr für das kollektive Glücksstreben, weshalb die gegen sie unternommenen Maßnahmen vielfach auf Zustimmung stießen.[5]

Das Verhältnis zwischen Gesundheit und Glück ist auch heute noch extrem problematisch. In der Literatur über das Gesetz der Anziehung beziehungsweise das Manifestieren wird oftmals vermittelt, das Nachdenken über oder die Sorge vor Krankheiten bringe diese verstärkt hervor. Außerdem wird die Frage aufgeworfen: »Ist es nicht auffällig, dass Menschen, die das Kranksein besonders stark thematisieren, immer kränker werden?«[6] Um diese Frage gleich zu beantworten: Nein, das ist mir noch nicht aufgefallen. In meinem Beruf begleite ich seit vielen Jahren Menschen, die mit chronischen Krankheiten und Behinderungen leben, und einige Mitglieder meiner eigenen Familie sind ebenfalls davon betroffen. Eine Korrelation zwischen Äußerungen über Krankheiten und deren Auftreten suche ich noch und kenne auch keinerlei zuverlässige Daten, die diese Behauptung untermauern würden.

Krankheit und Behinderung hängen oft mit einer Vielzahl von Faktoren zusammen, die auf komplizierte Weise miteinander verwoben sind. Hier sind einige der wichtigsten Faktoren, die allgemein unsere Gesundheit beeinflussen:[7]

- Sozioökonomischer Status

- Zugang zu medizinischer Versorgung

- Umweltgifte

- Sozialer Rückhalt und tragfähige Beziehungen

- Berufliche Belastungen oder Arbeitslosigkeit

- Diskriminierung

- Religiöse Überzeugungen

- Geschlecht

- Soziale Einflüsse

- Tabakkonsum

- Versorgung mit Nahrungsmitteln und deren Qualität

- Alkohol- und Drogenkonsum

- Sexuelle Sicherheit und Aufklärung

- Vorsorgeuntersuchungen

- Stress und verfügbare Bewältigungsstrategien

- Frühkindliche Entwicklung und belastende Erfahrungen in der Kindheit

- Funktion des Immunsystems

- Neurotransmitter, Neuromodulatoren und Hormone

- Genetische Veranlagung

Viele dieser relevanten Faktoren werden ignoriert oder spielen im Diskurs schlichtweg keine Rolle. Schließlich ist es viel einfacher, so zu tun, als könnten wir unsere Gesundheit vollständig selbst beeinflussen. Auf diese Weise leistet toxisches Positivdenken weiterhin fragwürdigen Ansichten über Gesundheit, Krankheit und Beeinträchtigung Vorschub. Statt genauer hinzuschauen, warum Menschen krank werden beziehungsweise krank bleiben, oder dafür zu sorgen, dass beeinträchtigte oder chronisch kranke Personen besser zurechtkommen, konzentrieren wir uns auf die Kraft von Gedanken und Positivität. Für »negative« Argumente, wie das Anerkennen dessen, dass Körper mit Beeinträchtigungen genauso vielfältig sind, zum Menschsein dazugehören und Respekt verdienen, gibt es wenig Toleranz.

Sara Ahmed legt in ihrem Buch *Das Glücksversprechen* überzeugend dar, wie bestimmte Körper zu Objekten gemacht werden, die unser Glück bedrohen oder infrage stellen. Es erfolgen willkürliche Zuschreibungen als glücklich oder unglücklich. Lange Zeit galt der gebrechliche, beeinträchtigte oder kranke Körper als Unglück. Die Präsenz eines Körpers, der dem traditionellen Narrativ von Gesundheit nicht entsprach, führt unweigerlich die eigene Sterblichkeit und Vergänglichkeit vor Augen.[8] Wir müssen jedoch einsehen, dass Gesundheit für niemanden garantiert ist und wir darauf nur begrenzt Einfluss nehmen können. Wenn dieser unvollkommene Körper dann auch noch Emotionen empfindet und zeigt, die weder positiv noch happy sind, sehen wir uns womöglich noch stärker genötigt, uns davon zu distanzieren.

Nehmt euch einen Moment Zeit und überlegt, wie ihr Menschen begegnet, die mit Krankheit oder Behinderung leben. Oftmals erwarten wir von ihnen, dass sie sich anpassen und in die Welt der »Gesunden« einfügen oder uns zumindest nicht im Weg stehen. Kranken wünschen wir baldige Genesung, und beeinträchtigte Menschen erscheinen vor allem dann im Blickfeld, wenn sie erfolgreich Hürden gemeistert haben und uns durch ihre Leistungen und Resilienz inspirieren. Denn damit strahlen sie Glück und positive Energie aus. Beeinträchtigungen und Krankheiten werden oft nur dann toleriert, wenn sie mit unserer Auffassung von Gesundheit und Glück kompatibel sind. Da sich beides kaum noch voneinander trennen lässt, sollte jemand, wenn er schon nicht gesund ist, doch zumindest glücklich sein. Doch das erweist sich für viele Menschen als fatale, weil gänzlich unerreichbare Forderung.

Wenn wir den Diskurs über Gesundheit, Krankheit und Behinderung von toxischer Positivität befreien wollen, müssen wir uns unweigerlich mit einer Reihe von schmerzlichen Wahrheiten auseinandersetzen. Wir alle können im Laufe unseres Lebens vorübergehend oder dauerhaft von Krankheit oder von Beeinträchtigung betroffen sein. Gesundheit und Glück sind nicht aneinandergekoppelt, und es ist selbstverständlich möglich, ein erfülltes Leben zu führen, ohne die gängigen Kriterien von »Gesundheit« zu erfüllen.

Gesundheit und Glück sind nicht aneinandergekoppelt.

Was wäre, wenn beeinträchtigte Menschen einfach so sein dürften, wie sie eben sind? Mit all ihren Emotionen, Fehlern und vielfältigen Facetten? Und wenn wir zulassen würden, dass sie sich ausdrücken und ihre Gefühle zeigen, unabhängig von ihrem Gesundheitszustand? Vielleicht sind echte Gesundheit und Wohlbefinden ja weniger damit verbunden, Menschen dazu zu verhelfen, dass sie trotz ihrer Besonderheiten glücklich sind, sondern vielmehr damit, dass wir Personen mit den unterschiedlichsten Fähigkeiten, Voraussetzungen und Diagnosen ganz selbstverständlich integrieren und wertschätzen. Das ist ein hehres Ziel, ich weiß, aber vielleicht hängt ja unser kollektives Wohlbefinden davon ab?

Die Undankbaren

Das Streben nach Glück ist darüber hinaus eng mit Rassismus und fremdenfeindlichen Haltungen verbunden. Klischees wie »die wütende Schwarze Frau«, »melancholische Migranten« oder »Vorzeige-Minderheit« halten sich hartnäckig.[9] Erneut wurde die Wissenschaft dazu eingesetzt, um diese Agenda zugunsten des Strebens nach Glück zu formulieren.

Zu Beginn des 20. Jahrhunderts galt Selbstbeherrschung als größte Tugend, und Wissenschaftler propagierten, dass bestimmte »Rassen« Emotionen angeblich besser regulieren konnten als andere. Und je vollkommener eine bestimmte Gruppe die Emotionsregulation bewältigte, als desto zivilisierter wurde sie angesehen. Wissenschaftler und Führungspersönlichkeiten strebten danach, »evolutionäre Utopien« zu erschaffen, die aus glücklichen, leistungsfähigen Menschen bestanden. Dazu mussten sämtliche Gruppen eliminiert werden, die sich als zu negativ erwiesen und somit das Streben nach Glück beeinträchtigten.[10]

Das Klischee von den »melancholischen Migranten« wurde ebenfalls zu dieser Zeit populär. Wer deprimiert wirkte, bekam einen Mangel an Intelligenz bescheinigt. Wer vor und nach dem Zweiten Weltkrieg in die Vereinigten Staaten auswanderte, insbesondere jüdische Emigranten, wurde dazu angehalten, Traumata und sonstige seelische Kriegsfolgen tunlichst für sich zu behalten. Ohne positive Grundeinstellung wurden Einwanderer als untauglich eingestuft, und ihr Platz in der Gesellschaft war aufgrund mangelnder Emotionsregulation in Gefahr. Sie wurden auch auf ihre Anpassungsbereitschaft und Leistungsfähigkeit hin beurteilt, während äußere Umstände und Einflüsse, wie etwa traumatische Erfahrungen, gänzlich unberücksichtigt blieben. Dennoch hinderten diese die Betroffenen vielfach daran, ihre Emotionen wirksam zu regulieren und sich rasch an die neue Kultur anzupassen. Einwanderer standen unter einem enorm hohen Erwartungsdruck und riskierten den Ausschluss aus der Gesellschaft, wenn sie keine Leistung zeigten oder das Glück der Allgemeinheit bedrohten.[11]

Auf toxisch positive Weise wurden auch regelmäßig indigene und Schwarze Personen zum Schweigen gebracht und ausgestoßen. In wissenschaftlichen Studien wurde behauptet, Schwarze Menschen besäßen kleinere Gehirne, weshalb sie anfällig für emotionale Dysregulation seien und somit eine Gefahr für das Glück darstellten. Das führte zu einer Separierung von Menschen nach ihrer jeweiligen Herkunft, um die weiße Bevölkerung vor dem abträglichen Einfluss anderer Gruppen zu »schützen«.

In der durch Positivität dominierten Kultur wird von Einwanderern und People of Color erwartet, dass sie dankbar für das sind, was sie haben, und sich fortan dem Streben nach Glück verschreiben, wie es die Gründerväter der Vereinigten Staaten sogar in der Verfassung verankert haben. Falls es ihnen nicht passt, können sie ja wieder »dorthin zurückgehen, wo sie herkommen«, so die landläufige Schlussfolgerung. Im Gegenzug wenden wir positive Stereotype an, um zu betonen, welche Charaktere es innerhalb des bestehenden Systems »zu etwas gebracht haben«. Wir bezeichnen dann jemanden etwa als »starke Schwarze Frau«, ohne zu hinterfragen, weshalb Schwarze Frauen stark zu sein haben oder warum wir das von ihnen erwarten. Glückliche und tüchtige Einwanderer werden dafür gefeiert, dass sie sich allen Widerständen zum Trotz den genau vorgezeichneten amerikanischen Traum zu eigen machen. Obwohl solche Stereotype positiv formuliert und häufig als Komplimente gemeint sind, wirken sie sehr einengend für Menschen innerhalb der jeweiligen Gruppe, wenn sie ihnen nicht gerecht werden können.

Rassismus und andere Formen von Diskriminierung beziehen sich heutzutage vorwiegend auf persönliche Lebensentscheidungen. Wenn jemand in unserer Welt nicht erfolgreich ist, liegt es daran, dass er sich nicht genügend Mühe gibt. Vielleicht ist diese Person auch zu negativ eingestellt, zu wütend, zu aggressiv oder aber zu unprofessionell. Wahlweise beklagt sie sich zu viel, kommt nicht mit anderen aus oder zeigt sich nicht dankbar genug. Auf Unzulänglichkeiten im System hinzuweisen, gilt oftmals als aufrührerisch. Belohnt werden eine bedingungslos positive Einstellung, die Fähigkeit, keinesfalls gegen Traditionen zu verstoßen und niemanden gegen sich aufzubringen. Durch derartige Positivität wird das System aufrechterhalten, und der »Frieden bleibt gewahrt«. Doch das Fundament beginnt zu bröckeln, viele Menschen sind nicht mehr bereit, sich damit abzufinden.

Wut und Unzufriedenheit zu äußern erweist sich häufig als wirkungsvolle Strategie, um in einer Gesellschaft Veränderungen zu bewirken. Hohle Motivationsphrasen und das allgemeine Glücksstreben dienen letztendlich dazu, um Menschen am Aufbegehren zu hindern. Wer zu viel Wind macht, so die gängige Auffassung, gefährdet mein Glück, und nach Glück zu streben ist mein gutes Recht. Alles, was dieses Streben beeinträchtigt, ist als negativ und unpassend einzustufen und daher abzulehnen.

Glückliche Hausfrauen und wütende Feministinnen

Frauen saßen lange Zeit in der Falle des toxischen Optimismus fest.

Das Ideal der »glücklichen Hausfrau« versinnbildlicht die

frühneuzeitliche Vorstellung, wie Frauen zu sein haben, und geht mit der überzogenen Erwartung einher, dass sie selbst in Extremsituationen immer positiv gestimmt bleibt. Natürlich ist es reines Wunschdenken, dass eine stets perfekt gepflegte Frau tagein, tagaus mit strahlendem Lächeln das Abendessen serviert, den Abwasch erledigt und so erfüllt ist von ihren häuslichen Pflichten, dass ihr nichts so sehr am Herzen liegt wie das Glück der Familie.[12] Als dieses Klischee in den 1950er- und 1960er-Jahren populär wurde, waren viele Frauen bereits berufstätig. Es waren vor allem weiße Frauen, die über genügend Zeit und Geld verfügten, um sich auf diese Fantasievorstellung einzulassen. Betty Friedan kritisierte das Ideal von der glücklichen Hausfrau vehement und forderte, Frauen aus der häuslichen Gefangenschaft zu befreien.[13] Doch der feministischen Autorin bell hooks zufolge versäumte sie es, sich dazu zu äußern, wer die bisherigen Pflichten der Frauen übernehmen sollte, wenn diese aufbrachen, um ihr Glück zu finden. Schließlich waren es Frauen of Color, die in diesen Haushalten einsprangen und den weißen Frauen ihre Aufgaben abnahmen.[14] Somit konnte nur ein Teil der Frauen die Last des Klischees von der glücklichen Hausfrau abwerfen, während andere dazu gezwungen waren, es weiterhin mehr oder minder erfolgreich auszufüllen.

Das Problem setzte sich fort, indem weißen Frauen eine Tätigkeit außerhalb der eigenen vier Wände als erstrebenswertes Glück in Aussicht gestellt wurde, das jedoch ausblieb. Ihre Arbeit wurde gegenüber der von Männern nach wie vor nicht als gleichwertig betrachtet und daher mit geringerer Bezahlung und Verantwortung versehen. Sexuelle Belästigung war keine Seltenheit, und Frauen übernahmen zudem nach wie vor einen Großteil der Aufgaben im Haushalt. Das Glück diente auch weiterhin als wichtiges Instrument, um die traditionellen Geschlechterrollen aufrechtzuerhalten. Glückliche Familien bewohnten ein adrettes Zuhause, lebten in heterosexuellen Ehen, hatten wohlerzogene Kinder, und dem Haushalt stand ein Patriarch in lukrativer, respektabler Stellung vor. Wer so lebte, musste zwangsläufig glücklich sein – und bei wem das nicht der Fall war, der machte eindeutig etwas falsch.

Jede, die aus diesem System ausbrach, galt als negative »Spaßbremse«. Sara Ahmed erörtert das Klischee von der feministischen Spaßverderberin in ihrem Buch *Das Glücksversprechen*. Ahmed zufolge werden Feministinnen negativ bewertet, wenn sie die Glücksfantasie infrage stellen, wie sie durch klassische Geschlechterrollen und ein althergebrachtes Familienideal propagiert wird. Häufig werden sie als »unsympathisch« oder »unverträglich« beschrieben. Die Wahrheit ist jedoch, dass Feministinnen wach und aufmerksam sind – und wer so durchs Leben geht, bemerkt gewiss vieles, was unzufrieden macht.[15]

Heute erleben wir das Klischee der glücklichen Hausfrau in vielen ganz unterschiedlichen Spielarten. In den sozialen Medien seid ihr bestimmt schon den typischen »Mama-Bloggerinnen« begegnet. Tausende von Nutzerinnen haben sich dem Anliegen verschrieben, als perfekte Mütter und Hausfrauen in Erscheinung zu treten. Dabei dreht sich alles um ihre glückliche Ehe, hübsch gekleidete und brave Kinder und das Insta-taugliche Zuhause. Sie gehen voll und ganz in ihrer positiven Einstellung auf und verkaufen sie überzeugend. Die Inhalte werden sorgsam kuratiert, wobei die Grenzen zwischen Realität und Fantasie mitunter verschwimmen. Wir halten das Gezeigte für realistisch, weil wir nicht sehen, was sich hinter den Kulissen abspielt. Der durchgestylte Auftritt ist für uns so überzeugend, dass wir uns diesen Bloggerinnen nahe und verbunden fühlen und das Gezeigte nicht infrage stellen.

Darüber hinaus existiert das Bild der modernen Powerfrau, die »alles wuppt«. Sie ist erfolgreich im Beruf, eine wunderbare Mutter und liebende Ehefrau. Dabei ist es wichtig, dass diese Frauen den geschlechtsspezifischen Erwartungen in Sachen Haushalt, Kindererziehung und Ehe gerecht werden, ansonsten müssten sie unweigerlich mit Kritik rechnen. Alles soll jedoch mühelos und machbar wirken. Auch hier lässt sich kaum zwischen Realität und Fantasie unterscheiden, und es erscheint durchaus denkbar, dies mit der richtigen Einstellung und genügend Fleiß ebenfalls schaffen zu können.

Ich selbst bin auf beide Klischees schon hereingefallen. Toxisches Positivdenken ist unter Frauen weitverbreitet, und wer es wagt, sich über Mutterschaft, Ehe oder Karriere zu beklagen, findet meist wenig Sympathie, sondern gilt eher als negativ oder undankbar. Ich habe gelernt, dass die Insel der Glückseligen, wo wir uns alle treffen, wenn wir alles »richtig« machen, leider nicht existiert. Ständig sämtlichen Anforderungen gerecht zu werden, ist unfassbar anstrengend und nahezu unmöglich. Es ist daher völlig in Ordnung, sich Hilfe zu holen oder sich zu beklagen und undankbar zu sein. Ihr dürft all das infrage stellen, was ihr über das Frausein gelernt habt, und euch vollkommen neu erfinden. Ganz egal, was euch vermittelt wurde, streng definierte Geschlechterrollen oder -normen sind kein Garant für Lebensglück.

Wenn du so aussiehst wie ich, wirst du auch glücklich sein

Ich erinnere mich an keinen einzigen Tag in meinem Leben, an dem ich mit meinem Körper nicht unzufrieden war. Ich hatte mich so sehr daran gewöhnt, dass ich viele Jahre gebraucht habe, bis mir überhaupt auffiel, dass ich meinen Körper permanent kritisch beäugte. Ehrlich gesagt hielt ich das für geradezu normal bei Frauen, denn meine Mutter war genauso und meine Freundinnen ebenfalls. Wir fühlten uns dadurch miteinander verbunden, und es war ein wichtiges Gesprächsthema.

Erst durch die sozialen Medien wurde ich auf die Themen Diätkultur und Körperakzeptanz aufmerksam. Nach und nach hörte ich auf, Influencerinnen zu folgen, die Größe 32 trugen und grüne Säfte tranken. Stattdessen nahm ich zunehmend diversere und diätkritische Stimmen wahr. Zu erkennen, wie allgegenwärtig die Diätkultur ist, war aufschlussreich, befreiend und beängstigend zugleich für mich. Ich erkannte dabei, wie oft wir Schlanksein mit Gesundheit und Glück assoziieren. Gesundheit hängt eng mit dem Streben nach Schlankheit oder toxischem Optimismus zusammen. Diese Aspekte lassen sich kaum voneinander trennen und bedingen sich gegenseitig.

Die Diätkultur-Branche ist ein milliardenschweres Mammutgeschäft, das uns Glück, Gesundheit und Schlanksein verspricht.[16] Sie will uns von unserer Unsicherheit befreien und bezieht zugleich reichlich Profit daraus. Unaufhörlich wird uns eingeredet, dass wir nur noch dieses eine Kilo abnehmen oder jene Unsicherheit überwinden müssen, um endlich glücklich zu sein. Die Werbung für solche Produkte kommt geradezu überwältigend positiv daher. Wir sehen lächelnde, gut gelaunte Menschen, die sich energiegeladen mit ihren Freunden am Strand amüsieren. Wir bekommen eine Fantasievorstellung verkauft, die niemals Wirklichkeit wird, weil sich solches Glück in einem anderen Körper nicht einstellt. Wenn ihr gelegentlich ältere Fotos von euch anschaut und dabei denkt, »Wow, sah ich toll aus!«, und euch dann erinnert, wie kritisch ihr euch damals selbst wahrgenommen habt, dann wisst ihr, was ich meine. Es ist ein niemals endender Teufelskreis. Sonya Renee Tylor, die

Autorin des Buches *The Body Is Not an Apology*, stellte in einem ihrer Vorträge über die rücksichtslose Vermarktung von Glück und Schlanksein folgende wichtige Frage: »Wer profitiert von meiner Unsicherheit?«[17] Diese Frage begeistert mich, und ich bringe sie oft in der Therapie ins Spiel oder wenn ich selbst wieder einmal mit der Diätkultur zu kämpfen habe. Wenn wir uns diese Frage stellen, können wir die vielen Versprechen von Glück, Gesundheit und Schlanksein mit etwas Abstand betrachten und erkennen, wie unsere eigene Unsicherheit instrumentalisiert wird, um ein Produkt zu verkaufen, das uns etwas verspricht, was es niemals erfüllen kann.

Toxischer Optimismus ist eine tragende Säule der Diätkultur, spielt jedoch auch in Bezug auf Body Positivity eine nicht zu unterschätzende Rolle. Als mir »Body Positivity« als Konzept und Bewegung zum ersten Mal begegnete, war ich fasziniert. Das war so viel besser als die ständige Kritik an unserem Körper und gewiss auch besser als die verbreitete Diätkultur. Dennoch ging es mir etwas zu weit. Plötzlich wurde von uns erwartet, dass wir unseren Körper lieben, ihm Komplimente machen und freundlich mit ihm und über ihn reden. Nachdem jahrelang Diätkultur an der Tagesordnung war, erschien meinen Patientinnen und mir eine solch übertrieben positive Einstellung zum eigenen Körper doch etwas zu weit hergeholt. Toxisches Positivdenken kann sich somit auf höchst komplizierte Weise zeigen. Ähnlich wie positive Affirmationen kann eine krampfhaft positive Haltung gegenüber dem eigenen Körper bisweilen mehr schaden als nützen. Aus diesem Grund habe ich mich von der Body Positivity recht schnell verabschiedet und mich stattdessen der Body Neutrality und Body Acceptance zugewandt.

Der Ausdruck *Body Neutrality,* also ein neutrales Verhältnis zum eigenen Körper, setzte sich im Netz seit 2015 verstärkt durch. Bekannt wurde er durch Anne Poirier, die ihn seit 2016 in ihren Retreats verwendete. Es geht dabei darum, den eigenen Körper so wahrzunehmen, wie er ist, und anzuerkennen, wie wir uns mit seiner Hilfe durch die Welt bewegen. Jeder Körper, ungeachtet seiner Möglichkeiten oder Grenzen, ist wertvoll. Es geht nicht vordergründig darum, seinen Körper zu lieben, sondern ihm keine starken emotionalen Reaktionen oder Bewertungen entgegenzubringen. Dies erweist sich als vorteilhaft bei Ängsten und Depressionen und fördert das allgemeine Wohlbefinden.[18] Bei einer solchen inneren Haltung können negative Gedanken und alte Denkmuster in Bezug auf den eigenen Körper durchaus noch auftreten. Dabei ist jedoch immer klar, dass diese in einer Welt auftreten, die Schlanksein als Garant für Gesundheit und Glück propagiert, und keineswegs ein Hinweis darauf sind, dass mit uns etwas nicht stimmt.

Sie sind mit so wenig zufrieden

Glück betrachten wir als messbare Größe, obwohl wir uns gar nicht einig darüber sind, wie sich Glücklichsein genau definieren lässt. Letztlich entscheiden diejenigen, die über besonders viel Macht und Ressourcen verfügen, worin Glück besteht, wie es sich erreichen lässt und wer das Recht hat, es zu erreichen. Daraus resultiert die Vorstellung, dass am glücklichsten die reichsten Industrienationen sein müssen, obwohl viele Untersuchungen diese Annahme widerlegen.[19]

Wir sind auch oftmals der Meinung, dass Reichtum mit Glück einhergeht und Menschen umso glücklicher sind, je mehr sie sich leisten können. So vieles soll uns angeblich glücklich machen – ein neues Auto, das neue Haus, neue Schuhe. All diese vermeintlichen Schlüssel zum Glück kosten Geld, und die Vorstellung, uns damit von existenziellem Schmerz zu befreien, ist tief in unserer Psyche verwurzelt. Die Werbung zielt ab auf unseren Wunsch nach einem erfüllten und glücklichen Leben und legt uns allerlei Produkte ans Herz, die dieses Bedürfnis zu erfüllen versprechen. Doch was passiert, wenn sich dies nicht bewahrheitet? Dann wollen wir eben noch mehr haben. Vielleicht war es gar nicht das richtige Auto, oder die Schuhe sind längst unmodern, oder wir brauchen ein noch größeres Haus. Ganz egal, um welches Objekt der Begierde es geht, das Glück ist flüchtig oder stellt sich gar nicht erst ein.

Das Verhältnis zwischen Reichtum und Glück ist kompliziert. Es wurde bereits viel geforscht über die Frage, warum manche Menschen mit sehr wenig ausgesprochen glücklich sind, während es anderen schlecht geht, obwohl sie enorm viel besitzen. Einer neueren Studie zufolge geht ein höheres Einkommen mit geringerer täglich empfundener Traurigkeit einher, jedoch nicht mit mehr täglich empfundenem Glück. Geld macht Menschen demnach nicht unbedingt glücklicher, kann jedoch mehr Kontrolle über das eigene Leben ermöglichen und somit zu einem geringeren Maß an Traurigkeit führen.[20]

Klar ist auch, dass toxischer Optimismus eine Rolle spielt, um vorhandene Klassenstrukturen aufrechtzuerhalten und Reichtum mit Glück gleichzusetzen. Menschen in Armut werden damit enorm unter Druck gesetzt, ihre Probleme zu überwinden durch das Streben nach Glück. Häufig wird gesagt »Schau mal, sie sind mit so wenig zufrieden«, um zu erklären, warum Menschen ohne Zugang zu den Chancen oder Ressourcen der westlichen Welt trotzdem glücklich sind. Es wird erwartet, Reichtum und Glück mit konventionellen Mitteln zu erzielen oder aber sich damit abzufinden, dass dies nicht möglich ist, und trotzdem glücklich zu sein. Hierbei spielt auch oft erzwungene Dankbarkeit eine Rolle, indem von Menschen, die mit dem schieren Existenzminimum abgespeist werden, erwartet wird, permanent positiv gestimmt und dankbar dafür zu sein, dass ihn überhaupt etwas zuteilwurde.

Wenn es jemand partout nicht zu Reichtum und Glück bringt, schieben wir es meist zuerst auf dessen Einstellung. Wir meinen, dass diese Person sich nicht genügend bemüht, nicht positiv genug denkt, Reichtum nur manifestieren muss oder einer »Opferhaltung« verhaftet ist. Dabei berücksichtigen wir kaum die hemmenden Systeme und halten stattdessen an individuellen Begründungen fest, die toxisch positiv geprägt sind. Gegen toxischen Optimismus im Diskurs über Reichtum können wir nur dann etwas ausrichten, wenn wir das Thema Geld komplett aus der Gleichung tilgen. Es ist bekannt, dass zu den Grundvoraussetzungen für Wohlbefinden der Zugang zu bestimmten Ressourcen wie sichere Unterkunft, stabile Beziehungen, angemessene Ernährung sowie gesundheitliche Versorgung gehören. Ist dies nicht gegeben, wird es sowohl mit dem Glück als auch mit dem Erfolg schwierig. Wenn wir uns weniger auf Reichtum und Glück fokussieren, sondern stattdessen eine gerechtere Grundversorgung in den Blick nehmen, kann es auch gelingen, dass Menschen ihre individuelle Vorstellung von Glück verwirklichen können.

Solange du glücklich bist

Toxischer Optimismus tritt auch unter Menschen auf, die sich als LGBTQIA+ begreifen. Diese Identitäten galten in früherer Zeit als Sünde und wurden daher vor der Mehrheitsgesellschaft verborgen. Politisch und wissenschaftlich ging man mit ihnen genauso um wie mit Eingewanderten, Menschen mit Beeinträchtigungen oder People of Color – sie wurden aus der Gesellschaft ausgegrenzt, um deren kollektives Glück nicht zu gefährden.

Als queere Themen dann Eingang in die Literatur fanden, endeten solche Bücher in aller Regel tragisch. Queere Menschen durften ihre Identität zwar ausleben, doch dass sie damit glücklich wurden, war gänzlich unvorstellbar.[21] Wir sind zwar aufgeschlossen und ermutigen Menschen dazu, sich so zu zeigen, wie sie sind, erwarten aber gleichzeitig, dass sie möglichst wenig von unserer Vorstellung abweichen, wie der Weg zum Glück auszusehen hat. Sara Ahmed bezeichnet dies treffend als »Glücks-Drehbücher« (engl. *happiness scripts*), also als Anleitungen zum Glücklichsein. Darin wird uns vermittelt, was wir zu tun und wie wir zu leben haben. Befolgt man alles korrekt, steht dem Glück nichts mehr im Wege.[22]

Menschen, die sich als LGBTQIA+ definieren, sollen zwar ausdrücklich ihrer Identität entsprechend leben, doch zugleich erwarten wir von ihnen, dass sie sich so eng wie möglich an heteronormativen Glücksstrategien orientieren. Somit darf zwar jeder so leben, wie er oder sie möchte, aber wer glücklich werden will, sollte doch lieber heiraten, Kinder bekommen und einer geregelten Arbeit nachgehen. Auch wenn wir wesentlich offener für andere Identitäten und Beziehungsformen geworden sind, lastet auf diesen ein größerer Druck denn je. Es wird gesagt, »Mir ist gleich, wen du liebst. Ich will nur, dass du glücklich bist«. Dabei wird jedoch erwartet, dass diese »Entscheidung« für einen anderen Lebensweg von Glück gekrönt sein sollte. Andernfalls, nun ja, stimmt damit ja wohl etwas nicht. Unsere Erwartungen sind dabei hoch, obwohl heterosexuelle Ehen in alarmierend großer Zahl geschieden werden oder die Partner darin unglücklich sind. Wer als queerer Mensch oder Transperson in seiner Beziehung unglücklich ist, muss irgendetwas falsch gemacht haben, so die verbreitete Auffassung. Vielleicht passt ja doch etwas nicht mit dieser Wahl? Und das Unglück weist darauf hin, dass ein Irrtum vorliegt? Solche Entscheidungen gehen mit dem massiven Druck einher, am Ende unbedingt glücklich damit zu werden.

Dieser Druck bezieht sich auch auf die Identität im Allgemeinen. Wenn jemand sich als LGBTQIA+ begreift und dies öffentlich macht, wird erwartet, dass damit sämtliche Probleme gelöst sind. Schlagartig hat die betreffende Person glücklich und stolz zu sein, und psychische Beschwerden sollten sich tunlichst in Wohlgefallen auflösen. In manchen Fällen mag dies tatsächlich der Schlüssel zum Glück sein, doch in vielen anderen ist es lediglich ein Puzzleteil von vielen. Wer dann immer noch zu kämpfen hat, muss damit rechnen, dass die jeweilige Entscheidung angezweifelt oder hinterfragt wird. Vielleicht war es ja ein Fehler? Vielleicht bist du ja doch heterosexuell und gar nicht trans, wird dann oft gefragt. Bist du dir ganz sicher, dass du das wolltest? Glück, Optimismus und eine felsenfeste Sicherheit hinsichtlich der betreffenden Entscheidung sind die einzig akzeptablen Resultate.

Wenn wir unseren Diskurs in Sachen LGBTQIA+ von toxischer Positivität befreien wollen, müssen wir die Betreffenden vor allem als Menschen mit vielfältigen Emotionen begreifen, die weit über ihre Identität, ihren Beziehungsstatus oder ihre Selbstbezeichnung hinausgehen. Von jemandem zu erwarten, dass er oder sie nach dem öffentlichen Bekenntnis ab sofort durchweg optimistisch oder glücklich ist, hilft niemandem weiter. Statt Identität oder Selbstentfaltung zwangsläufig mit Glück und Optimismus zu assoziieren, sollten wir diese Aspekte als kleine, sich ständig weiterentwickelnde Teilchen dessen betrachten, was ein Mensch empfindet und was ihn ausmacht.

Welche Entscheidungen du in deinem Leben auch immer triffst – achte darauf, dass sie dich glücklich machen.

Dein Leben soll dich herausfordern, erfüllen, Sinn stiften und dir Momente der Freude schenken. Sei offen für alle Emotionen und Erfahrungen. Erkunde deine Werte und bleib ihnen immer treu. Sei dir dessen bewusst, dass das Leben gelegentlich Schmerz mit sich bringt und es gerade deshalb lebenswert ist.

. . . .

Kapitel 9

In einer komplizierten Welt Erfüllung finden

Ja, das Leben ist nicht immer leicht, und dennoch müssen wir uns nicht ständig quälen. Sowohl Glück als auch Schmerz haben darin ihren Platz. Wir können allem Raum geben, ohne das Gute, Schlechte oder Indifferente auszublenden.

In diesem Buch haben wir erörtert, wie sich Klagen und Dankbarkeit, negative und positive Energie sowie Empathie und Abgrenzung im richtigen Maß integrieren lassen, um ein erfüllteres Leben zu führen. Wir haben gelernt, dass aufgesetztes Lächeln und krampfhafter Optimismus nicht ausreichen, um die großen Themen zu bewältigen, die uns in unserem Leben begegnen. Wir müssen versuchen, Gutem und Schlechtem gleichermaßen Raum zu geben und ein Leben zu führen, das im Einklang mit unseren individuellen Werten, Zielen und Begabungen steht.

Jage dem Glück nicht mehr nach

Als Allererstes können wir aus der permanenten Glücksjagd aussteigen. Stimmt, das klingt erst einmal absurd. Denn wie soll man je glücklich werden, wenn man nicht engagiert danach strebt?

Stellen wir uns daher zunächst einige Fragen:

- Wenn Glück der Schlüssel zu einem sinnerfüllten Leben ist, warum sind dann so viele Menschen immer noch so betrübt?

- Hat das permanente Glücksstreben dich tatsächlich glücklicher gemacht?

- Was waren die glücklichsten Momente in deinem Leben? Spielten dabei zugleich noch andere Emotionen eine Rolle?

- Wartest du noch auf ein Aha-Erlebnis, mit dem sich das Glück endlich einstellt?

Unsere Kultur ist seit Jahrhunderten geradezu glücksbesessen, offenbar jedoch ohne Erfolg. Untersuchungen zeigen, dass die Menschen umso weniger Glück empfinden, je stärker sie es als erstrebenswertes Ziel ansehen.[1] In den USA investieren die Menschen mehr Zeit, Energie und Geld in das Streben nach Glück als in jedem anderen Land, und doch werden sie dadurch nicht glücklicher.[2] Der soziologischen Befragung *General Social Survey* zufolge hat sich seit 1972 am US-amerikanischen Glücksniveau nahezu nichts geändert.[3] Obwohl sich alle so sehr bemühen, glücklich zu sein, und darauf all ihr Augenmerk richten, scheint es damit nicht so recht zu klappen.

Gibt man bei Google die Frage »What is the secret to happiness?« ein, erhält man 480 Millionen Ergebnisse, die allesamt einen anderen Weg zu diesem hehren Ziel versprechen. Auch wenn sich manches überschneidet – Beziehungen und Dankbarkeit werden meist genannt – und jede dieser Listen als wissenschaftlich belegt deklariert wird, fließen dennoch die unterschiedlichsten Perspektiven oder Methoden ein. Zudem beziehen sich diese Studien auf ganz verschiedene Bevölkerungsgruppen, und kaum berücksichtigt werden kulturelle Faktoren, die sich darauf auswirken können, was innerhalb einer solchen Gruppe das Glücksempfinden beeinflussen oder herbeiführen könnte.

Was also zum Glücklichsein nötig ist, entwickelt und verändert sich im Laufe des Lebens kontinuierlich, je nach unserem Wohnort, Geschlecht, Alter sowie weiteren Faktoren. Uns wird eingeredet, der Weg zum Glück sei weder individuell verschieden noch veränderlich. Vielmehr gebe es eine ganze Reihe kulturell akzeptierter Standardpraktiken, die bei korrekter Anwendung ins gelobte Land führten. Die geläufigste Strategie sieht dabei so aus: Gesundheit, Schule, Abschluss, Arbeit, Heirat, Kinder, Ruhestand, Tod. Während man die einzelnen Etappen absolviert, wird erwartet, dass man dankbar ist, die richtige Einstellung mitbringt und sich im Übrigen nicht beklagt. Doch leider sind viele Menschen entweder nicht in der Lage oder schlichtweg nicht willens, solche Meilensteine anzustreben.

Ich selbst habe diesen Weg allerdings regelrecht zur Perfektion beschritten und sämtliche Etappen im »richtigen« Timing absolviert. Das erfüllt mich sehr und hat mir viele Glücksmomente beschert, denn es entsprach genau meinen Vorstellungen und Werten. Wenn es euch genauso geht, wunderbar. Doch als Therapeutin, Freundin und Angehörige erlebe ich, wie dieser vorgezeichnete Weg und die damit verbundene stetige Glückserwartung bisweilen zerstörerisch wirken kann, sodass sich manche Menschen als Versager fühlen, wenn sie den Erwartungen nicht entsprechen.

Wie also damit umgehen, wenn Glück auf den gängigen Wegen nicht für alle erreichbar ist? Und uns etwas suggeriert wird, was nicht richtig greifbar, messbar und letztendlich unerreichbar ist? Aus genau diesem Grund rate ich euch, aus der Jagd nach dem Glück gänzlich auszusteigen und stattdessen auf eure ganz eigene Weise nach Erfüllung zu streben und euer Leben an euren persönlichen Werten auszurichten. Durchaus möglich, dass euer Weg den »traditionellen« Vorstellungen entspricht, vielleicht aber auch nicht. Beides ist wertvoll und in Ordnung.

Lebe im Einklang mit deinen Werten

Um ein erfülltes Leben zu führen, ist es wichtig, sich an den eigenen Werten zu orientieren. Ein werteorientiertes Leben ist etwas anderes als ein vom Streben nach Glück geprägtes Leben. Steht allein das Glücksstreben im Vordergrund, sind vor allem gute Laune, positive oder unbeschwerte Erlebnisse und natürlich Glück das ultimative Ziel. Ein werteorientiertes Leben ermöglicht es dagegen, selbst Prioritäten zu setzen und seinen ganz eigenen Weg dorthin zu finden. Dabei wird berücksichtigt, dass ein den eigenen Werten entsprechendes Leben nicht permanent gut oder glücklich ist, jedoch mit dem übereinstimmt, wer wir sind und was wir uns wünschen.

Glücksorientiertes Leben

- Nur auf sich selbst bezogen mit Dingen, Ideen, Erfahrungen und Personen, die zum eigenen Glück beitragen
- Beschreiten des »richtigen« Wegs zum Glück, auch wenn er gar nicht den eigenen Vorstellung entspricht
- Schmerzhafte oder negative Gedanken bedrohen das Glück und sind daher zu meiden
- Personen, die sich beklagen, widersprechen oder Probleme haben, beeinträchtigen das eigene Glück
- Glück wird all jenen versprochen, die engagiert danach streben. Wem es nicht gelingt, hat sich nicht genug darum bemüht.

Werteorientiertes Leben

- Dinge, Ideen, Erfahrungen und Personen erkennen, die wir in unserem Leben wertschätzen
- Die eigenen Werte zu kennen, motiviert und trägt dazu bei, den Weg zu erhellen
- Schmerz, Klagen und belastende Gefühle verweisen oftmals direkt auf die eigenen Werte und können somit angenommen werden
- Beziehungen anhand der eigenen Werte wählen und anerkennen, dass Beziehungen nicht immer nur einfach oder gut sind
- Im Einklang mit den eigenen Werten zu leben, bringt sowohl Glücksmomente als auch Schwierigkeiten mit sich. Beide können gleichzeitig auftreten.

Zu meinen bevorzugten Methoden gehört die Akzeptanz- und Commitment-Therapie (ACT), wenn es darum geht, das Leben an den individuellen Werten auszurichten. ACT verhilft Menschen zu mehr psychischer Flexibilität, worunter man die Fähigkeit versteht, sich ganz in den gegenwärtigen Augenblick zu begeben und dabei Gefühle und Körperempfindungen bewusst wahrzunehmen, selbst wenn sie unangenehm oder schmerzhaft sind. Diese Art von Flexibilität ermöglicht es, unser emotionales Erleben anzuerkennen, ohne es zu bewerten, anstatt Lebensentscheidungen so zu treffen, dass Unbehagen oder Schmerz jeglicher Art vermieden werden.[4] Das permanente Streben nach Glück oder Positivität kann in starkem Maß zu Vermeidung führen, vor allem wenn wir unsere negativen Gedanken für den absoluten Untergang halten. Statt uns ausschließlich darauf zu konzentrieren, was »angenehme« Gefühle beschert, richten wir somit unser Augenmerk vor allem auf das, was uns mit unseren Werten verbindet.

Der erste Schritt zu einem werteorientierten Leben besteht darin, die eigenen Werte zu bestimmen. Dabei dürfen wir nicht vergessen, dass sich diese Werte im Laufe des Lebens ändern können und bisherige Prioritäten sich verschieben. Werte sind dabei nicht als strenge Regeln oder Vorschriften zu verstehen, sondern sie dienen als Wegweiser für Entscheidungen hin zu einem erfüllteren Leben.

Überlege zunächst, was dir in den vier Bereichen Arbeit/Bildung, Beziehungen, Persönlichkeitsentwicklung und Gesundheit sowie Freizeit besonders wichtig ist. Jeder Mensch hat hier seine eigenen Werte, die nicht mit denen anderer übereinstimmen müssen. Es gibt also keine »richtigen« Antworten. Stell dir für jede dieser Rubriken folgende Fragen:

• Was ist mir wichtig?

- Was liegt mir am Herzen?

- Worauf würde ich gern hinwirken?

- Welche Werte wurden mir durch meine Kultur und meine Familie vermittelt? Sind diese Werte für mich persönlich heute noch relevant?

Dabei sind Werte nicht mit konkreten Zielen gleichzusetzen, sondern bestimmen lediglich die Art und Weise, wie wir leben wollen. So könnte ein Ziel beispielsweise darin bestehen, mindestens einen Abend pro Woche mit der Ehepartnerin oder dem Ehepartner zu verbringen. Dem würde somit der Wert zugrunde liegen, als Partner/in selbst aufmerksam und interessiert zu sein, was sich darin niederschlagen würde, bewusst Zeit miteinander zu verbringen.

Falls es euch schwerfällt, eure Werte zu definieren, haltet euch jene Ziele und Verhaltensweisen vor Augen, die ihr anstrebt, und überlegt, von welchen Werten diese geleitet sind. Im Netz findet ihr auch entsprechende Listen, die euch helfen können, eure persönlichen Werte zu reflektieren.

Wenn du dabei feststellst, dass dir Zeit mit der Familie besonders am Herzen liegt, du aber pro Woche 80 Stunden arbeitest, musst du vermutlich kreativ werden, um diesen Wert mit Leben zu erfüllen. Diese Übung kann auch dazu beitragen, deine Werte zu hinterfragen und herauszufinden, ob dir familiäre Nähe tatsächlich wichtiger ist als die Arbeit oder ob du nur meinst, dass es sich so gehört. Daher ist es ratsam, die eigenen Werte regelmäßig zu überprüfen und mit dem realen Leben abzugleichen. Wenn man älter wird, verändern sich solche Werte aufgrund veränderter Lebensumstände unweigerlich. Daher sind entsprechende Anpassungen vollkommen in Ordnung. Wenn man sich im Einklang mit seinen Werten befindet, ist das Leben erheblich erfüllender und sinnstiftender. Auch wenn dadurch nicht immer alles »gut« ist, weiß man doch genau, dass man sich daran orientiert, wie man gern sein möchte.

Validierung und ein kräftiger Tritt in den Hintern

Zu den tragischsten Aspekten von toxischem Optimismus gehört es, dass schlimmstenfalls unsere Gefühle dabei geleugnet werden und wir uns miserabel fühlen. Doch gelegentlich haben wir es durchaus nötig, dass uns jemand auf die Sprünge hilft. Vielleicht sind wir nur noch einen Schritt davon entfernt, eine große Aufgabe fertigzustellen, oder haben unser nächstes großes Ziel etwas aus den Augen verloren. Das kommt vor, und in solchen Fällen können Mitgefühl und Validierung eine große Hilfe sein. Mitunter müssen wir uns auch selbst ein wenig gut zureden.

Wenn ihr aus diesem Buch nur eine einzige Sache mitnehmt, so hoffe ich, dass es folgende Erkenntnis ist: Zu wissen, wann wir Mitgefühl und wann eher einen beherzten Tritt in den Hintern brauchen, ist außerordentlich hilfreich. Manchmal haben wir das eine nötig und gelegentlich auch beides. Daher sollten wir subtil abwägen, wann Validieren und wann »Anschubsen« gefragt ist – beides tut nicht gut, wenn man es damit übertreibt.

Selbstmitgefühl und das Validieren der eigenen Gefühle sind von enormer Bedeutung. Das kann ich gar nicht genug betonen. Vermutlich liegt deshalb das Validieren neuerdings so sehr im Trend. Das geht allerdings so weit, dass es schnell als

Gaslighting deklariert wird, wenn man eine Emotion infrage stellt, die man nicht für hundertprozentig plausibel hält, oder eine andere Sichtweise einbringt. Validierung ist selbstverständlich wichtig, keine Frage. Und zudem außerordentlich hilfreich. Aber manchmal nimmt uns ein Gefühl so sehr gefangen, dass wir uns darin verstricken und keinen Ausweg mehr finden. Dabei müssen wir aufpassen, dass wir nicht von toxischem Optimismus direkt zu überzogener Validierung übergehen und dabei in eine Sackgasse geraten.

Setzen wir uns daher als Erstes damit auseinander, was Validierung genau ist und warum sie sich als so wirkungsvoll erweist. Man könnte meinen, validieren sei mit gutheißen gleichzusetzen, doch das stimmt nicht. Wenn wir etwas validieren, vermitteln wir lediglich:

- Ich erkenne an, dass ich ein Mensch mit vielfältigen Gefühlen bin.

- Möglicherweise ergibt etwas im Moment keinen Sinn, und dennoch empfinde ich es so.

- Ich nehme dieses Empfinden wahr, lasse es vorübergehen und befasse mich anschließend genauer damit oder finde mich damit ab.

Validierung haben wir vor allem in schwierigen Situationen nötig. Wenn ich Patienten bei besonders problematischen Themen begleite, validiere ich das jeweilige Erleben gern, ehe wir zur Sache kommen. Das hilft durch aufwühlende Momente hindurch, und wenn sie überstanden sind, können wir entscheiden, wie es danach weitergehen soll. Zum Beispiel:

- Es war ein heftiger Tag, und du möchtest ihn hinter dir lassen.

- Die Reaktion hatte andere Ursachen, und du möchtest sie genauer beleuchten.

- Du hattest nur etwas mehr Beistand nötig und siehst das Thema nun in anderem Licht oder kannst es abschließen.

Validieren steht am Anfang des Prozesses. Es sorgt für Verständnis oder lässt uns mit etwas abschließen und ist deutlich wirkungsvoller als Scham, Schuld oder toxischer Optimismus. Und wenn wir bereit sind zu validieren UND eine neue Perspektive einzunehmen oder dazuzulernen, kann viel Gutes daraus entstehen.

Zu wissen, was und wie lange es zu validieren gilt und wann wir einen kleinen Anstoß nötig haben, ist oft der Schlüssel zu einem erfüllten und werteorientierten Leben. Versuche es zunächst mit Validierung, bis keine Scham- oder Schuldgefühle mehr vorhanden sind und du deine Gefühle so annehmen kannst, wie du sie eben empfindest. Wenn es etwas gibt, was du unbedingt erreichen oder schaffen möchtest, kannst du dir nun möglicherweise einen kleinen Schubs geben. Überstürze dabei nichts und achte darauf, ob sich die Schuld-/Schamgefühle wieder einstellen. Falls sie sich verschlimmern oder du unmotiviert bist, kann es an der Zeit für einen kräftigeren Anstoß sein. Dies kann zum Beispiel so aussehen:

- »Ich verspüre (Gefühl benennen) und darf mich so fühlen. Dieses Vorhaben ist mir offenbar sehr wichtig, deshalb werde ich dranbleiben.«

- Das Gefühl wahrnehmen und anschließend einen Spazier-gang machen oder anderweitig für eine kurze Auszeit sorgen und sich dann wieder dem Vorhaben widmen.

- »Ich verspüre ein Gefühl und werde mir später Zeit dafür nehmen, es zu verarbeiten. Jetzt muss ich erst einmal mein Vorhaben erledigen.«

- Dir Gründe vergegenwärtigen, warum du diese Aufgabe er-ledigen musst oder willst.

Es gibt hierbei kein Patentrezept (auch wenn ich euch gern eins an die Hand geben würde, das könnt ihr mir glauben). Viel-mehr geht es vor allem darum, sich der eigenen Werte und Ziele zu vergewissern und zu lernen, wie man mit Validierung und leichten Anschubsern umgeht. Dabei kann das Verhältnis zwischen beidem individuell ganz unterschiedlich sein, je nachdem, was die Situation erfordert.

Die Ratgeber zuklappen

Wenn ihr euch entschließt, nicht mehr vor allem nach Glück zu streben, sondern ein werteorientiertes Leben zu führen, seid ihr möglicherweise versucht, damit sofort loszulegen und rich-tig Gas zu geben. Ich empfehle euch jedoch das Gegenteil; ich rate euch, es langsam angehen zu lassen, Pausen zu machen und ab und zu sogar ganz auszusetzen.

Das klingt erst einmal unlogisch, ich weiß, aber vertraut mir.

Sich selbst zu reflektieren und an sich zu arbeiten, ist enorm wertvoll. Davon bin ich so sehr überzeugt, dass ich ein ganzes Buch darüber geschrieben habe und jeden Tag in den sozialen

Medien Tipps poste, wie wir unsere psychische Gesundheit stärken können. Wir alle haben unsere Themen, an denen wir arbeiten oder wo wir dazulernen können, um bessere Partner, Familienmitglieder, Freundinnen und Kollegen zu werden. Manchmal sind wir sogar dazu gezwungen, um bestimmte Bereiche unseres Lebens nicht zu gefährden. Psychische Probleme und Erkrankungen sind real und erfordern intensive Auseinandersetzung, Behandlung und oftmals professionelle Hilfe, um sie zu überwinden.

Auf Instagram und in meiner Praxis erlebe ich dabei jedoch auch immer wieder bedenkliche Tendenzen, indem Menschen von der Suche nach Heilung regelrecht besessen sind. Alles, was sie tun, ist davon geprägt. Das lässt sich mit dem Phänomen der Orthorexie vergleichen (dem Zwang, nur Gesundes zu essen) – nur eben auf die Psyche bezogen. Die Betroffenen sind total darauf fixiert, DIE Ursache für all ihre Probleme zu finden, stellen Eigendiagnosen auf und überlegen unaufhörlich, welche Ereignisse oder Traumata aus ihrer Kindheit bestimmte Verhaltensweisen im Erwachsenenalter ausgelöst haben könnten. Dabei versprechen allerlei Bücher, Listen, Zitate oder Kurse den richtigen Weg zur Selbstoptimierung. Was oberflächlich betrachtet als durchaus sinnvoll und konstruktiv erscheint, verkehrt sich schnell ins Gegenteil, und die Betroffenen empfinden sich als gescheitert, defizitär oder zweifeln an ihrem Selbstwert.

Nachfolgend einige wichtige Signale, an denen man erkennt, wenn bestimmte Praktiken zur Heilung oder Selbstvervollkommnung sich negativ auswirken:

- Ständig kommen neue Methoden ins Spiel, die etwas ausrichten sollen

- Betroffene haben das Gefühl, etwas stimmt nicht mit ihnen

- Die Vorstellung, »heil« werden oder sich verändern zu müssen, um akzeptiert zu werden

- Ein schlechtes Gewissen, wenn man nicht permanent nach Wohlbefinden, Gesundheit oder Besserung strebt

- Problematische Emotionen nicht zulassen, weil diese auf ungenügende »Heilung« hinweisen

- Alle oder die meisten täglichen Handlungen sind gesundheitlich motiviert oder sollen Besserung herbeiführen

Dies sind nur einige der Anzeichen, die ich bei Menschen bemerkt habe, die allzu stark auf Heilung fixiert sind und sich damit ein erfülltes Leben vorenthalten. Sie arbeiten auf einen Zustand hin, den es in dieser Form gar nicht gibt. In meinem eigenen Leben gab es Phasen, wo viele dieser Punkte auf mich zutrafen. In meiner therapeutischen Ausbildung wollte ich meinen Patienten gegenüber seelisch gesund und perfekt reflektiert in Erscheinung treten – um meiner Aufgabe als Vorbild und Leitfigur bestmöglich gerecht zu werden. Wenn ich etwas Unangenehmes verspürte, wollte ich es unbedingt bekämpfen und bemühte mich daher mit ganze Kraft darum, innerlich heil und intakt zu werden und ständig dazuzulernen. Heute bin ich imstande, Therapie auch mal Therapie sein zu lassen und nur zu Ratgebern zu greifen, wenn mir danach ist, und sie bei Bedarf auch weder wegzulegen. Ich kann das Leben genießen, meinen Emotionen nachspüren und bin sensibel für Dinge, an denen ich arbeiten sollte. Mittlerweile kämpfe ich nicht mehr um Perfektion, sondern vielmehr stehen Akzeptanz und Entwicklung im Vordergrund.

Natürlich gibt es immer Aspekte, die ausbaufähig oder verbesserungsbedürftig sind. Aber ihr müsst nicht ununterbrochen nach Gesundheit, Glück oder Wohlbefinden streben. Ihr dürft:

- auch ohne unmittelbaren Bildungsanspruch fernsehen oder Filme schauen,

- nichts tun,

- schlafen,

- essen, weil es gut schmeckt,

- Unterhaltsames lesen,

- euch nur zum Spaß bewegen,

- sinnlos durch soziale Medien scrollen.

Ernsthaft. Esst Kekse, schaut diesen Film, lest jenes Buch. Nicht alles, was ihr tut, muss zwangsläufig gesund sein oder euch intellektuell, beruflich oder körperlich weiterbringen. Es ist okay, einfach mal lockerzulassen. Es gibt keine Ziellinie oder Trophäe für die Best-Optimierten unter uns. Vielmehr ist es oftmals so, dass, kaum hat man ein Defizit bearbeitet, sofort ein anderes aufploppt, das dringend bearbeitet werden will.

Es ist okay, einfach mal lockerzulassen

Unser »ideales« und »glücklichstes« Ich bleibt immer flüchtig. Es ist kein klar definiertes Ziel, das wir irgendwann erreichen und glücklich darüber sind. Unserem »idealen Ich« kommen wir dann am nächsten, wenn wir scheitern und unser Bestes geben, Grenzen setzen und auf andere Rücksicht nehmen, wenn nötig um Verzeihung bitten, uns Hilfe holen und so leben, wie wir es für richtig halten. Niemals achtsam zu sein und gar nicht an sich zu arbeiten ist gefährlich und kann uns Beziehungen, Jobs und andere Facetten unseres Lebens kosten. Doch zwanghafte Selbstoptimierung ist auch nicht der richtige Weg. Habt keine Angst davor, euch auszuruhen und genau das zu tun, wonach euch gerade der Sinn steht – selbst wenn es bedeutet, dieses Buch wegzulegen und mir auf Instagram nicht mehr zu folgen. Das ist mein voller Ernst. Macht das, wenn es nötig ist.

Ein wenig positive Fantasie tut bisweilen gut

In manchen Situationen können Tagträume oder positive Fantasien enorm hilfreich sein. Die Psychologin Gabriele Oettingen, Autorin des Buches *Die Psychologie des Gelingens,* hat untersucht, wie sich positive Fantasien und Träume auf die Motivation auswirken. Ihr Ergebnis: »Positive Fantasien, Wünsche und Träume, die wenig Verbindung zu früheren Erfahrungen aufwiesen, motivierten nicht zu einem Handeln, das seinerseits zu einem Leben mit mehr Energie oder Engagement führte. Das Gegenteil war der Fall.« Fehlen also vorherige Erfahrungen, dass man ein Ziel erreichen kann, und muss man sich dabei auf Träume oder Fantasien verlassen, so steigert dies nicht die Motivation.[5] Wenn ich mir beispielsweise ausmale, mit einer Körpergröße von 1,65 Meter und im Alter von dreißig Jahren Basketballprofi zu werden, werden mir all meine Träume, Vorstellungen und Anfälle von übersteigertem Selbstvertrauen nichts nützen.

Wenngleich Oettingens Forschungen zufolge Träume und positive Fantasien zumeist weder die Motivation steigerten noch bessere Ergebnisse oder Leistungen nach sich zogen, hatten diese Fantasien dennoch in anderen Situationen einen wichtigen Zweck. Sie stellte fest, dass Träume oder positive Fantasien dazu beitragen können, uns abzulenken, wenn wir warten oder etwas Schwieriges durchstehen müssen. Diese Strategie wenden auch Soldaten im Kampfeinsatz, Gefangene oder Menschen am Ende ihres Lebens an. Sie ist außerordentlich hilfreich, wenn aktives Handeln unmöglich ist und wir schlichtweg durchhalten müssen. Sie bewirkt kurzfristig angenehme Empfindungen und hilft uns, das Warten zu ertragen.[6]

Positive Fantasien und Tagträume können außerdem dazu dienen, ein Ziel in Gedanken zu erleben oder mögliche Wege dorthin auszuloten.[7] Stellen wir uns vor, du träumst davon, Anwältin oder Anwalt zu werden. Dazu malst du dir zum Beispiel aus, an einem großen Schreibtisch zu sitzen, Zeit mit deinen Kollegen zu verbringen und ein üppiges Gehalt zu beziehen. Doch dann schweifst du in Gedanken ab zu spätabendlichen Überstunden und stapelweise komplizierten Schriftsätzen. Du beginnst dich zu fragen, ob deine Fantasievorstellung wirklich so erstrebenswert ist oder vielleicht doch nicht. Vielleicht ist dieser Beruf gar nicht dein Wunsch? Durch positive Visualisierungsübungen können wir uns in Gedanken ausmalen, was wir tatsächlich wollen und was nicht. Davon können wir uns in unserem Handeln leiten lassen.

Positive Visualisierungen und Fantasien können helfen, um:

- schmerzliche Momente zu verkraften,

- sich in Geduld zu üben,

- Situationen zu überstehen, auf die wir keinen Einfluss haben,

- vorübergehend Angenehmes zu empfinden,

- Klarheit über Träume und Wünsche zu gewinnen.

Wichtig ist dabei, zu unterscheiden, wann wir positive Fantasien anwenden und wann wir konkret handeln sollten.

Selbst herausfinden, was am besten passt

Genauso wie es nicht den einen universellen Weg hin zu einem erfüllten Leben gibt, funktioniert nicht jede Methode für alle Menschen gleichermaßen. Als Therapeutin weiß ich das sehr genau (obwohl ich nur selten so absolute Aussagen treffe). Wir alle gehen mit ganz unterschiedlichen Werten, Identitäten, Erfahrungen und kulturellen Normen durchs Leben. Daher gibt es schlichtweg keine psychologische Theorie oder Selbsthilfestrategie, die für alle Menschen auf dieser Welt geeignet ist. Und das ist auch völlig in Ordnung so.

Wenn wir auf toxischen Optimismus verzichten und aus der permanenten Glücksjagd aussteigen, müssen wir uns damit auseinandersetzen, wie wir leben wollen und wie sich die damit verbundenen Entscheidungen auf unsere Mitmenschen auswirken. Es ist unerlässlich, unser Augenmerk auf die eigenen Bedürfnisse zu richten und anzuerkennen, dass wir alle unsere individuellen Werte und Lebensentwürfe haben. Wir können nicht für andere festlegen, was glücklich macht, dürfen jedoch Menschen in die Schranken weisen, Grenzen setzen und unsere Energiereserven schützen. Indem wir aus dem atemlosen

Glücksstreben aussteigen, haben wir die Chance, uns eigene Wege zu bahnen, und müssen nicht mehr über gängige Glückskonzepte streiten. Das wirkt enorm befreiend.

Wenn wir den vorgezeichneten Pfad in Richtung Glück verlassen, erschließen wir uns so viel mehr und öffnen uns für die ganze Bandbreite des Erlebens – Freude und Schmerz, Behagen und Unbehagen, Entwicklung und Stillstand. So können wir unerschrocken auf den Wellen des Lebens surfen, in dem Bewusstsein, dass das viel beschworene ultimative Glück gar nicht unser Ziel ist. So sieht es aus. Dorthin geht die Reise. Und unsere Gefühle, das Auf und Ab, all die Veränderungen und das Chaos machen diese Reise nur umso spannender.

....

Was es heißt, Mensch zu sein

In diesem Buch habe ich euch vieles vermittelt. Durchaus möglich, dass in einigen Kapiteln eure Ansichten zum Thema Glück und Positivdenken infrage gestellt wurden. Ich freue mich, wenn ihr sie trotzdem gelesen habt und offen dafür seid. Ich weiß, das ist mitunter nicht so einfach.

Zum Abschluss möchte ich euch noch einige Gedanken mitgeben, wenn ihr mit all diesem Wissen und diversen Hinweisen losgeht, um toxischen Optimismus in freier Wildbahn aufzuspüren. Ich hoffe, dass sie euch dabei helfen werden, um das, was ihr gelernt habt, einzuordnen.

- Du wirst eine Vielzahl von Emotionen verspüren. Einige davon sind angenehmer als andere. Nimm sie allesamt an.

- Der bedeutendste Prädiktor für Lebensglück ist die Qualität der Beziehungen eines Menschen. Bring daher deinen Liebsten Wertschätzung entgegen, setze Grenzen und denke immer daran, dass Beziehungen nie perfekt sind.

- Es wird vorkommen, dass du dich beklagst und negative Emotionen verspürst. Das bedeutet nicht, dass du mit

»niedriger Frequenz schwingst« oder »negative Energie« verbreitest.

- Das Leben wird dich gleichermaßen herausfordern und belohnen.

- Glücklichsein ist nicht in allen Situationen die optimale Emotion.

- Nicht alles Schlechte in deinem Leben hast du selbst manifestiert, und du kannst selbst maßgeblich für Heilung sorgen.

- Nicht alles ist jedem Menschen möglich, und dein Leben wird dennoch von Sinn und Freude erfüllt sein.

- Das Universum mutet dir vielleicht mehr zu, als dir im Moment verkraftbar erscheint, und trotzdem wirst du Mittel, Wege und Menschen finden, die dir dabei helfen, alles zu bewältigen.

Toxischen Optimismus in freier Wildbahn erkennen

Toxischer Optimismus ist allgegenwärtig, und es ist wichtig, dass wir nicht alles Gute und Schöne, was uns begegnet, als toxisch einstufen. Bedenkt dabei immer, dass Positives nicht per se toxisch ist, sondern toxisch *werden* kann. Die folgende Aufstellung soll euch dabei helfen, toxisches und hilfreiches Positivdenken im Alltag besser unterscheiden zu lernen.

Toxisches Positivdenken	Hilfreiches Positivdenken
• suggeriert anderen, dass ihr Empfinden falsch ist	• erkennt an, wie wertvoll es ist, Gutes wahrzunehmen, und gestattet, im eigenen Tempo selbst konstruktive Schlussfolgerungen zu ziehen
• deklariert andere als negativ, wenn sie nicht ständig den Silberstreif am Horizont sehen	• berücksichtigt, dass es vielfältige Emotionen gibt, von denen einige herausfordernder sind als andere, und erlaubt, die »guten« und »schlechten« Seiten an Situationen zu erkennen
• verlangt anderen ab, permanent glücklich zu sein und immer »das Gute« an allem zu sehen	
• führt dazu, dass Gespräche oder Beziehungen beendet werden, wenn von ihnen zu viel »negative Energie« ausgeht	• räumt ein, dass nicht immer ein Silberstreif am Horizont erkennbar ist und wir trotzdem Freude empfinden können
• bagatellisiert bestimmtes Erleben durch aufmunternde Phrasen, damit sich die Betreffenden »besser fühlen« oder schneller »darüber hinwegkommen«	• ermutigt uns und andere, Emotionen zu zeigen (in Grenzen), und macht bewusst, dass man oft erst Schmerzliches überstehen muss, um Glück zu erleben
• fokussiert auf »das Gute« und übergeht »das Schlechte«	• berücksichtigt die Höhen und Tiefen von Situationen und erkennt diese an
• prangert an, wenn jemand einen schlechten Tag oder negative Momente hat	

Wenn euch also in einem Restaurant ein Schild begegnet, das *Good Vibes* verspricht, ist das vermutlich kein Problem. Schließlich willst du dich dort amüsieren. Toxisch positiv wäre es dagegen, wenn du einer depressiven Freundin rätst, sie solle dringend etwas gegen ihre *Bad Vibes* unternehmen, die würden dich nämlich echt runterziehen. Erkennt ihr den Unterschied?

Nicht alles, was als Optimismus, Glück oder positive Energie daherkommt, ist schlecht. Denkt immer daran, dabei das jeweilige Timing, Gegenüber und Thema zu berücksichtigen. Auf diese Weise lässt sich toxischer Optimismus am besten erkennen.

● ●

Als ich dieses Buch schrieb, war ich gerade schwanger, und es herrschte eine globale Pandemie. Der Schreibprozess war die bereicherndste und anspruchsvollste berufliche Herausforderung, die ich bislang erlebt habe. Ohne die Unterstützung und Beratung vieler nahestehender Menschen hätte ich sie nicht bewältigt, da bin ich mir sicher.

Ich danke meinem Ehemann – dein unermüdlicher Beistand und dein Interesse an meiner Arbeit haben mit in dieser Zeit viel Kraft gegeben. Es ist ein großes Geschenk, einen Partner zu haben, der einem Erfolg wünscht und sich bedingungslos und engagiert dafür einsetzt. Ich hoffe, dass wir uns gegenseitig für den Rest unseres Lebens menschlich und beruflich zur Seite stehen können, denn wir sind ein tolles Team. Von deinem Geschick bei Vertragsverhandlungen und deiner Beratung in rechtlichen Fragen konnte ich ebenfalls sehr profitieren.

Danken möchte ich auch meinem Sohn, der während des Schreibens bei mir ununterbrochen für Hormone und Emotionen gesorgt hat. Du hast mich auf Gefühle gestoßen, von deren Existenz ich nie etwas geahnt habe. Auch für die schlaflosen Nächte danke ich dir – diese stillen Morgenstunden habe ich produktiv zum Schreiben genutzt. Auch wenn ich noch nicht weiß, was du für ein Mensch wirst, werde ich immer stolz auf dich sein, und ich hoffe, dass dich dieses Buch auch stolz auf mich macht.

Dankbar bin ich auch meinen Eltern, die mir gezeigt haben, dass Entwicklung und Veränderung immer möglich sind. Mom, du bist meine Cheerleaderin Nummer eins, beste Freundin und stärkst mir immer den Rücken. Du hast mich auf Instagram von Anfang an unterstützt und warst mein Resonanzraum für Posting-Ideen, meine liebste Korrektorin und beharrliche Verteidigerin gegen Online-Attacken. Danke, dass du genau die Mutter geworden bist, die ich brauchte. Deinen Lebensweg mitzuerleben hat mir gezeigt, dass es nie zu spät ist, sich selbst wichtig zu nehmen oder Neues zu lernen. Ich werde nie aufhören, dich zehnmal am Tag anzuschreiben oder anzurufen. Dad, du hast mir beigebracht, den Berufsweg einzuschlagen, den ich immer wollte. Von dir habe ich gelernt, mich mit einem Nein nicht abzufinden und das einzufordern, was mir zusteht. Und dass der traditionelle Weg oder eine abhängige Beschäftigung so gar nicht mein Ding sind, habe ich definitiv von keinem anderem als von dir.

Besonders danken möchte ich auch einer Person, von der ich so viel über Resilienz und Engagement gegen toxischen Optimismus lernen durfte wie von niemandem sonst: meiner Schwester. Mitzuerleben, wie du deinen Weg gehst, dich neu orientiert und schließlich zu deinem heutigen Ich gefunden hast, war beeindruckend. Ich bin sehr stolz auf dich. Danke, dass ich jeden Tag Neues von dir lernen kann.

Meinen Schwiegereltern danke ich, dass sie zu meiner neuen Familie geworden sind, mir so viele Fragen über meine Arbeit stellen und begeistert davon sind. Am allermeisten danke ich euch aber dafür, dass ihr den Mann großgezogen habt, auf den ich mich immer verlassen kann. Ich habe euch sehr lieb. Und mit meiner südkubanischen Großfamilie im Rücken habe ich mich noch nie allein gefühlt. Ihr seid einzigartig.

Mein Dank gilt außerdem meiner Lektorin Marian, meiner Agentin Laura Lee und dem gesamten Verlagsteam von TarcherPerigee. Danke, dass ihr an dieses Buch geglaubt und mich während des gesamten Entstehungsprozesses so wunderbar begleitet habt. Mit euch hat es viel Freude gemacht und ist mir leichtgefallen. Ich weiß eure Kompetenz, Souveränität und euer Engagement sehr zu schätzen. Für unsere Zusammenarbeit werde ich für immer dankbar sein – ich habe jede Minute genossen.

Danken möchte ich auch meiner Instagram-Community. Durch euren Zuspruch und eure Unterstützung habt ihr dieses Buch erst möglich gemacht. Danke für alle Likes, Kommentare, Nachrichten und das Teilen meiner Beiträge. Ebenfalls bedanken möchte ich mich bei meinen Patientinnen und Patienten, die mich tagtäglich inspirieren und von denen ich so viel lernen darf. Das ist ein großes Geschenk. Dieses Buch ist ihnen gewidmet.

Und schließlich bedanke ich mich bei meinem Freundeskreis für die unaufhörliche Unterstützung. Ihr teilt meine Postings, habt mir so viele Fragen zu diesem Buch gestellt und mir versichert, die gesamte Auflage zu kaufen. Danke, dass ihr mich immer wieder motiviert habt, auch dann, wenn ich unsicher war, wohin die Sache mit der »Instagram-Therapeutin« wohl führen wird. Ich bin so dankbar für jede/n Einzelne/n von euch.

Literaturempfehlungen

Ahmed, Sara: »Killing Joy: Feminism and the History of Happiness«, Signs: *Journal of Women in Culture and Society* 35, Nr. 3 (2010): S. 571–594, https://doi.org/10.1086/648513

Ahmed, Sara: *The Promise of Happiness,* Durham, NC: Duke University Press, 2010, (Dt. *Das Glücksversprechen,* Ü.: Emilia Gagalski, Münster 2018).

Andrade, Gabriel: »The Ethics of Positive Thinking in Healthcare«, *Journal of Medical Ethics and History of Medicine,* 21. Dezember 2019, https://doi.org/10.18502/jmehm.v12i18.2148

Brackett, Marc A.: Permission to Feel: *Unlocking the Power of Emotions to Help Our Kids, Ourselves, and Our Society Thrive,* Celadon Books New York, 2019 (Dt. *Die Kraft der Gefühle: Nutzen Sie die Energie der Emotionen für sich und ihr Kind,* Ü.: Sonja Vilei, Unimedica Verlag 2021).

Ehrenreich, Barbara: Bright-Sided: *How the Relentless Promotion of Positive Thinking Has Undermined America,* Thorndike Press Waterville, ME 2010.

Oettingen, Gabriele: *Rethinking Positive Thinking: Inside the New Science of Motivation,* Current, New York 2015 (Dt. *Die Psychologie des Gelingens,* Ü.: Dr. Ulrike Strerath-Bolz, Pattloch Verlag, München 2015).

Taylor, Sonya Renee: *The Body Is Not an Apology: The Power of Radical Self-Love,* Berrett-Koehler Publishers, Oakland, CA 2021.

Yakushko, Oksana: *Scientific Pollyannaism: From Inquisition to Positive Psychology,* Palgrave Macmillan, 2019.

Kapitel 1: Was ist toxischer Optimismus?

1 Ruan, Yan, Harry T. Reis, Wojciech Zareba und Richard D. Lane, »Does Suppressing Negative Emotion Impair Subsequent Emotions? Two Experience Sampling Studies«, Motivation and Emotion 44, Nr. 3 (2019): 427–435. https://doi.org/10.1007/s11031-019-09774-w

2 Coffey II, John K., »Happier Babies Have an Edge.« Scientific American,16. Oktober 2019. https://blogs.scientificamerican.com/observations/happier-babies-have-an-edge/

3 Vassallo, S. und A. Sanson (Eds.), »The Australian Temperament Project«, Australian Institute of Family Studies, 30. Mai 2013, https://aifs.gov.au/publications/australian-temperament-project

4 Hurst, Katherine, »Manifestation Guide: How To Manifest Anything You Want In 24hrs.« TheLawOfAttraction.com. Greater Minds. Abgerufen am 2. Juni 2021, www.thelawofattraction.com/manifest-something-want-24hrs-less

5 Oettingen, Gabriele, *Rethinking Positive Thinking: Inside the New Science of Motivation,* Current, 2015.

Kapitel 2: Warum wir nicht immer positiv denken können

1 Eker, T. Harv, *Secrets of the Millionaire Mind: Mastering the Inner Game of Wealth*, Harper Business, 2005.

2 Fairs, Marcus, »Google Has Had Negative Effect on Office Design Says Jeremy Myerson.« Dezeen, 10. März 2021, https://www.dezeen.com/2016/03/22/google-office-design-negative-effect-interiors-jeremy-myerson/

3 Janis, Irving L., Essay in *A First Look at Communication Theory*, S. 235–246, New York: McGraw-Hill Education, 1991.

4 Duncan, Cath, »A User's Guide to Creative Tension«, Productive Flourishing, 7. Juni 2010, https://www.productiveflourishing.com/a-users-guide-to-creative-tension/

5 Jiménez, Jacinta M, »Toxic Positivity: The Unexpected Killer of Creativity in the Workplace«, LinkedIn, 27. November 2019, https://www.linkedin.com/pulse/toxic-positivity-unexpected-killer-creativity-jiménez-psyd-bcc/

6 Ebd.

7 Dahl, Melissa, »Huh, Would You Believe That Forcing Employees to Act Happy Is a Terrible Idea?«, The Cut, 7. November 2016, https://www.thecut.com/2016/11/forcing-employees-to-act-happy-is-a-terrible-idea.html

8 Tritch, Teresa, »Engagement Drives Results at New Century«, Gallup Management Journal, 11. September 2003, https://www.nova.edu/ie/ice/forms/engagement_drives_results.pdf

9 Bright, David S., Kim S. Cameron und Arran Caza, »The Amplifying and Buffering Effects of Virtuousness in Downsized Organizations«, Journal of Business Ethics 64, Nr. 3 (März 2006): S. 249–269, https://doi.org/10.1007/s10551–005–5904–4

10 Ebd.

11 Ebd.

12 Ebd.

13 Andrade, Gabriel, »The Ethics of Positive Thinking in Healthcare«,

Journal of Medical Ethics and History of Medicine, 21. Dezember 2019, https://doi.org/10.18502/jmehm.v12i18.2148

14 Ebd.

15 »The Growing Crisis of Chronic Disease in the United States«, Partnership to Fight Chronic Disease, abgerufen am 2. Juni 2021, http://www.fightchronicdisease.org/sites/default/files/docs/GrowingCrisisofChronicDiseaseintheUSfactsheet_81009.pdf

16 »Disability Impacts All of Us Infographic«, Centers for Disease Control and Prevention, 16. September 2020, https://www.cdc.gov/ncbddd/disabilityandhealth/infographic-disability-impacts-all.html

17 Andrade, Gabriel, »The Ethics of Positive Thinking in Healthcare«, Journal of Medical Ethics and History of Medicine, 21. Dezember 2019, https://doi.org/10.18502/jmehm.v12i18.2148

18 Ebd.

19 »Well-Being Concepts«, Centers for Disease Control and Prevention, 31. Oktober 2018, https://www.cdc.gov/hrqol/wellbeing.htm

20 Chamberlain, Dale, »Why Christians Should Beware the Trap of Toxic Positivity«, Her & Hymn, 10. November 2020, https://herandhymn.com/2020/06/25/toxic-positivity/

21 Murray, Kelly M., Joseph W. Ciarrocchi und Nichole A. Murray-Swank, »Spirituality, Religiosity, Shame and Guilt as Predictors of Sexual Attitudes and Experiences«, Journal of Psychology and Theology 35, Nr. 3 (2007): S. 222–234, https://doi.org/10.1177/009164710703500305

22 Ley, David J., »Overcoming Religious Sexual Shame«, Psychology Today, 23. August 2017, https://www.psychologytoday.com/us/blog/women-who-stray/201708/overcoming-religious-sexual-shame

23 Ehrenreich, Barbara, »God Wants You to Be Rich«, Essay in *Bright-Sided: How the Relentless Promotion of Positive Thinking Has Undermined America,* Waterville, ME: Thorndike Press, 2010.

24 »In U.S., Decline of Christianity Continues at Rapid Pace«, Pew Research Center's Religion & Public Life Project, 9. Juni 2020, https://www.pewforum.org/2019/10/17/in-u-s-decline-of-christianity-continues-at-rapid-pace/

25 Raab, Diana, »What Is Spiritual Bypassing?«, Psychology Today, 23. Januar 2019, https://www.psychologytoday.com/us/blog/the-empowerment-diary/201901/what-is-spiritual-bypassing

26 Levin, Jeff, »Religion and Mental Health: Theory and Research«, *International Journal of Applied Psychoanalytic Studies,* 2010, https://doi.org/10.1002/aps.240

27 Yakushko, Oksana, *Scientific Pollyannaism: From Inquisition to Positive Psychology,* Springer, 2019.

28 Ebd.

Kapitel 4: Schluss mit Schamgefühlen

1 Cooper, Belle B., »Your Positive Work Culture Might Be Making Your Team Less Productive«, *Fast Company,* 25. April 2017, https://www.fastcompany.com/40411368/your-positive-work-culture-might-be-making-your-team-less-productive

2 Andrade, Gabriel, »The Ethics of Positive Thinking in Healthcare«, *Journal of Medical Ethics and History of Medicine,* 21. Dezember 2019, https://doi.org/10.18502/jmehm.v12i18.2148

3 Rose, Steve, »Do Positive Affirmations Work? A Look at the Science«, Steve Rose, PhD Counselor, 25. July 2020, https://steverosephd.com/do-positive-affirmations-work/

4 Ebd.

5 Brackett, Marc A., *Permission to Feel: Unlocking the Power of Emotions to Help Our Kids, Ourselves, and Our Society Thrive,* New York: Celadon Books, 2019.

6 Kalanthroff, Eyal, Noga Cohen und Avishai Henik, »Stop Feeling:

Inhibition of Emotional Interference Following Stop-Signal Trials«, *Frontiers in Human Neuroscience* 7 (14. März 2013), https://doi.org/10.3389/fnhum.2013.00078.

7 Valikhani, Ahmad, Fatemeh Ahmadnia, Alma Karimi und Paul J. Mills, »The Relationship between Dispositional Gratitude and Quality of Life: The Mediating Role of Perceived Stress and Mental Health«, *Personality and Individual Differences* 141 (2019): S. 40–46, https://doi.org/10.1016/j.paid.2018.12.014

8 Ma, Lawrence K. und Eamonn Ferguson, »Supplemental Material for Does Gratitude Enhance Prosociality?: A Meta-Analytic Review«, *Psychological Bulletin,* 2017. https://doi.org/10.1037/bul0000103.supp

9 Jans-Beken, Lilian, Johan Lataster, Denise Peels, Lilian Lechner und Nele Jacobs, »Gratitude, Psychopathology and Subjective Well-Being: Results from a 7.5-Month Prospective General Population Study«, *Journal of Happiness Studies* 19, Nr. 6 (30. Mai 2017): S. 1673–1689. https://doi.org/10.1007/s10902-017-9893-7

10 Jans-Beken, Lilian, Nele Jacobs, Mayke Janssens, Sanne Peeters, Jennifer Reijnders, Lilian Lechner und Johan Lataster, »Gratitude and Health: An Updated Review«, *Journal of Positive Psychology* 15, Nr. 6 (2019): S. 743–782. https://doi.org/10.1080/17439760.2019.1651888

11 Ebd.

12 Ebd.

13 Ebd.

14 Valikhani, Ahmad, Fatemeh Ahmadnia, Alma Karimi und Paul J. Mills, »The Relationship between Dispositional Gratitude and Quality of Life: The Mediating Role of Perceived Stress and Mental Health«, *Personality and Individual Differences* 141 (2019): S. 40–46. https://doi.org/10.1016/j.paid.2018.12.014

15 Ebd.

Kapitel 5: Wie lassen sich Emotionen verarbeiten?

1 »APA Dictionary of Psychology«, American Psychological Association, abgerufen am 8. Juni 2021, https://dictionary.apa.org/emotion

2 Lenzen, Manuela, »Feeling Our Emotions«, *Scientific American,* April 2005, https://www.scientificamerican.com/article/feeling-our-emotions/

3 Cherry, Kendra, »How Does the James-Lange Theory Account for Emotions?«, *Verywell Mind,* 19. November 2020, https://www.verywellmind.com/what-is-the-james-lange-theory-of-emotion-2795305

4 Brackett, Marc A., *Permission to Feel: Unlocking the Power of Emotions to Help Our Kids, Ourselves, and Our Society Thrive,* New York: Celadon Books, 2019.

5 Barrett, Lisa Feldman, *How Emotions Are Made,* Macmillan, 2017.

6 Smith, Ryan, William D. Killgore und Richard D. Lane, »The Structure of Emotional Experience and Its Relation to Trait Emotional Awareness: A Theoretical Review«, *Emotion* 18, Nr. 5 (2018): S. 670–692. https://doi.org/10.1037/emo0000376

7 Ebd.

8 University of Colorado at Boulder, »Your brain on imagination: It's a lot like reality, study shows«, ScienceDaily, abgerufen am 7. Juni 2021, https://www.sciencedaily.com/releases/2018/12/181210144943.htm

9 Smith, Ryan, William D. Killgore und Richard D. Lane, »The Structure of Emotional Experience and Its Relation to Trait Emotional Awareness: A Theoretical Review«, *Emotion* 18, Nr. 5 (2018): S. 670–692. https://doi.org/10.1037/emo0000376

10 Rodriguez, Tori, »Negative Emotions Are Key to Well-Being«, *Scientific American,* Mai 2013, https://www.scientificamerican.com/article/negative-emotions-key-well-being/

11 Ruan, Yan, Harry T. Reis, Wojciech Zareba und Richard D. Lane, »Does Suppressing Negative Emotion Impair Subsequent Emotions? Two Experience Sampling Studies«, *Motivation and Emotion* 44, Nr. 3 (2019): S. 427–435, https://doi.org/10.1007/s11031-019-09774-w

12 Ebd.

13 Winerman, Lea, »Talking the Pain Away«, American Psychological Association, October 2006, https://www.apa.org/monitor/oct06/talking

14 Feeling Words, Steve Hein's EQI.org, abgerufen am 4. Juni 2021, https://eqi.org/fw.htm

15 Cuncic, Arlin, »Understanding Inappropriate Affect«, *Verywell Mind,* 9. April 2020, https://www.verywellmind.com/understanding-inappropriate-affect-4767992

16 Ebd.

17 Cook, Gareth, »Why We Are Wired to Connect«, *Scientific American,* 22. Oktober 2013, https://www.scientificamerican.com/article/why-we-are-wired-to-connect/

18 Raypole, Crystal, »Let It Out: Dealing With Repressed Emotions«, Healthline, 31. März 2020, https://www.healthline.com/health/repressed-emotions#takeaway

Kapitel 6: Grund zur Klage

1 Hurst, Katherine, »Do You Have a ›Low‹ or ›High‹ Vibration? Read These 32 Signs«, TheLawOfAttraction.com, 8. April 2021, https://www.thelawofattraction.com/low-high-vibration-read-32-signs/

2 Kowalski, Robin M., »Complaints and Complaining: Functions, Antecedents, and Consequences«, *Psychological Bulletin* 119, Nr. 2 (1996): S. 179–196, https://doi.org/10.1037/0033-2909.119.2.179

3 Ebd.

4 Ebd.

5 Stillman, Jessica, »Complaining Is Terrible for You, According to Science«, *Inc.,* 29. Februar 2016, https://www.inc.com/jessica-stillman/complaining-rewires-your-brain-for-negativity-science-says.html

6 Varma, Barbara Neal, »Complaining, for Your Health«, *The Atlantic,* 8. Februar 2015, https://www.theatlantic.com/health/archive/2015/02/complaining-for-your-health/385041/

7 Kowalski, Robin M., »Complaints and Complaining: Functions, Antecedents, and Consequences«, *Psychological Bulletin* 119, Nr. 2 (1996): S. 179–196, https://doi.org/10.1037/0033-2909.119.2.179

8 Ebd.

9 Ebd.

10 Ebd.

11 Ebd.

12 Varma, Barbara Neal, »Complaining, for Your Health«, *The Atlantic,* 8. Februar 2015, https://www.theatlantic.com/health/archive/2015/02/complaining-for-your-health/385041/

13 Kowalski, Robin M., »Complaints and Complaining: Functions, Antecedents, and Consequences«, *Psychological Bulletin* 119, Nr. 2 (1996): S. 179–196, https://doi.org/10.1037/0033-2909.119.2.179

14 Ebd.

15 Cuncic, Arlin, »What Is Radical Acceptance?«, *Verywell Mind,* 26. Mai 2021, www.verywellmind.com/what-is-radical-acceptance-5120614

16 Linehan, Marsha M., *DBT Skills Training Manual,* 2. Aufl., New York: Guilford Publications, 2014.

17 Kowalski, Robin M., Brooke Allison, Gary W. Giumetti, Julia Turner, Elizabeth Whittaker, Laura Frazee und Justin Stephens, »Pet

Peeves and Happiness: How Do Happy People Complain?«, *Journal of Social Psychology* 154, Nr. 4 (13. Dezember 2013): S. 278–282, https://doi.org/10.1080/00224545.2014.906380

Kapitel 7: Anderen zur Seite stehen

1 »Pain Is More Intense When Inflicted on Purpose«, *Harvard Gazette*, 18. Dezember 2008, https://news.harvard.edu/gazette/story/2008/12/pain-is-more-intense-when-inflicted-on-purpose/

2 Tannenbaum, Melanie, »›But I Didn't Mean It!‹ Why It's so Hard to Prioritize Impacts over Intents«, *Scientific American,* 14. Oktober 2013, https://blogs.scientificamerican.com/psysociety/e2809 cbut-i-didne28099t-mean-ite2809d-why-ite28099s-so-hard-to-prioritize-impacts-over-intents/

3 Hamilton, Dr. David R., »Does Your Brain Distinguish Real from Imaginary?«, 30. Oktober 2014, https://drdavidhamilton.com/does-your-brain-distinguish-real-from-imaginary/

4 Ito, Tiffany A., Jeff T. Larsen, N. Kyle Smith und John T. Cacioppo, »Negative Information Weighs More Heavily on the Brain: The Negativity Bias in Evaluative Categorizations«, *Journal of Personality and Social Psychology* 75, Nr. 4 (1998): S. 887–900, https://doi.org/10.1037/0022-3514.75.4.887

5 Kowalski, Robin M., »Complaints and Complaining: Functions, Antecedents, and Consequences«, *Psychological Bulletin* 119, Nr. 2 (1996): S. 179–196, https://doi.org/10.1037/0033-2909.119.2.179

Kapitel 8: Lächelnde Diskriminierung

1 Canfield, Jack, »Using the Law of Attraction for Joy, Relationships, Money & Success«, Jack Canfield: Maximizing Your Potential. Abgerufen am 7. Juni 2021, https://www.jackcanfield.com/blog/using-the-law-of-attraction/

2 Yakushko, Oksana, *Scientific Pollyannaism: From Inquisition to Positive Psychology,* Springer, 2019.

3 Ebd.

4 Ebd.

5 Ebd.

6 Hicks, Esther, und Jerry Hicks, *The Law of Attraction: The Basics of the Teachings of Abraham,* 1. Aufl., Hay House, Inc., 2006. (Dt. *Das kosmische Gesetz hinter THE SECRET,* Ü.: Michael Nagula, Berlin 2009)

7 »Determinants of Health«, Office of Disease Prevention and Health Promotion, 26. Mai 2010, https://www.healthypeople.gov/2020/about/foundation-health-measures/Determinants-of-Health

8 Ahmed, Sara, *The Promise of Happiness,* Duke University Press, 2010 (Dt. *Das Glücksversprechen,* Ü.: Emilia Gagalski, Münster 2018).

9 Ahmed, Sara, »Killing Joy: Feminism and the History of Happiness«, *Signs: Journal of Women in Culture and Society* 35, Nr. 3 (2010): S. 571–594, https://doi.org/10.1086/648513

10 Yakushko, Oksana, *Scientific Pollyannaism: From Inquisition to Positive Psychology,* Springer, 2019.

11 Ebd.

12 Ahmed, Sara, *The Promise of Happiness,* Duke University Press, 2010 (Dt. *Das Glücksversprechen,* Ü.: Emilia Gagalski, Münster 2018).

13 Ahmed, Sara, »Killing Joy: Feminism and the History of Happiness«, *Signs: Journal of Women in Culture and Society* 35, Nr. 3 (2010): S. 571–594, https://doi.org/10.1086/648513

14 Ahmed, Sara, *The Promise of Happiness,* Duke University Press, 2010 (Dt. *Das Glücksversprechen,* Ü.: Emilia Gagalski, Münster 2018).

15 Ebd.

16 »How Dieting Became a $71 Billion Industry«, CNBC, 11. Januar 2021, https://www.cnbc.com/video/2021/01/11/how-dieting-became-a-71-billion-industry-from-atkins-and-paleo-to-noom.html

17 Marley-Henschen, Holly, »»Who Is Profiting off of My Insecurity?««, Tone Madison, 19. März 2019, https://www.tonemadison.com/articles/who-is-profiting-off-of-my-insecurity

18 Weingus, Leigh, »Inside the Body Image Movement That Doesn't Focus on Your Appearance«, HuffPost, 15. August 2018, https://www.huffpost.com/entry/what-is-body-neutrality_n_5b61d8f9e4b0de86f49d31b4

19 Yakushko, Oksana, *Scientific Pollyannaism: From Inquisition to Positive Psychology,* Springer, 2019.

20 Kushlev, Kostadin, Elizabeth W. Dunn und Richard E. Lucas, »Higher Income Is Associated with Less Daily Sadness but Not More Daily Happiness«, *Social Psychological and Personality Science* 6, Nr. 5 (2015): S. 483–489, https://doi.org/10.1177/1948550614568161

21 Ahmed, Sara. *The Promise of Happiness,* Duke University Press, 2010 (Dt. *Das Glücksversprechen,* Ü.: Emilia Gagalski, Münster 2018).

22 Ebd.

Kapitel 9: In einer komplizierten Welt Erfüllung finden

1 Mauss, Iris B., Craig L. Anderson und Nicole S. Savino, »Can Wanting to Be Happy Make People Unhappy? Paradoxical Effects of Valuing Happiness«, *PsycEXTRA Dataset* 11, Nr. 4 (August 2011): S. 807–815, https://doi.org/10.1037/e634112013-296

2 Whippman, Ruth, »Americans Are Spending a Fortune on Finding Happiness – and Becoming Less Happy in the Process«, *Quartz,* 7. Oktober 2016, https://qz.com/803055/america-the-anxious-

americans-are-spending-a-fortune-on-finding-happiness-and-becoming-less-happy-in-the-process/

3 Lush, Tamara, »Poll: Americans Are the Unhappiest They've Been ,in 50 Years«, *Associated Press,* 16. Juni 2020, https://apnews.com/article/virus-outbreak-health-us-news-ap-top-news-racial-injustice-0f6b9be04fa0d3194401821a72665a50

4 Zhang, Chun-Qing, Emily Leeming, Patrick Smith, Pak-Kwong Chung, Martin S. Hagger und Steven C. Hayes, »Acceptance and Commitment Therapy for Health Behavior Change: A Contextually-Driven Approach«, *Frontiers in Psychology* 8 (2018), https://doi.org/10.3389/fpsyg.2017.02350

5 Oettingen, Gabriele, *Rethinking Positive Thinking: Inside the New Science of Motivation,* Current, 2015 (Dt. *Die Psychologie des Gelingens,* Ü.: Dr. Ulrike Strerath-Bolz, Pattloch Verlag, München 2015).

6 Ebd.

7 Ebd.

Susan Cain

BITTERSÜSS

Wie Sehnsucht und Melancholie
uns Halt und Kraft geben

Die lebensverändernde Kraft der Melancholie

Die unermüdliche Suche nach Glück macht uns nicht glücklich. Nur, indem wir auch leidvolle Emotionen wie Melancholie, Sehnsucht oder Schmerz zulassen und sie annehmen, entdecken wir wahre Sinnhaftigkeit. Denn in den bittersüßen Zuständen steckt ein enormes transformierendes Potenzial. In ihnen liegt eine stille Kraft, die uns hilft, unseren Schmerz in Kreativität, Mitgefühl und Verbundenheit zu verwandeln.

Berührend und sehr persönlich geschrieben, verbindet uns *Bittersüß* auf tiefgreifende Weise.

Wenn Sie sich jemals gefragt haben, weshalb Sie melancholische Musik mögen ...
Wenn Sie in einem regnerischen Tag Trost und Inspiration finden ...
Wenn Sie stark auf Kunst, Natur und Schönheit reagieren ...
... dann ist dieses Buch für Sie.

Megan Logan

SELBSTLIEBE
WORKBOOK FÜR FRAUEN

Befreie dich von Selbstzweifeln.
Entwickle Selbstmitgefühl. Sei du selbst.

»Entdecke, was für ein Geschenk du
für diese Welt bist!«
Megan Logan

Sich selbst zu akzeptieren, fällt vielen Frauen schwer. Der gesellschaftliche Druck, der ihnen vorschreibt, wie sie zu sein oder auszusehen haben, sorgt für Selbstzweifel und Verunsicherung. Mithilfe von bewährten Übungen aus der Achtsamkeitspraxis und der Positiven Psychologie zeigt die erfahrene Therapeutin Megan Logan, wie sie der Selbstakzeptanz Schritt für Schritt näherkommen und sich auf die eigene emotionale Gesundheit fokussieren. Die kreativen und vielfältigen Reflexionsfragen, Affirmationen und Journaling-Übungen ermöglichen es Frauen aller Altersstufen, Selbstmitgefühl und Selbstwert zu entwickeln und eine positivere Beziehung zu sich selbst aufzubauen.

KNAUR
BALANCE